Vente du 4 au 7 Mai 1887

(HÔTEL DROUOT)

CATALOGUE

DE LA

BIBLIOTHÈQUE

DE

M. LE BARON M*** D* C**

DEUXIÈME PARTIE

SUITES DE FIGURES ET DESSINS POUR ILLUSTRATIONS
PAR LES ARTISTES FRANÇAIS ET ÉTRANGERS DES XVIIIe ET XIXe SIÈCLES
VIGNETTES TIRÉES DES SUITES — DESSINS
LITHOGRAPHIES — EAUX-FORTES — COSTUMES — GRAVURES DIVERSES
PORTRAITS — LIVRES ILLUSTRÉS DU XVIIIe ET DU XIXe SIÈCLE
OUVRAGES DIVERS

PARIS

V^{VE} ADOLPHE LABITTE

LIBRAIRE DE LA BIBLIOTHÈQUE NATIONALE

4, RUE DE LILLE, 4

1887

CATALOGUE

DE LA

BIBLIOTHÈQUE

DE

M. LE BARON M*** D* C**

Mr Martineau des Chenets

LA VENTE AURA LIEU

Du Mercredi 4 au Samedi 7 Mai 1887

à deux heures précises de l'après-midi
et à huit heures précises du soir

A L'HOTEL DES COMMISSAIRES-PRISEURS, RUE DROUOT, 9

Salle n° 4

Par le Ministère de M^c MAURICE DELESTRE. Commissaire-priseur
rue Drouot, 27

Assisté de M. ÉM. PAUL, gérant de la Librairie Vve ADOLPHE LABITTE
rue de Lille, 4.

Voir l'ordre des vacations à la fin.

CONDITIONS DE LA VENTE

La vente se fait expressément au comptant.

Les acquéreurs payeront 5 p. 100 en sus des enchères, applicables aux frais.

Il y aura exposition des deux vacations du jour et du soir, de 1 à 2 heures.

Les livres et les suites de figures devront être collationnés dans les vingt-quatre heures de l'adjudication. Passé ce délai, ou une fois sortis de la salle de vente, ils ne seront repris pour aucune cause.

M. ÉM. PAUL, chargé de la vente, remplira les commissions des personnes qui ne pourraient y assister.

CATALOGUE

DE LA

BIBLIOTHÈQUE

DE

M. LE BARON M*** D* C**

DEUXIÈME PARTIE

SUITES DE FIGURES ET DESSINS POUR ILLUSTRATIONS
PAR LES ARTISTES FRANÇAIS ET ÉTRANGERS DES XVIIIe ET XIXe SIÈCLES
VIGNETTES TIRÉES DES SUITES — DESSINS
LITHOGRAPHIES — EAUX-FORTES — COSTUMES — GRAVURES DIVERSES
PORTRAITS — LIVRES ILLUSTRÉS DU XVIIIe ET DU XIXe SIÈCLE
OUVRAGES DIVERS

PARIS

Vve ADOLPHE LABITTE

LIBRAIRE DE LA BIBLIOTHÈQUE NATIONALE
4, RUE DE LILLE, 4

1887

I

SUITES DE FIGURES ET DESSINS

POUR ILLUSTRATIONS

PAR LES

ARTISTES FRANÇAIS ET ÉTRANGERS

DU

XVIIIᵉ ET DU XIXᵉ SIÈCLE

1. AMOURS DE MIRTIL. 1 titre avec fleuron, par Louis Legrand, et 4 figures (sur 6) in-8 de Gravelot, gravées par Louis Legrand, pour les
Amours de Mirtil. Constantinople, 1761.

> Très jolies figures et titre montés gr. in-8. On y a ajouté une belle vignette
> d'Eisen, gravée par Née. Le titre est taché.

2. ANACRÉON. Suite de 4 figures in-8 de Girodet et Bouillon, gravées
par Girardet, pour les *Odes. Paris, Nicolle*, 1818.

> Superbes épreuves en deux états : avec la lettre, avec marges et AVANT LA
> LETTRE, montées sur papier vélin gr. in-8.

3. — Suite de 1 frontispice d'Eisen, gravé par Massard, et de 12 vignettes en-têtes de page et 13 culs-de-lampe, par Eisen, gravés par
Massard, pour *Anacréon, Sapho, Bion et Moschus. Paphos et se trouve
à Paris, Bastien*, 1773, gr. in-8.

> Charmantes vignettes et culs-de-lampe découpés du texte, avec marges, destinés
> à être remontés.

4. — Réunion de 33 figures d'Eisen, Marillier, Le Barbier, Moreau,
Cipriani, Desenne, Chauvet, Catenacci, etc.

> Quelques figures AVANT LA LETTRE ; 1 DESSIN à la sanguine signé par Chauvet ;
> 1 frontispice de Catenacci, gravé par Lemaître, pour les *Odes d'Anacréon. Paris,
> Didot*, 1864, épreuve en trois états : AVANT LA LETTRE, avec la lettre sur CHINE,
> et avec la lettre, tirage à part sur papier fort in-4 ; vignettes d'Eisen, etc. etc.

5. ANDRIEUX. Suite de 4 figures in-8 de Desenne, gravées par Leroux, pour les *Œuvres. Paris, Nepveu,* 1818.

> Belles épreuves AVANT LA LETTRE SUR PAPIER VÉLIN, plus 1 EAU-FORTE et 1 figure avec la lettre pour la *Comédienne,* et 1 figure in-8 de Dévéria (1822) gravée par Vallot, épreuve AVANT LA LETTRE. Pièces à toutes marges.

6. APULÉE. Suite de 1 frontispice et de 16 figures in-8 de Crispin de Pas, pour *les Métamorphoses ou l'Asne d'or. Paris, Thiboust,* 1631.

> Figures détachées du texte, quelques-unes un peu courtes de marges.
> Très belle suite. On y a ajouté 2 figures in-8 de Marillier, gravées par Patas et Delaunay, pour l'*Ane d'or,* tirées de *Voyages imaginaires* (nos 63 et 64), plus 1 EAU-FORTE de la figure n° 64. Épreuves à toutes marges.

7. — Suite de 42 figures in-8, dont 1 portrait, gravées au trait, non signées, pour l'*Ane d'or (Paris, Bastien,* 1822).

> Épreuves à toutes marges, auxquelles on a joint les deux titres de l'édition de *Paris, Bastien,* 1822.

8. ARIOSTE. 24 figures (sur 25), dont 1 portrait, de T. Johannot, Nanteuil, Baron, Français, pour *Roland furieux. Paris, Mallet,* 1844.

> Magnifiques planches TIRÉES A PART SUR CHINE.
> On y a ajouté 3 figures en double de la même suite et 1 figure pour *Jérusalem délivrée.*

9. — Lot de 26 figures de Cochin, Gravelot, Le Barbier, Binet, Cipriani, Mauzaize, etc. dont 3 dessins à la sépia, pour *Roland furieux.*

10. — Lot de 13 figures de Tony Johannot, Devéria, Ramberg, Desenne, Michallon, pour *Roland furieux.*

> 4 belles figures in-8 de Ramberg, gravées par Ruhierre et Muller, épreuves AVANT LA LETTRE, tirées à deux sur la même feuille ; 2 jolies vignettes de titres de Tony Johannot, épreuves AVANT LA LETTRE SUR CHINE, tirées sur la même feuille in-4 ; 1 petite figure de Michallon, gravée par Delvaux, pour la *Mort de Roland,* etc.

11. — 5 photographies pour *Angélique sur le Rocher.*

> 4 photographies de Sudre d'après Ingres, en quatre états différents, in-12 et in-4, belles épreuves montées sur grand papier in-fol. ; 1 photographie de Tournachon d'après un tableau ancien (curieux).

12. ARNAUD (Baculard d'). 23 figures in-8 d'Eisen, Marillier, Moreau, etc., pour les divers ouvrages d'Arnaud, et autres.

> Charmantes figures, dont 5 EAUX-FORTES. Pièces avec marges.

13. ARNOULD (Aug.). 18 figures in-8 (sur 20) de la suite de Tony Johannot, Jules David, Janet-Lange, Marckl, etc. pour *les Jésuites. Paris, Dutertre, Michel Lévy frères,* 1846.

> Superbes épreuves AVANT LA LETTRE SUR CHINE OU GRAND PAPIER VÉLIN, tirées à part de format IN-FOL. Plus 7 figures en double de la même suite, dans le même état.

14. AUTEURS GRECS ET LATINS. Réunion de 21 figures et frontispices de B. Picart, Chauveau, De Sève, Eisen, Cochin, Le Barbier, Moreau, Gravelot, pour divers auteurs grecs et latins.

> Choix de jolies pièces, dont plusieurs AVANT LA LETTRE.

15. BALZAC. Suite de 1 titre avec vignette (contenant le squelette) et
de 100 vignettes dans le texte, par Gavarni, Baron, Janet-Lange, etc.,
pour la *Peau de chagrin. Paris, Delloye et Lecou*, 1838.

Épreuves du PREMIER TIRAGE, destinées à être découpées des feuillets de texte.

16. — 77 figures dont 3 titres gravés avec vignettes de la suite de
Gavarni, Baron, Janet-Lange, etc., pour la *Peau de chagrin. Paris,
Delloye et Lecou*, 1838.

Belles épreuves TIRÉES A PART, SANS TEXTE SUR CHINE VOLANT, in-8 à toutes
marges.

17. — Lot de 49 figures de Tony Johannot, Gavarni, Bertall, Guérard, Staal, Marckl, Janet-Lange, etc.

Portraits de *Pauline et Fœdora* par Marckl et Janet-Lange, gravés par Félicie
Fournier, pour la *Peau de chagrin. Paris, Delloye et Lecou*, 1838, superbes
épreuves TIRÉES A PART AVANT LA LETTRE SUR CHINE, gr. in-8, à toutes marges;
2 vignettes de titre de Tony Johannot, gravées sur bois par Porret, pour les
Contes philosophiques, épreuves sur CHINE VOLANT, montées in-8 ; 1 eau-forte in-8
en travers de Guérard, pour *Eugénie Grandet*, épreuve AVANT LA LETTRE, tirée
in-4 ; 42 figures pour les *Œuvres. Paris, Furne*, 1846, quelques épreuves sont
dans des états différents; 1 figure gr. in-8 de Staal, gravée par Geoffroy, *Modeste
Mignon*, belle épreuve sur CHINE ; 1 belle figure in-4 de Franck, gravée par
Wagstaff, *the Lily of the Valley*.

18. BARTHÉLEMY (A.). Suite de 14 figures (sur 15) in-8 en travers, de
Raffet, gravées sur acier, par Burdet, Gaitte et Frilley, pour *Némésis.
Paris, Perrotin*, 1835.

PREMIER TIRAGE.

19. BARTHÉLEMY (l'abbé J.-J.). Suite de 1 portrait et de 28 figures in-18,
de Devéria, pour le *Voyage du jeune Anacharsis en Grèce. Paris, Ménard et Desenne*, 1820 (de la Bibliothèque française).

Épreuves tirées à part en deux états : AVANT LA LETTRE SUR GRAND PAPIER VÉLIN
gr. in-8 et EAUX-FORTES, à toutes marges.
Plus 2 figures AVANT LA LETTRE en double.

20. — Suite de 1 portrait, par Chazal, gravé par Lorichon, et de
6 figures gr. in-8, de Colin, pour le *Voyage du jeune Anacharsis en
Grèce. Paris, Ledoux*, 1821.

Superbes épreuves tirées à part, en 3 états : avec la lettre, sur CHINE (sauf 1
qui est sur blanc), AVANT LA LETTRE SUR CHINE (sauf le portrait qui est sur blanc)
et EAUX-FORTES. La suite avec la lettre est incomplète d'une figure. On a
ajouté 1 figure, la *Mort de Panthée*, épreuve en 4 états : avec la lettre sur blanc,
le même état sur CHINE, AVANT LA LETTRE SUR CHINE et EAU-FORTE.
Pièces à toutes marges.

21. — Réunion de 61 figures de divers artistes, pour le *Voyage du
jeune Anacharsis*.

13 figures in-8 en double de la suite de Colin, dont 8 AVANT LA LETTRE et
1 EAU-FORTE, belles épreuves à toutes marges ; 7 figures in-8 d'Adam, gravées par Leroy, épreuves AVANT LA LETTRE à toutes marges ; 21 figures diverses
de Le Barbier, Moreau, Devéria, Ducis, Duvivier, etc., épreuves AVANT LA LETTRE
et EAUX-FORTES, etc. ; 20 pièces gravées par Tardieu, comprenant 6 cartes et
14 figures dont 8 EAUX-FORTES.

6 – 22. BARTHÉLEMY (J.-J.). 3 figures in-8, pour le *Voyage d'Anacharsis.*

Jolis DESSINS à la sépia, dont un est signé par Bergeret.

20 23. BEAUMARCHAIS. Suite de 1 portrait et de 6 figures in-12, de Duvivier, gravés par Adam, Bovinet, Simonet, Manceau, pour les *Œuvres. Paris, Ménard et Desenne,* 1818 (de la Bibliothèque française).

Belles épreuves en 3 états : avec la lettre, moins le portrait, AVANT LA LETTRE, moins 1 figure (*Eugénie*) sur GRAND PAPIER VÉLIN in-8, et EAUX-FORTES. Plus 2 figures en double AVANT LA LETTRE SUR CHINE.
Pièces tirées à part à toutes marges.

24 24. — Suite de 5 figures in-8, dont 1 portrait, par Tony Johannot, gravées par Lecomte, Blanchard, Cousin et Corbould, pour les *Œuvres. Paris, Furne,* 1826.

Très jolie suite.
Épreuves en 2 états : avec la lettre (moins le portrait) et EAUX-FORTES. Plus en double 1 EAU-FORTE sur CHINE et 2 figures AVANT LA LETTRE.
Pièces à toutes marges.

1 – fo 25. — Suite de 4 figures in-12, de Tony Johannot, gravées par Lecomte, Blanchard, Corbould, Cousin, pour le *Théâtre. Paris, Furne* (1828).

Belles épreuves tirées gr. in-8, dont 1 AVANT LA LETTRE. Plus 1 figure, *Eugénie*, AVANT LETTRE.

7 – fo 26. — Suite de 7 figures gr. in-8, dont 1 portrait, par Staal, gravées sur acier, par Delannoy, pour les *Œuvres. Paris, Garnier frères,* 1874.

Épreuves AVANT LA LETTRE SUR CHINE, à toutes marges.

7 – 27. — Suite de 20 figures (portraits) gr. in-8, dont 1 portrait de Beaumarchais, par Émile Bayard, gravées par Nargeot, Wolf, Paquier, Follet, Gervais (*impr. Falconet*) pour les *Œuvres complètes. Paris, Laplace, Sanchez,* 1875.

Portraits en pied des divers personnages. Belle suite.
Épreuves en 2 états : en noir sur chine et COLORIÉES.

3 – fo 28. — Suite de 7 figures in-8, dont 1 portrait, dessinées et gravées à l'eau-forte, par Mesplès, pour le *Théâtre. Paris, Bonhoure, s. d.* dans un carton.

De la *Bibliothèque illustrée des chefs-d'œuvre de l'Esprit humain.*

16 – 29. — Suite de 10 figures in-12, dont 1 portrait, par d'Arcos, gravées par Monziès, pour le *Barbier de Séville* et le *Mariage de Figaro. Paris, Jouaust,* dans un carton.

Épreuves AVANT LA LETTRE, sur papier vergé.

30 – 30. — La même suite.

Épreuves AVANT LA LETTRE SUR PAPIER DU JAPON grand in-4.

5 – 31. — Suite de 5 figures in-8, dont 1 portrait, dessinées et gravées à l'eau-forte par Cain, pour le *Barbier de Séville. Paris, Conquet,* 1877, dans 1 carton.

Épreuves avec la lettre sur CHINE VOLANT.

32. BEAUMARCHAIS. La même suite. 16 –"

Épreuves AVANT LA LETTRE sur CHINE VOLANT. Le portrait est en 2 états.

33. — Suite de 5 figures petit in-4, de Saint-Quentin, gravées par Lié- 82
nard, Halbou et Lingé, pour la *Folle Journée ou le Mariage de Figaro*.
Paris, Ruault (Kehl), s. d.

Belles épreuves remontées gr. in-4. La figure du 4e acte est avec le sein dé-
couvert.

On y a ajouté une EAU-FORTE de la figure du 2e acte.

34. — Suite de 12 figures petit in-12 (de Chodowiecki), pour la *Folle* 12 –"
Journée ou le Mariage de Figaro.

Bonnes épreuves remmargées gr. in-8.

35. — Suite de 1 portrait et de 5 figures gr. in-8, dessinés et gravés 4 –
à l'eau-forte par Eugène Baugnies, pour la *Folle Journée ou le Mariage*
de Figaro. Paris, Morgand et Fatout, 1879.

Épreuves AVANT LA LETTRE SUR PAPIER DE HOLLANDE, gr. in-8.

36. — Réunion de 14 figures de Fragonard, Gravelot, Duplessis-Ber- 13 –
taux, Desenne, Ramberg, etc.

2 figures in-8 de Gravelot, gravées par Leveau pour *Eugénie*, belles épreuves
à toutes marges; 1 figure gr. in-8 de Duplessis-Bertaux, gravée par Defresne,
1793, *le Comte Almaviva*, belle épreuve; 1 figure in-12 en travers, de Duplessis-
Bertaux, *Mlle Mézeray*, rôle de *Rosine* dans le *Barbier de Séville*, superbe épreuve
en 2 états : AVANT LA LETTRE et avec la lettre, gr. in-8; 1 lithographie in-8,
d'après Fragonard, *Toilette de Chérubin*, belle épreuve sur CHINE; 1 lithographie
in-4 de Rulmann, *Mlle Contat*, de la *Collection du Courrier des spectacles*,
épreuve sur CHINE; 1 figure anglaise in-8 de Wagemann, gravée par Thomson,
Miss Carew as Rosina; 1 belle figure in-8, de Ramberg, gravée par Jury, pour le
Barbier de Séville, superbe épreuve AVANT LA LETTRE sur GRAND PAPIER VÉLIN; etc.

37. BÉRANGER. Suite de 84 vignettes sur bois de Devéria pour les *Chan-* 6 –"
sons. Paris, Baudouin, 1828.

Épreuves TIRÉES A PART, sans texte, à toutes marges, montées sur beau papier gr. in-8.

38. — Suite de 1 portrait de Béranger et de 103 figures gravés sur 18 –"
acier d'après les dessins de Alfred et Tony Johannot, Charlet, Grenier,
Grandville, etc. pour les *Œuvres. Paris, Perrotin,* 1834.

Épreuves à toutes marges. La figure les *Gaulois et les Francs* est sur CHINE.
On y a ajouté : *la Bonne Fille*, et les *Gaulois et les Francs, d'après Adam*, de
l'édition de 1829.

39. — 5 figures in-12, non signées (par Ch. Jacque), pour les *Chansons* 27 –"
érotiques.

DESSINS à la plume ou en couleur, d'un *caractère tout particulier.*

40. — Suite de 8 figures in-12, non signées (d'après Johannot et Jac- 19 –
que), gravées sur acier, pour les *Chansons.*

Figures toutes *particulières.* Belles épreuves sur CHINE VOLANT, tirées à part,
in-8 à toutes marges.

41. — La même suite. 15 –

Épreuves tirées à part sur PAPIER TEINTÉ GRAND IN-8, à toutes marges.

40-42. Béranger. 8 figures détachées de la même suite.

> 2 EAUX-FORTES ; 5 figures AVANT LA LETTRE et 3 figures avec la lettre. On y a ajouté 1 figure d'une autre suite, du même caractère, épreuve AVANT LA LETTRE SUR CHINE VOLANT.
> Pièces avec marges.

43. — Suite de 53 figures in-8, dont 1 portrait et 1 frontispice, gravées sur acier, d'après Charlet, Lemud, Johannot, Pauquet, etc., pour les *Œuvres complètes. Paris, Perrotin*, 1852.

> Épreuves avec marges.

44. — Suite de 14 sujets dessinés par A. de Lemud et photographiés d'après les originaux, pour les *Œuvres posthumes. Paris, Perrotin*, 1865, in-fol.

> Les figures photographiées in-8 sont montées sur papier bristol in-fol. Les 14 pièces de poésie ont été imprimées par Claye, in-fol. à 2 col.

45. — Suite de 120 figures in-8, gravées sur bois, d'après les dessins de Grandville et Raffet, pour l'*Album Béranger, par Grandville. Paris impr. Claye, A. Quantin, S*r*.

> Épreuves sur chine montées sur beau papier vélin.

46. — Réunion de 16 figures de divers artistes et de 8 couvertures avec vignettes pour les *Chansons*.

> 1 portrait de Béranger et 4 vignettes en couleur de Henry Monnier (*Ce n'est plus Lisette*, le *Grenier*, *Laideur et beauté* et le *Roi d'Yvetot*), le tout sur une feuille gr. in-4; le frontispice in-8 de Lemud, pour les *Œuvres. Paris, Perrotin*, épreuve à l'état d'EAU-FORTE ; 5 charmantes vignettes en couleur de H. Gérard Fontallard, 1829 ; 2 figures in-8 de Lemud et Pauquet, *Louis XI* et le *Cinq mai*, de *l'édition de Perrotin*, superbes épreuves du PREMIER TIRAGE, AVANT LA LETTRE, l'une sur CHINE, l'autre sur GRAND PAPIER VÉLIN, tirée à part, grand in-4; 1 figure in-12 d'Adam, gravée par Coupé, 1833, le *Sénateur*, épreuve AVANT LA LETTRE SUR CHINE gr. in-8; le frontispice de l'*Album Béranger* par *Grandville*; 1 superbe lithographie in-4 d'après de Lemud, le *Prisonnier*, tirée de l'*Artiste*; 1 figure in-8 en travers, de Devéria, gravée par Rolls, la *Sylphide*; 8 couvertures imprimées avec vignettes pour les *Chansons* et les *Vignettes de Béranger. Paris, Baudouin*, 1828, *Paris, Perrotin*, 1833, *Jouvet et Perrotin, Pagnerre*, etc.

47. Bernard (dit le Gentil Bernard). Suite de 4 figures in-8, d'Eisen, gravées par Baquoy et Ponce, pour *Phrosine et Mélidore. Paris, Lejay*, 1772. — Suite de 1 frontispice et de 3 figures in-8 de Martini, pour l'*Art d'aimer. Paphos*, 1775.

> Épreuves avec marges.

48. — Réunion de 20 figures de Marillier, Prudhon, Girodet, Desenne, etc.

> 1 ravissante figure in-18, de Marillier, gravée par Delaunay, 1781, pour l'*Art d'aimer, Chant 2*e, épreuve en 2 états : AVANT LA LETTRE et avec la lettre ; 3 jolies figures in-8, de Prudhon, gravées par Roger pour *Phrosine et Mélidore*, la *Grotte* et le *Bain de Musidora*, superbes épreuves AVANT LA LETTRE SUR CHINE, les deux dernières sont en double, l'une dans le même état, l'autre coupée au cadre et remontée ; 7 figures in-8, de Girodet et Desenne, épreuves AVANT LA LETTRE et 1 EAU-FORTE, et 5 figures diverses.
> Pièces à toutes marges.

49. Bernis (cardinal de). Suite de 1 frontispice avec portrait (gravé
par Lemire d'après Callet) et 5 figures in-8, gravées en manière noire,
non signées, pour les *Œuvres. Paris, Didot, an V.*

Le frontispice est à l'état d'EAU-FORTE, coupé au cadre, remonté. Les
figures sont AVANT LA LETTRE SUR PAPIER VÉLIN, à toutes marges.
On y a ajouté un joli frontispice AVANT LA LETTRE, tiré en BISTRE ; 1 fleuron, joli
DESSIN non signé, monté gr. in-8.

50. Berquin. 2 frontispices et 36 figures (sur 38) in-12, de Borel,
Le Barbier, Marillier, Monsiau, pour les *Romances et Idylles* (tome XIV
des Œuvres complètes). *Paris, Renouard, an XI (1803).*

1 frontispice de Marillier, gravé par Ponce, et 14 figures de Marillier, Le Barbier, Borel, quelques-unes non signées pour les *Romances.* — 1 frontispice de
Monsiau, gravé par Choffard, et 22 figures de Borel et Le Barbier, quelques-unes
non signées, pour les *Idylles.* Bonnes épreuves tirées à part à toutes marges.

51. — 21 figures in-12, de Marillier, pour les *Idylles* et les *Romances.*

14 figures, épreuves avec les numéros avec marges, sauf 2 qui sont remontées ;
6 figures, AVANT LES NUMÉROS en très belles épreuves sur PAPIER DE HOLLANDE
A TOUTES MARGES ; 1 figure remontée.
On y a ajouté 3 figures non signées dont 1 EAU-FORTE.

52. — Recueil de 268 figures in-12, de Moreau, Borel, Le Barbier,
Marillier, Monsiau, pour les *Œuvres complètes, Paris, Renouard, an XI*
(1803), pour les *Œuvres de Gresset, Gessner* etc. relié en 1 vol. demi-
rel. cuir de Russie.

Epreuves sur PAPIER ROSE, quelques-unes sur CHINE avec la lettre ou AVANT LA
LETTRE, à toutes marges.

53. Besenval (baron de). Suite de 6 figures in-8, dont 1 frontispice,
par Paul Avril, gravées à l'eau-forte par Taluet, pour les *Contes.*
Paris, Quantin, 1882, dans un carton.

Triple suite en épreuves AVANT LA LETTRE, en NOIR, BISTRE et SANGUINE, tirée à
part sur PAPIER DU JAPON BLANC, grand in-4.
Tiré à 40 exemplaires. De la collection des *Petits Conteurs du XVIII° siècle.*

54. Bible : Réunion de 47 sujets bibliques par Léonard Gaultier, Cal-
lot, Sébastien Le Clerc, De Sève, B. Picart, Eisen, Cochin, Bellanger, Chodowiecki, A. de Saint-Aubin, etc. ; 1 plan de Jérusalem et
1 carte de la Palestine gravés par Tardieu.

Pièces rares et curieuses.

55. — 11 figures, gr. in-8, de Moreau, Monnet, etc., pour le *Nouveau
Testament.*

Epreuves AVANT LA LETTRE, 1 EAU-FORTE, etc. à toutes marges.

56. — Suite de 30 figures gr. in-8, de Westall, gravées par Heath, pour
The Old and New Testaments. London, White, 1813.

Ancien Testament : 1 frontispice avec vignette et 19 figures ; *Nouveau Testament :* 1 frontispice et 9 figures. Pièces avec marges.
On y a ajouté de la même suite 5 figures AVANT LA LETTRE SUR CHINE, tirée à
part très gr. in-8.

57. **Bible**. 75 figures provenant de diverses suites anglaises pour *l'Ancien et le Nouveau Testament*.

16 figures, in-8, de la suite de Bird, gravées par Charles Warren. *London, Walker*, 1815 ; 27 figures, in-8, gravées d'après les maîtres anciens. *London, Fisher*, 1832-1841 ; 6 figures de la suite de Taylor. *London, Hurst*, 1820 ; 26 figures diverses d'après les peintres anciens et modernes.

La plupart de ces figures sont des épreuves de choix sur CHINE, un certain nombre sont AVANT LA LETTRE, et presque toutes sont à toutes marges.

58. — Suite de 64 figures in-8, de Devéria, pour la *Sainte Bible*. *Paris, Lefèvre*, 1828-34.

Belles épreuves AVANT LA LETTRE SUR CHINE, à toutes marges. Plus 12 figures de la même suite AVANT LA LETTRE.

59. — 14 figures in-8, de Berget et, ou non signées, pour des sujets bibliques.

Jolis DESSINS à la sépia, sur beau papier, gr. in-8.

60. — 28 figures (sur 32) gr. in-8, d'après Raphaël, Rubens, Rembrandt, Murillo, Horace Vernet, Decaisne, Gros, Johannot, etc., gravées par François, Lévy, Blanchard, Vallot, Nargeot, Bein, Pelée, etc *Paris, Furne (impr. Chardon)*, 1838-1845.

Superbes épreuves AVANT LA LETTRE la plupart de format in-fol. et dont 5 sont AVANT LE CADRE. Plus 1 EAU-FORTE et 8 figures AVANT LA LETTRE et dont 5 AVANT LE CADRE.

61. — 23 feuillets détachés du *Livre d'Heures*. *Paris, Gruel et Engelmann*, 1846, et de *Curmer*.

Réunion de miniatures, encadrements, etc., tirés en or et en couleur sur PEAU DE VÉLIN.

62. — Suite de 18 figures gr. in-8, de Barrias, gravées par Vallot, Massard, Blanchard, Nargeot, Lévy, etc., en 1851-1852. (*Paris, impr. Chardon aîné*.)

Belles épreuves AVANT LA LETTRE SUR CHINE, montées sur beau papier in-fol.

63. — Réunion de 15 figures in-fol. et in-4, de sujets bibliques.

1 curieuse figure d'Eisen tirée en couleur, la *Femme de Putiphar et Joseph* ; 1 lithographie de Boilly, d'après Prud'hon, pour le même sujet (2 épreuves); 1 superbe eau-forte de Célestin Nanteuil, 1833, la *Fuite en Egypte*, tirée de l'*Artiste*, épreuve sur CHINE; 1 eau-forte d'Edmond Hédouin d'après Eugène Delacroix, l'*Education de la Vierge*, tirée de l'*Artiste*, belle épreuve sur CHINE; 1 figure de Chataigner gravée à l'eau-forte par A. de St-Aubin, les *Noces de Canaan*, belle épreuve en 2 états : AVANT LA LETTRE et EAU-FORTE; 1 beau portrait de *David* d'après le Guerchin, gravé par Métalli, copié par Chiossone, belle épreuve AVANT LA LETTRE SUR CHINE in-folio; la *Visitation* par Métalli, d'après Albert Durer, gravée par Lasinio, belle épreuve AVANT LA LETTRE SUR CHINE in-folio; 1 figure de Staal gravée par Blanchard, *Ruth*, superbe épreuve AVANT LA LETTRE SUR CHINE, in-folio; 1 figure de Decaisne, gravée par Lecomte, *Jésus-Christ*; 1 lithographie de Muller, *Tentation du Christ*, superbe épreuve AVANT LA LETTRE in-folio, etc.

64. — 42 figures in-12 et in-8, gravées par Nargeot, La Rivière, Lecomte, Leclère, Mauduit, Gérard, Levasseur, Davenport, d'après les tableaux de Raphaël, Van Dyck, Murillo, Rubens, Le Dominiquin,

Vanloo, Gambard, Mignard, H. Vernet, etc; figures de Devéria, Desenne, Corbould, Jury, etc.

> Très belles figures, dont 33 en épreuves AVANT LA LETTRE, 1 EAU-FORTE et 8 figures avec la lettre la plupart sur CHINE, à toutes marges.

65. BIBLE. 16 photographies in-8 et in-4, de sujets bibliques, d'après les tableaux de Murillo, le Guide, Carlo Dolce, Ciguani, Paul Delaroche, Horace Vernet et autres, publiées par *Goupil, Bisson, Hanfstaengel (de Dresde)*, etc.

> Belles épreuves sur CHINE montées sur bristol in-folio, plus 26 cartes photographiques in-8 et in-12 pour *Album*, publiées par Goupil, Ziegler, etc.

66. — Réunion de 21 portraits de sainte Marie-Madeleine, d'après les peintres anciens et modernes.

> Curieuse réunion comprenant entre autres : le beau portrait gravé par Pascal d'après Greuze in-4 ; 1 belle lithographie in-4, d'après Carbillet ; 1 portrait gr. in-4 non signé, superbe épreuve AVANT LA LETTRE SUR CHINE, IN-FOLIO ; 1 lithographie in-4 d'Alophe d'après Roqueplan, tirée de l'*Artiste;* photographies de tableaux de Murillo, et Ary Scheffer ; 1 portrait-miniature en couleur, ovale, sur PEAU DE VÉLIN (*très joli*); etc.

67. BIBLIOTHÈQUE DE CAMPAGNE. Suite de 12 figures in-12, de Bolomey, gravées par Boily, pour la *Bibliothèque de campagne. Amsterdam, Rey,* 1765.

> Belle suite en superbes épreuves à toutes marges.

68. BITAUBÉ. Suite de 8 figures in-8, de Monnet, gravées par Le Mire (1798), Simonet (an VII) (5 sont non signées), pour *Joseph. Paris, Dentu,* 1801.

> Épreuves AVANT LA LETTRE, avec marges.
> On y a joint 1 figure de la même suite, terminée avec cadre.

69. — Suite de 9 figures in-18, de Burdet, pour *Joseph. Paris, Lequien,* 1819.

> Bonnes épreuves avec marges.

70. — Suite de 12 figures in-18 en travers, de Martinet, gravées à l'eau-forte par Pauquet, et terminées par Pigeot et Dupréel, pour *Joseph. Paris, Deschamps,* 1826.

> Charmantes figures, tirées à part, en épreuves AVANT LA LETTRE SUR CHINE, montées gr. in-8, toutes marges.

71. BOCCACE. Suite de 8 figures in-8, de Marillier, gravées par Ponce, Delvaux, Courbe, Devilliers, pour les *Nouvelles, traduction libre* par Mirabeau. *Paris, Duprat-Letellier,* 1802.

> Jolies figures entourées de médaillons représentant les sujets des contes de Boccace et de La Fontaine.
> Belles épreuves à toutes marges.

71 bis. — La même suite.

> Épreuves montées gr. in-8 sur beau papier vélin. La tomaison en tête est grattée.

72. Boccace. Suite de 1 portrait et de 10 figures in-8 de Stothard, gravées par Fox, pour *Il Decamerone. Londra, Pickering*, 1825.

Très jolie suite.

Épreuves sur chine (*India paper proofs*), tirées à part, et montées sur beau papier vélin fort, in-fol.

73. — Suite de 11 figures in-16, dont 1 portrait, dessinées et gravées à l'eau-forte par Flameng pour le *Décaméron. Paris, Jouaust*, 1873.

Épreuves en deux états : avant la lettre sur chine volant, tirées in-8, et avec la lettre.

74. — Réunion de 83 figures de Gravelot, Cochin, Rogier, Stothard, Nanteuil, Veyrassat, etc., pour les *Contes.*

70 figures in-8 de Gravelot et Cochin, pour le *Décaméron. Londra*, 1757, et *Paris*, 1801 ; quelques épreuves à l'état d'eau-forte ; 1 curieuse eau-forte in-4 de Veyrassat, 1848, d'après Subleyras, l'*Hermite ;* 1 lithographie in-4 de Delbarre, d'après Diaz, tirée de l'*Artiste ;* 1 photographie de Voland, d'après Winterhalter, etc.

75. Boileau. Suite de 1 frontispice, de 6 figures in-12 et de 35 vignettes et culs-de-lampe dessinés et gravés par Bernard Picart pour les *Œuvres. La Haye*, 1722.

Réduction des illustrations de l'édition in-fol. de 1718. Les vignettes et culs-de-lampe sont découpés du texte et montés sur beau papier in-fol. ainsi que le frontispice et les 6 figures. On a ajouté à cette suite les titres avec fleurons gravés des 4 vol. ainsi que les lettres ornées, etc.

On y a joint en outre : 17 vignettes et culs-de-lampe de la même suite, tirés a part, sans texte, sur papier vergé in-8, en très belles épreuves ; le frontispice de Van der Meer et les 6 figures gravées par Vinkeles d'après Bernard Picart, pour l'édition d'*Amsterdam*, 1772, épreuves tirées à part, à toutes marges ; 7 fleurons et vignettes de Bernard Picart pour l'édition in-fol. de 1718, belles épreuves tirées a part, sur papier vergé, in-8 en travers.

Réunion très intéressante. Ens. 73 pièces.

76. — 1 portrait gravé par Daullé d'après Rigaud, 5 titres avec fleurons par Eisen, gravés par Boucher, 39 vignettes en-têtes de page, par Eisen, gravées par Aveline, De La Fosse, ou non signées, 25 culs-de-lampe, non signés, sauf 2 qui sont signés Mathey, et 6 figures in-8 non signées (par Cochin), pour les *Œuvres, Paris*, 1747.

Les vignettes et culs-de-lampe sont découpés du texte et montés sur beau papier in-fol. On a joint aux 6 figures pour le *Lutrin*, 1 figure en double (chant IV), avec bordure en passe-partout et signée par Cochin.

77. — Suite de 9 figures in-8 en travers, de Fortin, gravées par Girardet, pour les *Œuvres. Paris, Pierre Didot*, 1819.

Très belles épreuves tirées a part, sans texte, sur papier vélin, in-8 en travers.

78. — Suite de 13 figures in-8 (dont 3 portraits), par Carle et Horace Vernet, Hersent, Roehn, Bergeret, Garnier, Choquet, pour les *Œuvres complètes. Paris, Blaise*, 1821.

Belles épreuves avant la lettre, dont 7 sur chine. Le portrait de Racine est avec la lettre.

Tirage à part, à toutes marges.

On y a joint le portrait de Louis XIV avec la lettre sur chine et 2 figures en double pour le *Lutrin*, avant la lettre sur blanc.

Collection rare.

79. BOILEAU. Suite de 1 portrait d'après Rigaud, gravé Lignon, et de 6 figures in-8, de Desenne, pour les *Œuvres. Paris, Lefèvre,* 1821.

> Belles épreuves AVANT LA LETTRE SUR CHINE, à toutes marges.
> PREMIER TIRAGE. Jolie collection.

80. — Suite de 1 portrait et de 6 figures gr. in-8, de Staal, pour les *Œuvres. Paris, Garnier frères,* 1860.

> Épreuves AVANT LA LETTRE SUR CHINE, à toutes marges.

81. — Suite de 1 portrait et de 20 vignettes en-têtes de page dessinés et gravés à l'eau-forte par V. Foulquier, pour les *Œuvres poétiques. Tours, Mame,* 1869.

> Épreuves AVANT LA LETTRE tirées à part sur CHINE VOLANT, gr. in-8.

82. — Suite de 1 portrait gravé par A. de Saint-Aubin et de 6 figures in-8, de Moreau, gravées par Delvaux, De Ghendt et Simonet, pour le *Lutrin, publiées par Renouard,* 1807.

> Belles épreuves à toutes marges.
> On y a joint 3 figures de la même suite, épreuves AVANT LA LETTRE, et 1 figure en double, coupée au cadre et remmargée.
> Belle collection.

83. — Suite de 1 portrait et de 6 vignettes en-têtes de page dessinés et gravés à l'eau-forte par E. et F. Hillemacher pour le *Lutrin. Lyon, Scheuring,* 1862.

> Épreuves AVANT LA LETTRE tirées à part sur PAPIER VERGÉ in-fol.

84. — Réunion de 15 figures de Chauveau, Landry, Moreau, Marillier, Cochin, Devéria, etc.

> 6 figures in-8 de Chauveau et Landry pour les premières éditions des *Œuvres diverses*; 1 joli frontispice gr. in-8 de Cochin, gravé par A. de St-Aubin, 1770, *Rien n'est beau que le vrai*, épreuve à toutes marges; 1 DESSIN non signé (*Louis XIV*); diverses figures de Moreau, Ender, gravées par Jury, Devéria, en belles épreuves AVANT LA LETTRE; etc.

85. BORDES. Suite de 5 figures petit in-8, non signées, pour *Parapilla. Florence,* 1776 ou 1783.

> La première figure (frontispice) représente le jardinier tenant sa corbeille.
> Épreuves à toutes marges.

86. BOREL (Petrus). 1 titre avec vignette de Gigoux, gravé sur bois par Godard, pour *Champavert. Paris, Renduel,* 1833.

> Épreuve avec marge; le même sujet gravé à l'eau-forte par Garnier, magnifique épreuve AVANT LA LETTRE en 2 états : SUR CHINE VOLANT, in-8, et sur PAPIER DE HOLLANDE, in-4, à toutes marges.
> Belle pièce, rare, représentant la scène d'*André Vesale*.

87. — 1 eau-forte in-4 en travers, de Célestin Nanteuil, 1833, pour *Champavert.*

> 2 superbes épreuves sur CHINE, à toutes marges.
> Pièce tirée de l'*Artiste*.

88. — Suite de 8 figures in-8, de Michele Armajer, gravées sur acier

par Desmont, Legenisel, Monnin, etc., pour *Madame Putiphar. Paris, Willem,* 1877-1878.

Épreuves AVANT LA LETTRE tirage à part en deux états : sur CHINE VOLANT et sur PAPIER VERGÉ DE HOLLANDE.

89. BOSSUET. Suite de 1 portrait-frontispice et de 3 figures en-têtes de page, dessinés et gravés à l'eau-forte par V. Foulquier, pour le *Discours sur l'Histoire universelle. Tours, Mame,* 1870.

Épreuves AVANT LA LETTRE sur CHINE VOLANT, tirées à part, gr. in-8.

90. — Suite de 7 figures (dont 1 portrait) en-têtes de page, dessinées et gravées à l'eau-forte par V. Foulquier, pour les *Oraisons funèbres. Tours, Mame,* 1868.

Épreuves AVANT LA LETTRE sur CHINE VOLANT, tirées à part, gr. in-8.

91. — Réunion de 29 figures pour divers ouvrages.

Pour les *Oraisons funèbres :* 9 vignettes en-têtes de Cochin, dont 2 EAUX-FORTES ; 1 joli frontispice-dédicace petit in-fol. de Cochin, gravé par de Fehrt ; 1 figure, in-8, de Marillier, AVANT LA LETTRE ; 1 figure, in-8, de H. Vernet, gravée par Blanchard, la *Mort de Turenne,* épreuve en 2 états : AVANT LA LETTRE SUR PAPIER VÉLIN et EAU-FORTE, à toutes marges ; 5 figures diverses de Porret, Desenne, Devéria, etc. — Pour le *Discours sur l'Histoire universelle :* 1 frontispice in-8, de Cochin, gravé par A. de Saint-Aubin, remonté ; 10 belles figures (sur 12), in-8, avec encadrement publiées à *Paris, Curmer, s. d.*

92. BOUFFLERS. 1 portrait par Hilaire Le Dru, gravé par Gaucher, et 8 figures in-8, de Marillier, gravées par Dupréel et Delignon, pour les *Œuvres. Paris, Didot,* 1813.

On y a ajouté : 3 figures de Vallin et Pérenot qui font partie de cette suite (qui comprend 16 figures) ; 2 figures, in-18, de Marillier, gravées par De Launay, dont 1 joli frontispice pour l'édition *Cazin,* 1782.
Pièces à toutes marges.

93. — Suite de 6 figures in-8, de Poirson, gravées à l'eau-forte par Mongin, pour les *Contes. Paris, Quantin,* 1881, dans un carton.

Triple suite en épreuves AVANT LA LETTRE : en NOIR, BISTRE et SANGUINE, tirée à part sur PAPIER DU JAPON BLANC, grand in-4.
Tiré à 40 exemplaires de la collection des *Petits Conteurs du XVIII° siècle.*

94. BRANTÔME. Suite de 1 portrait et de 10 figures, in-8, de H. Pille, gravés par Champollion, pour les *Vies des Dames galantes. Paris, Arnaud et Labat,* 1879.

Épreuves AVANT LA LETTRE, tirées sur papier vergé, gr. in-8.

95. — La même suite.

Superbes épreuves AVANT LA LETTRE sur PAPIER DU JAPON, gr. in-8, montées gr. in-fol.

96. — Suite de 10 figures in-12, dont 1 portrait, par de Beaumont, gravées à l'eau-forte par Boilvin, pour les *Dames galantes. Paris, Jouaust,* dans un carton.

Épreuves AVANT LA LETTRE sur papier Whatman.

97. BRILLAT-SAVARIN. Suite de 1 portrait et de 51 vignettes et culs-de-

lampe, dessinés et gravés à l'eau-forte par Lalauze, pour la *Physiologie du Goût. Paris, Jouaust*, dans un carton.

Épreuves AVANT LA LETTRE tirées à part sur PAPIER WHATMAN, in-8.

98. BRITISH ANTHOLOGY. Suite de 32 jolies figures de Westall, pour *British Anthology. London, Sharpe*, 1824-1825.   *6 - "*

Charmantes figures ovales gravées dans de jolis encadrements variés. Elles sont relatives aux œuvres de Milton, Dryden, Pope, Collins, Goldsmith, Beattie, Cowper, Burns, etc., etc.
L'en-tête du cadre contient le titre du sujet et le nom de l'auteur, en bas se trouvent quelques lignes de texte.
Belles épreuves à toutes marges.

99. BUSSY-RABUTIN. Suite de 1 titre rouge et noir, 1 frontispice de   *10 - "*
L. F. D. B. (Dubourg), gravé par La Cave, 1734, et 16 figures in-12, non signées, pour les *Amours des Dames illustres de France sous le règne de Louis XIV. A Cologne, chez Pierre Marteau, s. d.*

Épreuves à toutes marges. On y ajouté 4 titres gravés avec fleurons variés pour l'*Histoire amoureuse des Gaules*, 1754, et 5 figures diverses.

100. BUTLER (Samuel). 13 figures in-8, dessinées et gravées par Schellenberg, pour une édition allemande de *Hudibras* (Riga, 1787). — 9 figures in-8, non signées, pour une édition allemande du même ouvrage (*XVIIIe siècle*). — 4 figures in-12, dont 2 fleurons de titre, par Uwins, gravées par Warren, pour *Hudibras. London, Walker*, 1817.

A la seconde suite, on a ajouté 7 figures en double. La suite anglaise est AVANT LA LETTRE SUR CHINE, et 2 figures en double avec la lettre. Plus 2 figures de Gessner.   *4 - fo*

101. BYRON. Suite de 12 figures in-8, de Stothard, publiées à *London, Murray*, 1814.

Épreuves TIRÉES A PART SUR CHINE, à toutes marges.

102. —Suite de 21 figures in-18, dont 1 titre gravé, de Henry Corbould,   *2 - "*
pour les (*Œuvres*) *Byron's works illustrated with engravings from Henry Corbould. London, Arlis*, 1818.

Très jolie collection. Les figures sont ovales avec entourages variés. Elles sont tirées sur PAPIER VÉLIN FORT, in-8, à toutes marges.
On y a joint 7 figures dans le même genre, épreuves sur CHINE à toutes marges.

103. — Suite de 20 figures in-8, de Westall, gravées par Heath, pour   *11 - "*
l'édition anglaise des *Œuvres. London, Murray*, 1819.

Belles épreuves avec la lettre presque toutes sur CHINE.
On y a ajouté de la même suite 8 EAUX-FORTES et 1 figure AVANT LA LETTRE SUR CHINE.
Pièces à toutes marges.

104. — 15 figures (sur 17) in-8, de la suite de Westall, pour les *Œuvres.*   *1 - "*
Paris, Ladvocat, 1823-1825.

Belles épreuves avec la lettre, mais AVANT LA LÉGENDE SUR CHINE, à toutes marges.

13-" **105.** Byron. Suite des 20 fleurons de Alfred et Tony Johannot pour les titres des *Œuvres. Paris, Ladvocat,* 1827-1830.

Épreuves avant la lettre sur chine, tirées à part gr. in-8, à toutes marges.

2 -- **106.** — Suite de 6 figures in-8, de Alfred et Tony Johannot, plus 3 portraits et 3 vues, pour les *Œuvres. Paris, Furne,* 1830-1835.

Épreuves du premier tirage, sur papier vélin, gr. in-8, à toutes marges.

2 -- **107.** — Suite de 1 titre gravé et de 39 portraits in-4, gravés d'après les meilleurs artistes sous la direction de Finden pour les *Dames de Byron,* ou *Finden's Byron Beauties. London, Tilt,* 1835-1836 (avec titre et faux-titre et table des portraits).

Belles épreuves avec marges.

5-" **108.** — 28 portraits des *Héroïnes de lord Byron,* gravés par les meilleurs artistes anglais.

Curieuse réunion contenant entre autres la comtesse Guiccioli, belle épreuve en deux états : avant la lettre et avec la lettre in-fol., etc.

10-" **109.** — Réunion de 19 figures de Devéria, Tony Johannot, Corbould, Bida, Régamey, Geille, etc.

Suite de 1 vignette-frontispice et 4 figures in-12 de Devéria, gravés par Godefroy pour les *Œuvres,* épreuves avant la lettre sur chine, plus 3 EAUX-FORTES ; 5 figures pour *Ugolin,* dont 1 DESSIN à la sépia ; 1 eau-forte de Régamey pour *Sardanapale,* épreuve avant la lettre sur chine volant, in-4 ; 1 figure gr. in-8 en travers, de Geille, 1846, pour *Don Juan,* double épreuve avant la lettre sur chine, in-folio (*très belle*) ; 1 joli DESSIN à la sépia, non signé, *Lord Byron dictant à la comtesse Guiccioli ;* 1 vignette de Bida, gravée par Pollet, etc.

1-" **110.** — Réunion de 34 vues in-8 en travers, par Westall, Bentley, Harding, Bartlett, Stanfield, Turner, etc. *London, Murray,* 1832, *Fisher,* etc.

Belles épreuves dont quelques-unes sont avant la lettre et 1 EAU-FORTE. Pièces avec marges.

2 -fo **111.** — Réunion de 34 figures d'artistes anglais pour les *Œuvres.*

14 figures in-4 de Herbert, Stephanoff et Corbould. *London, Longman,* 1840, belles épreuves dont 11 sont avant la lettre ; 4 belles vignettes-frontispices de Corbould et Stothard, gravées par Heath et Mittan, superbes épreuves avant la lettre sur chine, dont 3 sont tirées in-folio ; 16 figures diverses de Stothard, Corbould, Stephanoff, Westall, Turner, etc. quelques épreuves avant la lettre.

130-" **112.** Cabinet des Fées. 108 figures in-8, de Marillier, pour le *Cabinet des Fées. Genève et Paris,* 1785-1789.

Les figures sont numérotées à la pointe de nᵒ 1 *à* 108 *et dernier.* Épreuves différentes des figures nᵒ 1 et nᵒ 2 : la première pour *Barbe Bleue* a comme légende : *Dans ce moment on heurta si fort à la porte...* la seconde pour le *Petit Poucet : Le Petit Poucet s'étant approché de l'ogre...* Les figures nᵒˢ 32 et 33 manquent ; la figure nᵒ 35 est en deux états.

Pièces superbes d'épreuves tirées à part sur papier de Hollande gr. in-8, à toutes marges. Quelques-unes sont un peu plus courtes.

113. CAMPENON. Suite de 4 figures in-8, de Guérin, Vincent, Pallière et Thévenin, gravées par Benoist, pour l'*Enfant prodigue*. *Paris, Delaunay*, 1812.

> Épreuves en deux états : AVANT LA LETTRE et avec la lettre, à toutes marges.

114. — Suite de 4 figures in-18, d'Isabey, Ducis et Picot, gravées par Godefroy, pour les *Poèmes et opuscules en vers et en prose. Paris, Ladvocat*, 1823.

> Épreuves AVANT LA LETTRE SUR CHINE, à toutes marges.
> Jolie suite.

115. — La même suite de 4 figures in-18.

> Épreuves AVANT LA LETTRE SUR CHINE, à toutes marges.

116. CANTIQUES ET POTS-POURRIS. 1 frontispice et 3 figures (sur 6) in-18, non signés (par Borel, gravés par Elluin), pour les *Cantiques et Potspourris (Paris, Cazin*, 1789).

> *La Chaste Suzanne, David et Bethzabée, Judith*. Tirage moderne, grand in-
> sur papier fort. On y a ajouté une figure in-4 non signée, très curieuse.

117. CARTEROMACO (Nicolo-Forteguerri). Suite de 1 portrait et de 30 figures in-12, de Giov. Lapi, gravés par Pomp. Lapi, pour *Il Ricciardetto. Londra* (Livorno), 1780.

> Belle suite, en épreuves à toutes marges.

118. CASANOVA DE SEINGALT. 36 figures (sur 48) in-8 en travers, non signées, pour les *Mémoires*.

> Figures 1 à 36, teintées et la plupart remontées.
> PREMIER TIRAGE.

119. — La même suite de 48 figures in-8 en travers, non signées, pour les *Mémoires*. — Suite de 2 portraits gravés à l'eau-forte et de 2 gravures, gr. in-8, d'après celles de l'édition originale pour illustrer *Histoire de ma fuite des Prisons de la République de Venise qu'on appelle les plombs. Bordeaux, Moquet*, 1884.

> Les 48 figures sont de belles épreuves tirées à part sur papier vélin, à deux sur
> la même feuille.
> La suite pour l'*Histoire de ma fuite*, est en épreuves sur PAPIER DE HOLLANDE TEINTÉ.
> Pièces à toutes marges.

120. CATULLE, TIBULLE et PROPERCE. Réunion de 12 figures ou frontispices d'Eisen, Marillier, Le Barbier, Myris, Delamonce, Stothard, etc.

> Belles épreuves.

121. CAYLUS (comte de). Suite de 1 portrait par Cochin, gravé par de Launay jeune, et de 24 figures in-8, de Marillier, gravées par Patas, Dambrun, Delaunay, Fessard, etc. pour les *Œuvres badines complètes. Paris*, 1787.

> Belles épreuves à toutes marges. On y a ajouté 1 figure AVANT LA LETTRE.

122. **Caylus.** Suite de 6 figures in-8, dont 1 frontispice, par Dubouchet, gravées à l'eau-forte par Hanriot, pour les *Contes. Paris, Quantin,* 1881, dans un carton.

> Triple suite en épreuves AVANT LA LETTRE en NOIR, BISTRE et SANGUINE, tirées à part sur PAPIER DU JAPON BLANC GRAND IN-4.
> De la Collection des *Petits Conteurs du XVIII° siècle.*

123. **Caylus** (Mme de). Suite 5 figures in-8, dont 1 portrait, par J. Leman, gravées sur acier par Leroy, pour les *Souvenirs. Paris, Techener*, 1860.

> Superbes épreuves en 2 états : AVANT LE CADRE et avec le cadre.
> Les figures avant le cadre présentent des différences avec les figures encadrées.
> Tirage à part gr. in-8 à toutes marges.

124. **Cazotte.** Suite de 6 figures in-8, dont 1 frontispice, dessinées et gravées à l'eau-forte par Géry-Brichard, pour les *Contes. Paris, Quantin,* 1882, dans un carton.

> Triple suite en épreuves AVANT LA LETTRE, en NOIR, BISTRE et SANGUINE, tirée à part sur PAPIER DU JAPON BLANC, grand in-4.
> Tirée à 40 exemplaires. De la Collection des *Petits Conteurs du XVIII° siècle.*

125. — Suite de 12 figures in-18 de Lefèvre, gravées par Godefroy, pour *Ollivier. Paris, Didot,* 1798.

> Belles épreuves AVANT LA LETTRE sur PAPIER VÉLIN, tirées à part de FORMAT IN-12 à toutes marges.

126. — Réunion de 24 figures de Cochin, Marillier, Dunker, Challiou, etc.

> 2 figures in-8 de Cochin, gravées par Choffard et Prévost pour les *Œuvres badines et morales. Paris,* 1776, épreuves en 2 états : AVANT LA LETTRE et EAUX-FORTES ; les mêmes figures réduites in-12 ; 4 figures in-18 de Dunker ; 4 figures in-18 de Challiou, gravées par Bovinet et Courbé ; 1 figure in-8 de Marillier pour le *Diable amoureux*, etc.

127. **Cent nouvelles Nouvelles.** Suite de 9 figures in-12, non signées (par Girardet?).

> Superbes épreuves à l'état d'EAUX-FORTES grand in-8, non rognées, sauf 2 figures qui sont plus courtes.

128. — La même suite.

> Épreuves à l'état d'EAUX-FORTES, tirées IN-FOLIO sur PAPIER VÉLIN, sauf 2 figures qui sont plus courtes.

129. — Suite de 10 figures in-16, de Jules Garnier, pour les *Cent nouvelles Nouvelles. Paris, Jouaust,* 1874.

> Épreuves tirées à part en 3 états : avec la lettre, gravées à l'eau-forte par Lalauze, AVANT LA LETTRE sur PAPIER WHATMAN in-8, reproduites par l'héliogravure, AVANT LA LETTRE sur CHINE VOLANT in-8, reproduites par l'héliogravure.

130. — Suite de 12 figures in-12, dont 1 frontispice, gravées à l'eau-forte, non signées (par un artiste moderne).

> Suite curieuse en belles épreuves tirées à part sur PAPIER DE HOLLANDE grand in-8.
> Non mise dans le commerce.

131. **Cervantes.** 26 figures (sur 31) gr. in-fol. de la suite de Coypel, _40 - "
Le Bas, Boucher, Cochin fils, Tresmolières, gravées par Surugue,
Ravenet, C.-N. Cochin, Magdelaine, Hortenels, Cochin, Tardieu,
Hausard, Poilly, Silvestre, Aveline, Aubert, Beauvais, pour les
*Principales Aventures de l'admirable Don Quichotte. Paris, chez Louis
Surugue, Ravenet et Dupuis, 1723-1724.*

> Sur ces 26 figures, 20 sont de Coypel et ont paru chez *Surugue*; les 6 autres
> sont de Le Bas (1), Cochin fils (2), Boucher (1) et Tresmolières (2), et ont été
> publiées par Ravenet (3) et Dupuis (3).
> Superbes épreuves du PREMIER TIRAGE, dont 19 sont NON ROGNÉES; les 7 au-
> tres avec de bonnes marges.
> Très jolie suite, rare; mouillures à quelques planches.

132. — 26 figures in-8, d'après Coypel, réduites et gravées par R. Bru- _5 - 10
nct, une par Fokke, pour *Don Quichotte.*

> 15 de ces figures sont AVANT LA LETTRE, les autres avec la lettre.

133. — 12 figures in-8, de la suite de Rivelles, pour une édition espa- _1 - "
gnole de *Don Quichotte.*

> Belles épreuves AVANT LA LETTRE (?) remontées sur beau papier gr. in-8.

134. — 31 petites vignettes in-24, de Paret et Alcantara, gravées par _60 - "
Moreno et Amettler, pour *Don Quichotte.*

> Épreuves sur CHINE, montées sur beau papier in-folio.
> Très jolie suite peu connue.

135. — 12 figures in-8, de Chodowiecki, gravées par Berger en 1780- _1 - "
1781, pour *Don Quichotte.* — Plus 6 figures petit in-18, de Chodowiecki, gravées par Berger pour le même sujet.

> Pièces à toutes marges.
> Les 6 figures in-18 sont très jolies et tirées à deux sur la même feuille.

135 bis. — 8 figures in-8, de la suite de Chodowiecki, gravées par _1 - "
Berger en 1780, pour *Don Quichotte.*

> Belles épreuves avec marges.

136. — 8 figures in-8, de Fragonard, gravées par Denon, pour *Don* _1 - "
Quichotte.

> Épreuves AVANT LA LETTRE SUR CHINE VOLANT, à toutes marges.

137. — 8 petites figures non signées, dans le genre de Duplessis-Ber- _20 - "
taux, pour *Don Quichotte.*

> Épreuves à l'état d'EAUX-FORTES sur papier vélin à toutes marges.

138. — Suite de 24 figures in-18, de Lefebvre et Le Barbier, pour *Don* _95 - "
Quichotte.

> Tirage à part, épreuves AVANT LA LETTRE, toutes marges.
> Jolie collection.

139. — 23 figures in-18, de Westall gravées par Heath, pour *Don Qui-* _5 - "
chotte. London, 1820.

> Épreuves avec la lettre sur CHINE, montées sur papier vélin gr. in-8.

3 — « **140.** CERVANTÈS. Suite de 15 figures in-12, d'après Smirke et Westall, gravées par Coupé, Johannot, Sixdeniers, Roger, Sisco, etc. pour *Don Quichotte*, 1820-1821.

> Épreuves AVANT LA LETTRE SUR CHINE (sauf pour une figure qui est sur blanc), à toutes marges.

1 — « **141.** — Suite de 6 figures in-12, d'après Smirke et Westall, gravées par Ch. Johannot, pour *Don Quichotte*.

> Épreuves AVANT LA LETTRE, à toutes marges.

3 — « **142.** — Suite de 12 figures in-18, dont 4 titres gravés et 8 eaux-fortes à claire-voie par Devéria, pour *Don Quichotte. Paris, Desoer,* 1821.

> Épreuves AVANT LA LETTRE SUR CHINE à toutes marges.

83 — « **143.** — Suite de 18 figures in-8, de Horace Vernet, Eugène Lami et Desenne, pour *Don Quichotte* et les *Pèlerins du Nord. Paris, Méquignon-Marvis,* 1822.

> Belles épreuves AVANT LA LETTRE SUR CHINE. On y a joint 3 figures de la même suite pour les *Pèlerins du Nord*, épreuves AVANT LA LETTRE SUR BLANC. Suite rare, à toutes marges.

22 — « **144.** — Suite de 16 eaux-fortes gr. in-8, dessinées et gravées par R. de Los Rios, pour une traduction anglaise de *Don Quichotte. Paris, Rouquette,* 1880.

> Épreuves AVANT LA LETTRE SUR GRAND PAPIER JAPON. Tiré à 80 exemplaires.

17 — « **145.** — Suite de 18 figures in-12, dont 1 portrait, par Worms, gravées par Los Rios, pour *Don Quichotte. Paris, Jouaust,* dans un carton.

> Épreuves AVANT LA LETTRE sur papier vergé.

2 — « **146.** — Réunion de 41 figures de Harrewyn, Quéverdo, Lefebvre, Ramberg, Devéria, Johannot, Coupé, Roger, Bonington, Leslie, Hayman, Uwins, Clint, etc. pour *Don Quichotte*, y compris 3 figures pour les *Nouvelles*.

> 2 EAUX-FORTES dont 1 portrait de Dulcinée ; 23 figures AVANT LA LETTRE et 16 figures diverses. Pièces avec marges.

1 — « **147.** — Suite de 13 figures in-12, dessinées et gravées par Folkema pour les *Nouvelles. Amsterdam, Arkstée et Merkus,* 1768.

> Pièces à toutes marges.

30 — « **148.** — Suite de 12 figures in-8, de Desrais, pour les *Nouvelles. Paris, Duchesne,* 1778.

> Épreuves AVANT LA LETTRE (sauf pour une figure, *la Bohémienne*, qui est avec la lettre). Tirage à part à toutes marges.

1 — « **149.** — Suite de 12 figures in-8, de Josef Ximeno pour les *Nouvelles. Madrid, Ant. de Sancha,* 1783.

> Epreuves grandes de marges. Mouillures. Déchirure à une planche.

150. CERVANTÈS. 16 figures in-8, de Ximeno et Man. de la Cruz, pour les *Nouvelles*, 1784.

> Tirage à part à toutes marges.

151. — 8 figures in-8, non signées (par Rodriguez?), pour une édition espagnole ancienne de *Persile et Sigismonde*.

> Épreuves AVANT LA LETTRE, à toutes marges.

152. CHAMPFLEURY. 17 figures in-8, dessinées et gravées à l'eau-forte, par Morin, Gautier, Legros, Bonvin, pour les *Aventures de Mariette, Monsieur de Boisdhyver, les Souffrances du professeur Delteil, les Souvenirs des Funambules, la Succession Lecamus. Paris, Poulet-Malassis,* 1860-1861.

> Une suite de 4 eaux-fortes pour chacun des quatre premiers ouvrages et 1 frontispice pour le dernier. Belles épreuves tirées à quatre sur la même feuille, à toutes marges; on y a joint 6 autres eaux-fortes dont 3 pour le *Violon de Faïence* (1 par Giacomelli), et 3 pour les *Chats*, par Monnin.

153. CHANTS ET CHANSONS POPULAIRES. 8 feuilles doubles, in-8, figures et texte gravés faisant partie des *Chants et Chansons populaires de la France*.

> Au clair de la lune. Les Souvenirs (de Chateaubriand). Romance de Nina. Souvenirs d'un vieux soldat. Le Départ du conscrit. Le Retour du conscrit. Tableau de Paris. La Marseillaise, avec couverture, musique et notice, etc.

154. CHAPELLE ET BACHAUMONT. 37 figures et portraits in-12, par Lebrun, Monnet, Fragonard, Eisen, Ledru, etc. (1787), pour le *Voyage en France*, etc.

> Épreuves à toutes marges. La figure des *Bas-reliefs des Arènes* (rare), est AVANT LA LETTRE; on y a ajouté 1 figure en double, AVANT LA LETTRE.

155. CHARNOIS (Le Vacher de). 1 frontispice et 44 figures in-4 (sur 53), de la suite de Chéry, gravés par Alix, Ridé, Sergent, pour les *Recherches sur les Costumes et sur les Théâtres de toutes les Nations. Paris,* 1790.

> Le frontispice et 43 figures sont en couleur, ce sont les seules estampes coloriées que comprend cette suite.
> Belles épreuves, tirées à part, à toutes marges.

156. CHATEAUBRIAND. Suite de 9 figures in-8, de Le Barbier, Boichot et Chaudet pour les *Œuvres*.

> Épreuves AVANT LA LETTRE auxquelles on a joint 4 EAUX-FORTES de la même suite. Pièces à toutes marges.

157. — 14 jolies vignettes in-18, d'Alfred et Tony Johannot, pour une édition de *Ladvocat* (1828).

> Épreuves AVANT LA LETTRE SUR CHINE, gr. in-8.

158. — Suite de 24 figures in-8, d'Alfred et Tony Johannot, publiée par *Furne* en 1833, et 8 figures supplémentaires. — Ens. 32 pièces.

> Belles épreuves avec la lettre sur CHINE, à toutes marges.
> Les pièces supplémentaires sont : 1 portrait d'après Girodet gravé par Hopwood ; 1 figure de Cogniet pour les *Martyrs*; 1 figure de T. Johannot pour le *Paradis perdu* et 5 vues de monuments et de paysages.

159. CHATEAUBRIAND. 25 figures de la même suite.

5 EAUX-FORTES; 16 figures AVANT LA LETTRE SUR CHINE; 4 pièces supplémentaires dont le portrait, épreuves également AVANT LA LETTRE SUR CHINE. Pièces à toutes marges.

160. — 14 figures de la suite précédente et 6 vues de monuments et de paysages par divers artistes. — Ens. 20 pièces, in-8.

3 figures AVANT LA LETTRE et 11 figures avec la lettre, ces dernières sur CHINE de la suite des Johannot, publiée par *Furne*. — 1 vue de Régnier, gravée par Lemaître, en deux états : AVANT LA LETTRE SUR CHINE et EAU-FORTE; 1 vue dessinée et gravée par Lemaître d'après Vauzelle (1836), épreuve AVANT LA LETTRE SUR CHINE, etc. Belles épreuves à toutes marges.

161. — Réunion de 16 figures in-8 et in-4, de Alfred et Tony Johannot, Blanchard, Philippoteaux, Zaleski, etc.

Plus de la moitié de ces figures sont AVANT LA LETTRE, quelques-unes en superbes épreuves IN-FOLIO : Eve et le serpent, Atala, l'Orage, le Dernier des Abencerages, le palais de l'Alhambra, le tombeau de Chateaubriand à Saint-Malo, eauforte in-fol. publiée par Cadart, etc.

162. — 11 figures in-8, de la suite de David, Raffet, T. Johannot, etc. pour les *OEuvres. Paris, Pourrat.* — 21 figures par divers artistes (Colin, V. Adam, Staal, Johannot, Geille, Chasselat, H. Vernet, etc.) pour les divers ouvrages de Chateaubriand. — Ens. 32 pièces.

Dans le lot de 21 figures se trouvent 10 figures en belles épreuves AVANT LA LETTRE et 1 EAU-FORTE. Presque toutes les 32 pièces sont avec marges.

163. — Suite de 6 figures in-8, de Garnier, gravées par Choffard et Saint-Aubin, pour *Atala et René. Paris, Lenormand,* 1805. *Edition originale.*

Epreuves AVANT LA LETTRE, plus 2 EAUX-FORTES, à toutes marges.

164. Suite de 6 figures gr. in-8 oblong, de Blaisot et Lordon, gravées par Bosselman, pour *Atala,* publiée par *Ostervald à Paris.*

Belles épreuves sur papier vélin avec la lettre. On y a joint 3 figures de la même suite, épreuves AVANT LA LETTRE.

165. — Suite de 3 figures in-8, de Devéria, pour *Atala, René* et le *Dernier Abencerage.* — Pour les mêmes sujets : 1 autre figure, in-8, de Devéria; 1 belle figure, in-8, de Potier, gravée par Jéhotte; 1 figure de Desenne, gravée par Pauquet; 1 figure, in-18, de T. Johannot, gravée par Burdet (pour *Atala*); 2 figures, in-8 à compartiments, de Deville, gravées par Devilliers.

Les figures de Devéria, Potier et Desenne, sont AVANT LA LETTRE SUR CHINE; celle de Johannot est en deux états: avec la lettre et AVANT LA LETTRE SUR GRAND PAPIER VÉLIN; les 2 figures de Deville sont en deux états : AVANT LA LETTRE SUR CHINE et EAU-FORTE. — Ens. 12 pièces à toutes marges.

166. — Suite de 4 figures in-8, par Alaux, gravées par Burdet, pour *Atala, René, le dernier Abencerage. Paris, Lefèvre,* 1833.

Belles épreuves AVANT LA LETTRE SUR CHINE, à toutes marges.

167. — Suite de 5 vignettes en-têtes de pages d'Émile Lévy, gravées par Boutelieu pour *Atala et René. Paris, Librairie des bibliophiles (Jouaust),* 1877.

Épreuves tirées à part sur papier vergé gr. in-8.

168. CHAUSSARD. 3 figures (sur 4) gr. in-8, de Garnerey, gravées par Robert De Launay, pour les *Fêtes et Courtisanes de la Grèce*. *Paris*, 1821.

Superbes épreuves avec encadrements, tirées à part sur GRAND PAPIER à toutes marges. Plus 1 EAU-FORTE de la figure du tome I. La figure qui manque est celle du tome IV.

169. CHÉNIER (André). Suite de 1 portrait et de 11 figures gr. in-8, de Staal, gravés sur acier, pour les *Œuvres poétiques*. *Paris, Garnier frères*, 1884.

Épreuves tirées à part AVANT LA LETTRE SUR CHINE, à toutes marges.

170. CHÉNIER (Marie-Joseph). Suite de 3 figures in-8, de Borel, gravées par Berthe et Delignon, pour *Charles IX ou l'École des Rois. Paris, Bossange*, 1790.

Superbes épreuves en deux états : AVANT LA LETTRE SUR PAPIER VÉLIN et avec la lettre, à toutes marges.

171. CHEVIGNÉ (comte de). Suite de 1 portrait par Rajon, d'après Flameng, et de 6 figures de Worms pour les *Contes rémois. Paris, Jouaust.*

Épreuves en deux états : avec la lettre et AVANT LA LETTRE.

172. — Suite de 60 vignettes in-18, non signées, pour les *Contes rémois.*

Charmants DESSINS à la sanguine non signés, non encore gravés, montés gr. in-8.

173. CHODERLOS DE LACLOS. Réunion de 23 figures provenant des suites de Mlle Gérard, Chasselat, etc. pour les *Liaisons dangereuses.*

4 figures de Mlle Gérard, dont 1 EAU-FORTE, plus 1 figure en double ; 3 figures de la suite de Chasselat, épreuves AVANT LA LETTRE, plus 1 EAU-FORTE et 2 figures en double, également AVANT LA LETTRE ; 12 figures diverses non signées, dont 7 AVANT LA LETTRE, et 4 jolis frontispices d'une édition du XVIIIe siècle. Pièces à toutes marges.

174. — 25 figures in-8 et in-12, des suites de Devéria, pour les *Liaisons dangereuses.*

6 figures (sur 8), in-12, en 2 états : AVANT LA LETTRE SUR CHINE et EAUX-FORTES, plus 4 figures AVANT LA LETTRE SUR PAPIER VÉLIN, pièces tirées gr. in-8, à toutes marges ; de la suite in-8 : 5 figures avec la lettre, 3 AVANT LA LETTRE et 1 EAU-FORTE, la plupart de ces pièces sont à toutes marges.

175. CLADEL (Léon). Suite de 6 figures in-8, eaux-fortes à la plume par Léon Cladel, interprétées au burin par Félicien Rops, Frans Van Kuyck, Moloch et Lenain, pour *Six morceaux de Littérature. Bruxelles, Kistemaeckers*, 1880, figures et texte dans un carton.

Eaux-fortes noires AVANT LA LETTRE SUR CHINE VOLANT in-fol.
Tiré à 100 exemplaires numérotés.

176. CLOTILDE DE SURVILLE. 18 figures de Colin et Desenne, ou non signées pour les *Poésies.*

4 figures petit in-4 non signées, épreuves AVANT LA LETTRE A LA SÉPIA ; 8 figures in-12 de Colin, dont 7 en épreuves AVANT LA LETTRE ; 5 figures in-8 et in-12 de Desenne, dont 4 épreuves AVANT LA LETTRE ; 1 figure in-8 de Nacke, gravée par Muller, épreuve AVANT LA LETTRE. Pièces à toutes marges.

1 — " 177. COLARDEAU. Suite de 1 titre gravé avec un joli portrait en médaillon de Pierre Corneille et de 7 figures in-8, de Monnet, gravées par Helman, Baquoy, Delaunay, Née, Ponce, Masquelier, pour le *Temple de Gnide. Paris, Le Jay,* 1772-1773.

Très jolie suite. Épreuves avec marges.

1 — " 178. — La même suite, même état.

1 — " 179. — 7 figures de Regnault, Monnet, Marillier pour les *Œuvres.*

1 figure in-8 de Marillier, gravée par De Ghendt pour l'*Épitre d'Héloïse à Abailard,* épreuve AVANT LA LETTRE ; 3 jolies figures in-8 de Monnet, pour le *Théâtre,* etc.

4 — " 180. COLLÉ. Suite de 4 figures in-8, de Gravelot, gravées par Simonet et Rousseau, pour la *Partie de chasse de Henri IV. Paris, Duchesne,* 1766.

Épreuves avec marges dont 1 AVANT TOUTE LETTRE. On y a ajouté 1 figure de Prévost, 1 figure AVANT LA LETTRE SUR CHINE, non signée, *Henri IV à table* et 1 portrait de Collé, dessin à la mine de plomb.

16 — " 181. COLLECTION DE ROMANS GRECS. Suite de 12 figures in-12, de Dejuine et Heim, gravées par Larcher, Coupé, Roger, Frilley, Devillier, Croutelle et Guyard, pour la *Collection des romans grecs, traduits en français par Courier et Larcher. Paris, Merlin,* 1822-1841.

Superbes épreuves en deux états : AVANT LA LETTRE SUR CHINE et EAUX-FORTES, tirées à part in-8, à toutes marges.

8 — " 182. COLLECTION DU BIBLIOPHILE FRANÇAIS. 11 portraits in-18 (sur 12) à compartiments et ornementés, dessinés et gravés à l'eau-forte par Staal, pour la *Collection du bibliophile français. Paris, Pairault.*

Superbes épreuves TIRÉES A PART SUR CHINE, montées IN-FOLIO. Le portrait qui manque est celui pour la *Lisette de Béranger.*

1 — " 183. COMPÈRE MATHIEU. Suite de 12 figures in-18, non signées, pour l'édition de *Malte,* 1786.

La figure I est coupée au cadre et remontée.

115 — " 184. CONTES GAULOIS. Suite de 30 figures [in-12, de Chauvet, pour les *Trois dixains de contes gaulois.*

Charmants DESSINS à l'encre de Chine, signés par Chauvet, montés gr. in-8.

40 — " 185. COOPER (Fenimore). Suite de 27 figures in-12, et de 27 vignettes de titres, dessinées et gravées à l'eau-forte par Alfred et Tony Johannot, pour les *Œuvres complètes. Paris, Gosselin, Mame, Delaunay, Sautelet,* 1828-1829.

Superbes épreuves du PREMIER TIRAGE en deux états : AVANT LA LETTRE SUR CHINE TIRÉES A PART IN-FOLIO et avec la lettre sur chine, à toutes marges. Les 27 vignettes sont AVANT LA LETTRE SUR CHINE tirées à deux sur sur la même feuille IN-FOLIO.
Très jolie suite. On y a ajouté 9 belles cartes coloriées par M. Perrot, gravées par Tardieu.

24 — " 186. — Suite de 27 figures in-12, dessinées et gravées à l'eau-forte par

Alfred et Tony Johannot, pour les *Œuvres complètes*. *Paris, Gosselin, Mame, Delaunay, Sautelet, 1828-1829.*

Magnifiques épreuves du PREMIER TIRAGE AVANT LA LETTRE SUR CHINE TIRÉES A PART IN-FOLIO, à toutes marges.

187. COOPER. Suite de 27 fleurons de titres dessinés et gravés par Alfred et Tony Johannot.

Épreuves AVANT LA LETTRE SUR CHINE tirées à deux sur la même feuille, avec marges. Suite rare.

188. — Suite de 24 figures in-12, de Alfred et Tony Johannot, pour les *Œuvres. Paris, Furne* (1831).

18 de ces figures, qui sont les mêmes que dans la suite n° 185, sont ici terminées par Bouvier. Les 6 autres sont de nouvelles figures dessinées par les frères Johannot, et gravées à l'eau-forte par Blanchard. Elles sont ici en PREMIER TIRAGE.
Superbes épreuves en 2 états : AVANT LA LETTRE SUR CHINE TIRÉES A PART IN-FOLIO, et avec la lettre, tirées à part sur PAPIER VÉLIN gr. in-8, à toutes marges. Plus 16 figures épreuves avec la lettre, sur CHINE, avec marges.

189. — 25 figures diverses pour les *Romans*.

20 figures et titres gravés in-12 de Pickering, Boxall, etc. *London, Colburn et Bentley,* 1831-1834 ; 1 joli DESSIN in-12, un *Indien scalpant un prisonnier* ; 1 figure in-4 de Johannot, lithographiée par Bougé, *l'Espion*, tirée de l'*Artiste* ; 1 superbe eau-forte in-4 de Riffaut, d'après Emile Wattier *le Dernier des Mohicans*, épreuves AVANT LA LETTRE SUR CHINE IN-FOLIO ; la même figure, même état, in-4, etc.

190. CORNEILLE (Pierre et Thomas). Suite de 1 frontispice par Pierre, gravé par Watelet, et de 34 figures in-8, avec encadrement, par Gravelot, pour l'édition in-4 du *Théâtre (Genève)*, 1774.

Belles épreuves tirées à part à toutes marges.

191. — 13 figures (sur 19) in-18, de la suite de Moreau, pour les *Œuvres. Paris, Renouard, 1817.*

Belles épreuves tirées à part, à toutes marges.

192. — 2 portraits gravés par Bertonnier et 14 figures in-18 (sur 15) de Devéria, pour les *Chefs-d'œuvre. Paris, Ménard et Desenne,* 1822 (de la Bibliothèque française).

Epreuves AVANT LA LETTRE SUR CHINE, sauf pour 1 figure et les 2 portraits qui sont sur blanc.
Pièces à toutes marges.

193. — Suite de 12 figures in-8, dont 1 portrait, par Staal, pour les *Œuvres. Paris, Garnier frères,* 1857.

Epreuves AVANT LA LETTRE SUR CHINE, à toutes marges.

194. — Suite de 1 portrait et de 25 figures pour en-têtes de pages, dessinés par V. Foulquier et gravés à l'eau-forte par Barrias, pour le *Théâtre choisi. Tours, Mame,* 1880.

Epreuves tirées à part AVANT LA LETTRE SUR CHINE VOLANT gr. in-8.

1 - fo **195.** CORNEILLE (Pierre et Thomas). Réunion de 21 figures de Scotin, Schley, Eisen, Mieris, Peyron, Colin, etc.

> Quelques épreuves AVANT LA LETTRE; 1 figure de Colin, gravée par Blanchard, *Andromède exposée au monstre*, est en 2 états : AVANT LA LETTRE et EAU-FORTE.

2 - r **196.** — COTTIN (Mme). Suite de 1 portrait et de 24 figures in-12, de Devéria, pour les *Œuvres. Paris, Ménard et Desenne*, 1824 (de la Bibliothèque française).

> Epreuves AVANT LA LETTRE sur PAPIER VÉLIN, tirées à part, gr. in-8, à toutes marges. Plus 6 figures en double, épreuves AVANT LA LETTRE sur CHINE ou sur PAPIER VÉLIN.

1 - r **197.** — Suite de 12 figures in-32, de Devéria, gravées par Lecerf, publiés à *Paris, par Bellavoine et Blanchard, libraires* (pour les *Œuvres. Paris, Lecomte et Durey*, 1825, ou *Dauthereau*.

> Epreuves avec la lettre sur CHINE, plus 8 figures AVANT LA LETTRE sur PAPIER VÉLIN, 1 figure en double et 2 figures de Desenne AVANT LA LETTRE.
> Pièces tirées à part in-8, à toutes marges.

1 - u **198.** — Suite de 5 figures in-12, de Richard Westall, gravées par Finden, Romney, Heath, Corbould, pour *Elisabeth. London, Sharpe*, 1816-1817.

> Très jolie suite. Epreuves à toutes marges. On y a joint 1 figure in-12 de R. Corbould, gravée par G. Corbould sur CHINE, montée gr. in-8.

2 - u **199.** — Suite de 3 figures in-8, de Colin, gravées par Leroux, Roger et Touzé, pour *Elisabeth. Paris, Janet et Cotelle*, 1822.

> Superbes épreuves tirées à part grand in-8 en 2 états : AVANT LA LETTRE SUR CHINE et EAUX-FORTES, plus 1 figure en double, épreuve AVANT LA LETTRE SUR CHINE. On y a ajouté : 2 figures in-32 de Desenne gravées par Lecomte (pour *l'édition Werdet et Lequien*), épreuves en 2 états : AVANT LA LETTRE sur CHINE et EAUX-FORTES, tirées à deux sur la même feuille. Plus 9 figures diverses dont quelques-unes AVANT LA LETTRE, 1 EAU-FORTE de Colin et 1 joli DESSIN à l'encre de chine.

1 - fo **200.** COURIER (P.-L.). Suite de 1 portrait et 5 vignettes en-têtes de page dessinés et gravés à l'eau-forte par Guérard, pour les *Œuvres* (*Paris, Jouaust*).

> Epreuves AVANT LA LETTRE, tirées à part sur papier vergé in-8.

51 - u **201.** CRÉBILLON. Suite de 9 figures in-8, de Marillier, pour les *Œuvres complètes. Paris*, 1785.

> Belles épreuves AVANT LA LETTRE, dont 2 ont le titre de la pièce au haut de la gravure.
> Pièces avec marges.

2 - u **202.** — Suite de 1 portrait par Saint-Aubin et de 9 figures in-8, de Moreau, pour les *Œuvres. Paris, Renouard*, 1818.

> Belles épreuves à toutes marges.

2 - u **203.** — Suite de 9 figures in-8, de Monnet, gravées par Delignon, pour les *Œuvres* (?).

> Jolie suite en épreuves AVANT LA LETTRE montées gr. in-8.

204. Crébillon. Suite de 1 frontispice-portrait et de 9 figures gr. — *105 - "*
in-8, de Peyron, gravés par Petit, Baquoy, Hubert, Lemire, etc.
pour les *Œuvres. Paris, Desray, an VII.*

Belles épreuves en 2 états : AVANT LA LETTRE et EAUX-FORTES (moins
1 figure).
Pièces avec marges, sauf 1 eau-forte et 1 figure qui sont remontées.

205. — Suite de 1 portrait et de 9 figures in-12, de Devéria, pour les — *28 - "*
Œuvres. Paris, Ménard et Desenne, 1821 (de la Bibliothèque française).

Épreuves en 2 états : AVANT LA LETTRE sur PAPIER VÉLIN et EAUX-FORTES
tirées in-8. On y a ajouté de la même suite 3 figures AVANT LA LETTRE sur CHINE.
Tirage à part à toutes marges.

206. — Suite de 7 figures in-8, dont 1 portrait, par Devéria, gravées — *1 - "*
par Hopwood, Blanchard, Fauchery, Delaistre, etc. pour les *Œuvres.
Paris, Lefèvre,* 1828.

Superbes épreuves en 3 états : AVANT LA LETTRE SUR CHINE (avec cadre) avec le
titre du sujet au haut de la gravure, AVANT LA LETTRE SUR CHINE sans le cadre,
(moins le portrait et 1 figure), et EAUX-FORTES. Pièces tirées à part à
toutes marges. Jolie suite.

207. Crébillon fils. Suite de 6 figures, in-8, dessinées et gravées à l'eau- — *7 - "*
forte de Félix Millius, pour les *Contes. Paris, Quantin,* 1881, dans
un carton.

Triple suite en épreuves AVANT LA LETTRE, en NOIR, BISTRE et SANGUINE, tirée
à part sur PAPIER DU JAPON BLANC, grand in-4.
Tiré à 40 exemplaires. De la collection des *Petits Conteurs du XVIIIe siècle.*

208. — Suite de 6 figures, in-8, par Chauvet, pour le *Hasard du coin* — *10 - "*
du feu.
DESSINS à la sanguine, signés par l'artiste.

209. — Suite de 6 figures in-8, dont 1 frontispice, par Chauvet, pour — *10 - "*
la *Nuit et le Moment.*
DESSINS à la sanguine, signés par l'artiste.

210. — 4 figures in-12, de Chauvet pour le *Sopha.* — — — — — *23 - "*

Charmants DESSINS à la sepia, signés par Chauvet, montés gr. in-8. On
y a ajouté 5 figures diverses de Desrais, *le Sylphe;* 4 figures à l'eau-forte de Hau-
riot, pour le *Sopha, la Nuit et le moment, les Hasards du coin du feu,* etc.

211. Daudet (Alph.). Suite de 6 figures in-12, dont 1 portrait, dessi- — *4 - "*
nées et gravées à l'eau-forte par Félix Buhot, pour les *Lettres de
mon moulin. Paris, Lemerre,* 1882, dans un carton.

212. Delavigne (Casimir). Suite de 13 figures in-8, dont 1 portrait, par — *6 - "*
Alfred Johannot et Delaroche, pour les *Œuvres. Paris, Furne,* 1833.

Épreuves en 3 états : avec la lettre sur blanc, avec la lettre sur CHINE (moins
le portrait, 3 figures sont sur blanc) et AVANT LA LETTRE SUR CHINE (moins 2 qui
manquent).
On y a ajouté de la même suite : 8 figures avec la lettre, dont une, l'*École
des vieillards,* d'un état différent, et 5 figures AVANT LA LETTRE et une couverture
de l'édition pour les vignettes; la figure des *Comédiens* présente aussi des différences dans les coiffures.
Plus 25 vues publiées par Furne. Superbes épreuves à toutes marges.

213. DELAVIGNE (Casimir). Suite de 4 figures in-8, de Devéria, pour le *Théâtre. Paris, Ladvocat, Barba,* 1825.

> Épreuves AVANT LA LETTRE en deux états : sur CHINE et sur PEAU DE VÉLIN, à toutes marges. Rare.

214. — Réunion de 43 figures de Célestin Nanteuil, Colin, Desenne, Corbould, Fragonard, Herbert, Tony Johannot, Girardet, etc. pour les *OEuvres diverses.*

> Réunion très curieuse : 1 belle eau-forte in-4 de Célestin Nanteuil, 1836, pour *Une Famille du temps de Luther,* tirée du *Monde dramatique ;* 1 joli DESSIN à la mine de plomb, signé par Colin, 1823 ; 5 vignettes sur bois pour le *Paria. Paris, Barba,* 1821, épreuves sur CHINE ; les autres figures sont toutes en superbes épreuves la plupart AVANT LA LETTRE SUR CHINE, à toutes marges.

215. — 31 figures, de Devéria pour les *OEuvres.*

> 21 figures in-8, AVANT LA LETTRE SUR CHINE, 2 figures en double, du même état, et 2 EAUX-FORTES ; plus : 1 fleuron de titre en 2 états : AVANT LA LETTRE SUR CHINE et EAU-FORTE ; 1 fleuron de titre pour les *Poésies et Messéniennes,* 1824, en 2 états : AVANT LA LETTRE SUR CHINE et la avec lettre ; une seconde épreuve de ce fleuron, dans les mêmes états. Toutes ces pièces sont en superbes épreuves tirées à part, à toutes marges.

216. DELILLE (Jacques). Suite de 1 portrait d'après Danlou, gravé par Potrelle, et 17 figures in-8, de Desenne, Moreau, Girodet, Gérard, Vafflard, Monsiau, Fauchery et Westall, et 16 fleurons de titres par Desenne, gravés sur bois par Thompson, pour les *OEuvres complètes. Paris, Michaud,* 1824.

> Le portrait et les 17 figures sont AVANT LA LETTRE SUR CHINE, et les fleurons AVANT LA LETTRE SUR CHINE VOLANT, tirés à deux sur la même feuille.
> Belles épreuves à toutes marges.

217. — 1 portrait gravé par Dutillois et 22 figures, in-12, dessinées et gravées par Ferdinand, Fortier, Frilet, Gaitte, Géraut, Sisco, J. Adam, L. Berlier et Pigeot, imprimées par Dien, pour les *OEuvres. Paris, Dalibon,* 1832.

> Épreuves AVANT LA LETTRE SUR PAPIER VÉLIN à toutes marges.

218. — Suite de 12 figures in-8, d'Alfred et Tony Johannot, publiée par *Furne* en 1833.

> Épreuves AVANT LA LETTRE sur CHINE, sauf pour les portraits de Milton et de Virgile, et la figure d'*Eve et le serpent* qui sont avec la lettre. On y a joint une autre épreuve de cette dernière figure d'un état différent. Le portrait de Delille manque.
> Pièces à toutes marges.

219. — Suite de 4 figures in-12, par C. Guérin, pour l'*Homme des champs. Basle,* 1800.

220. — 3 figures in-8, et 2 vignettes en-têtes de pages, de la suite de Càtel, gravées par Mayer, Guttenberg et Buchhorn, pour l'*Homme des champs. Paris,* 1805.

> Les trois figures sont en deux états : avec la lettre sur blanc, montées gr. in-8 et AVANT LA LETTRE, à toutes marges.

221. **Delille** (Jacques). Suite de 4 figures in-12, de Catel, gravées sous la direction de Bouquet, pour l'*Homme des champs.*

> Épreuves AVANT LA LETTRE tirées à part sur GRAND PAPIER, en deux états : noires et COLORIÉES.

222. — Réunion de 23 vues de paysages par divers artistes (Ransonnette, W. R. Smith, Schroeder, Saulx, Turner, Wallis, Barrett, Nash, Finden, Hill, etc.) pour les *Jardins* et autres ouvrages de Delille.

> Sur ces 23 figures, 19 sont en de belles épreuves AVANT LA LETTRE, la plupart sur CHINE.
> Pièces à toutes marges.

223. — Suite de 4 figures gr. in-8, par Monsiau, gravées par Berthaud, Courbé et Duparc, sous la direction d'Anselin, pour la *Pitié. Paris, Giguet et Michaud, an XI* (1803).

> Épreuves en deux états : avec le cadre ornementé et dans le cadre. On y a joint 3 épreuves AVANT LA LETTRE et le frontispice de Monsiau, gravé par Ponce en 1817 (réduction), épreuve AVANT LA LETTRE.

224. — 1 figure in-12, pour la *Pitié.*

> Joli DESSIN à la mine de plomb.

225. — Réunion de 60 figures par divers artistes (Moreau, de Sève, Catel, Monsiau, Mirys, Colin, H. Vernet, Garnery, Berlier, Taunay, Corbould, Adam, etc.).

> 43 figures AVANT LA LETTRE, 2 EAUX-FORTES (de H. Vernet et de Monsiau) et 15 figures avec la lettre.
> Belles épreuves à toutes marges.

226. — Réunion de 31 figures in-8 et in-12, de Devéria, Desenne, Girodet, Vafflard et Westall.

> 25 figures AVANT LA LETTRE dont 23 sur CHINE; 2 EAUX-FORTES et 4 figures avec la lettre.
> Réunion très curieuse. Belles épreuves de premier choix, à toutes marges.

227. **Delvau** (Alfred). Réunion de 16 frontispices in-8, de Chauvet, Staal, etc. pour les divers ouvrages d'Alfred Delvau et de 3 figures, in-8, de Chauvet, pour *Pâquerette.* — Ens. 19 pièces.

> Frontispices pour : Histoires des barrières de Paris, le Dessous de Paris, le Fumier d'Ennius, Dictionnaire érotique, Du Pont des Arts au Pont de Kehl, Françoise, le Grand et le petit Trottoir, etc. La plupart de ces frontispices sont sur CHINE VOLANT et en DOUBLE et TRIPLE ÉTAT. Les 3 figures pour *Pâquerette* sont sur CHINE VOLANT. Pièces à toutes marges.

228. **Demoiselles** (ces). Suite de 12 photographies in-12, représentant des scènes de mœurs.

> Belles épreuves sur CHINE, montées in-4.

229. **Demoustier.** Suite de 18 figures in-18, dont 4 frontispices, dessinées et gravées par Quéverdo (sauf 1 qui est gravée par Dambrun), pour les *Lettres à Émilie sur la Mythologie. Paris,* 1793.

> Tirage à part à toutes marges. On y a ajouté une EAU-FORTE de la figure *l'Hymen devant le miroir* et 5 figures-frontispices de Quéverdo, gravées par Gaucher, Trière et Thomas.

2 — 230. DEMOUSTIER. Suite de 6 |figures in-8, dont 5 par Choquet, 1819, gravées par Lejeune, Aze, Lecerf, Adam, et 1 par Girodet et Bouillon, gravée par Roger, pour les *Lettres à Emilie sur la Mythologie. Paris, Tenré (de l'impr. Didot).*

Superbes épreuves AVANT LA LETTRE sur GRAND PAPIER VÉLIN, à toutes marges. Plus 1 figure en double, épreuve AVANT LA LETTRE sur CHINE.

100 — 231. — Suite de 1 portrait par Pajon fils, gravé par Tardieu, et de 36 figures in-8, de Moreau, pour les *Lettres à Emilie sur la Mythologie. Paris, Renouard,* 1809.

Épreuves en 2 états : avec la lettre sur CHINE (avec double encadrement) montées grand in-8 et AVANT LA LETTRE SUR GRAND PAPIER VÉLIN, tirées à part, in-4, à toutes marges. Le portrait est avec la lettre.

7 — 232. — Suite de 18 figures in-12, dont 1 portrait, par Desenne, pour les *Lettres à Emilie sur la Mythologie. Paris, Ménard et Desenne,* 1818 (de la Bibliothèque française). — Suite de 3 fleurons de titres et de 8 figures in-32, de Desenne, pour le même ouvrage (*Paris, Froment,* 1824-1826).

La première suite est AVANT LA LETTRE sur blanc, sauf le portrait qui est avec la lettre; la seconde suite est AVANT LA LETTRE sur CHINE, sauf 1 figure qui est sur blanc et 1 fleuron qui est à l'état d'EAU-FORTE, plus 1 EAU-FORTE et une figure en double.
On y a ajouté 4 figures in-8 de Desenne, gravées par Pourvoyeur et Pfitzer. Belles épreuves à toutes marges.

150 — 233. DENON (Vivant). 13 figures, in-12, de Chauvet, pour le conte *Point de lendemain.*

Charmants DESSINS à la sanguine, signés par Chauvet, non gravés, montés gr. in-8.
On y a ajouté 1 vignette non signée (*Rouen, Lemonnyer,* 1879) sur CHINE et 1 figure in-12 de Laffitte gravée par Normand, épreuve AVANT LA LETTRE.

35 — 234. DESAUGIERS. Suite de 1 portrait par Devéria, gravé sur acier par Fontaine, et de 9 vignettes in-32, par Lecurieux, gravées par Fontaine, Dutillois, Caron, Lacour, pour les *Chansons et Poésies diverses. Paris, Dufey,* 1834.

Très jolie suite en superbes épreuves à toutes marges. M. Brivois n'indique que 8 vignettes, non compris le portrait. La 9e vignette non citée que nous possédons est *Au diable la raison.* On y a ajouté de la même suite 2 figures AVANT LA LETTRE SUR CHINE et la couverture imprimée pour les vignettes.
Plus : 4 jolies vignettes in-32 dessinées et gravées à l'eau-forte par Alfred et Tony Johaunot pour les chansons de Désaugiers, et 4 vignettes des mêmes artistes (1828) pour les *Chansonniers;* 1 vignette in-32 de Levasseur, 1834, gravée par Berlié pour les chansons de Brazier; ces 9 vignettes sont en magnifiques épreuves AVANT LA LETTRE SUR CHINE GRAND IN-8, à toutes marges; 14 figures par Cham et Traviès, gravées sur bois pour le tome II, d'une édition in-32 de 1848.

3 — 235. — Réunion de 24 figures et frontispices de Chasselat, Charlet, Adam, Desenne, etc. pour divers chansonniers.

Jolies pièces, dont plusieurs AVANT LA LETTRE.

236. Deshoulières (Mme). Suite de 1 portrait avec bas-relief (deux mou- — 60 - "
tons et un buste) par Rochard et 3 figures in-18, de Marillier, gravées
par De Ghendt, Dambrun et Ponce, pour les *Œuvres choisies*. *Paris,*
Didot, an III (1795).

> Jolie suite. Superbes épreuves AVANT LA LETTRE sur PAPIER VÉLIN, tirées à part,
> à toutes marges. On y a ajouté : un frontispice in-8 à l'eau-forte par Lalauze
> pour l'édition *Jouaust*, épreuve AVANT LA LETTRE; 1 titre gravé et 5 figures in-32
> par Lambert, publiés par *Lefuel*, et 3 figures diverses.

237. Destouches. 1 portrait gravé par Fokke, 1 frontispice non signé, — 1 - "
et 19 figures (sur 23) in-12, de la suite de Aartman, gravés par
Fritsch, pour les *Œuvres*. *Amsterdam, Arkstée et Merkus,* 1755.

> Belles épreuves.

238. — Suite de 1 portrait par Choquet, gravé par Macret, et de 11 — 24 - "
figures in-8, de Lafitte, gravées par Villerey, Quéverdo, Langlois,
Ribault, Pigeot, Delvaux, Delignon, Courbé, pour les *Œuvres drama-*
tiques. *Paris, Lefèvre,* 1811.

> Superbes épreuves, dont 10 sont AVANT LA LETTRE sur GRAND PAPIER VÉLIN
> et 2 avec la lettre. Pièces à toutes marges, sauf une figure avant la lettre, qui
> est remontée. On y a ajouté : *Bellecour et Préville* dans le *Tambour nocturne,* très
> jolie figure coloriée, à toutes marges.

239. — Suite de 1 portrait et de 10 figures in-12, de Duvivier, gravés — 5 - "
par Prévost et Guiot, pour les *Chefs-d'œuvre*. *Paris, Ménard et Desenne,*
1820.

> Superbes épreuves en 2 états : AVANT LA LETTRE sur GRAND PAPIER VÉLIN et
> EAUX-FORTES (moins 1 figure, le *Curieux impertinent*).
> Tirage à part gr. in-8, à toutes marges.

240. Dickens (Charles). Suite 20 figures in-8, de Heath (ou Cruikshank) — 140 - "
pour les Aventures de M. Pickwick (*Pickwickian Illustrations. London,*
Lean, 1837), cart.

> Figures très originales et amusantes. Rares.

241. — 40 figures in-8, dont 1 frontispice, d'Alfred Crowquill, pour — 14 - "
The Pickwickians (Aventures de M. Pickwick). *London, Ackermann,*
1837.

> Figures très curieuses. Rares.

242. — 40 figures in-8, de Cruikshank, Brown, Nicholson, etc., pour — 10 - "
les *Romans,* etc. *London, Bentley, Brodbury, Evans,* 1848.

> Figures humoristiques très curieuses, en bonnes épreuves.

243. Diderot. Suite de 1 frontispice et de 6 figures in-8, non signées, pour — 3 - "
les *Bijoux indiscrets,* 1772. — 11 figures de Chaillou, Perin, Blanchard,
Boilly, pour les *Bijoux indiscrets,* la *Religieuse,* le *Père de famille,*
etc.

> 1 Figure de Chaillou AVANT LA LETTRE et 1 EAU-FORTE de Perin pour le
> *Père de famille*.
> Pièces avec marges.

244. Diderot. Suite de 4 figures in-8, de Le Barbier, gravées par Dupréel et Giraud (1 non signée), pour la *Religieuse. Paris, an VII* (1799).

Épreuves AVANT LA LETTRE, avec marges. Plus la même suite en épreuves AVANT LA LETTRE sur PAPIER VÉLIN gr. in-8, à toutes marges, sauf 1 figure qui est plus courte. On y a ajouté 2 figures avec la lettre.

245. Dorat. Réunion de 93 titres-frontispices, figures, vignettes et culs-de-lampe, par Eisen et Marillier, pour les *Baisers*, les *Fables*, le *Mois de mai*, *Irza et Marsis*, le *Célibataire*, les *Proneurs*, *Regulus*, etc.

Réunion très importante et très curieuse. Les vignettes sont découpées du texte, un certain nombre de vignettes et culs-de-lampe sont TIRÉS A PART SUR GRAND PAPIER, à toutes marges.

246. Ducis. Suite de 1 portrait et de 10 figures in-8, de Desenne, Gérard, Girodet et Colin, pour les *Œuvres. Paris, Nepveu,* 1826.

Épreuves en deux états : AVANT LA LETTRE sur blanc ou chine et avec la lettre également sur blanc ou chine. Le portrait est avec la lettre sur blanc et sur chine.
On y a ajouté : 1 figure de la même suite *la Côte des deux amants*, épreuve AVANT LA LETTRE SUR CHINE et sur blanc; 1 figure de Colin, gravée par Pourvoyeur, *Ducis auprès de Thomas mourant*, épreuve en deux états : AVANT LA LETTRE SUR CHINE et avec la lettre sur CHINE, plus 1 figure AVANT LA LETTRE et 3 pièces diverses.
Pièces à toutes marges.

247. — Suite de 1 portrait et de 14 figures in-18, de Gérard, Girodet et Desenne, pour les *Œuvres. Paris, Nepveu,* 1827.

Épreuves tirées à part AVANT LA LETTRE SUR CHINE, à toutes marges. On y a ajouté 1 figure de la même suite à l'état d'EAU-FORTE.
Jolie suite.

248. Duclos (Pinot). Suite de 6 figures in-8, dont 1 frontispice, dessinées et gravées à l'eau-forte par Los Rios, pour les *Contes. Paris, Quantin,* 1882, dans un carton.

Triple suite en épreuves AVANT LA LETTRE, en NOIR, BISTRE et SANGUINE, tirée sur PAPIER DU JAPON BLANC, grand in-4.
Tiré à 40 exemplaires. De la collection des *Petits Conteurs du XVIIIe siècle.*

249. Duflos (l'abbé). Suite de 1 titre gravé par Hérault, et de 6 figures in-8, de Marillier, gravées par Duflos jeune, pour l'*Éducation de Henri IV, par M. D*** béarnais. Paris, chez Duflos jeune, M.DCC. LXXXXXXIV.*

Épreuves à toutes marges, auxquelles on a ajouté 2 figures AVANT LA LETTRE, dont 1 remontée, plus 3 EAUX-FORTES, dont une en 2 états différents et une autre en 3 états différents.
Pièces à toutes marges.

250. Du Laurens. Suite de 1 frontispice et de 18 figures in-8, de Desrais, gravés par Tassaert ou non signés, pour la *Chandelle d'Arras. Paris,* 1807.

Épreuves courtes de marges.

251. **Dumas père (Alex.).** Réunion de 24 figures de Célestin Nanteuil, Alfred et Tony Johannot, Gigoux, Mélingue, etc.

> 1 curieuse eau-forte in-8 en travers, de Célestin Nanteuil, pour *Don Juan de Marana*, tirée du *Monde dramatique*; 1 lithographie in-4 d'après Alfred Johannot pour *Antony* (*Elle me résistait... je l'ai assassinée*), tirée de l'*Artiste* (2 épreuves); 1 lithographie in-4 d'après Tony Johannot, pour *Térésa* (*Vous croyez donc que l'âge a brisé mes forces*), tirée de l'*Artiste*; 1 lithographie d'après Célestin Nanteuil, pour *Catherine Howard*, la scène du caveau, tirée du *Protée*; 1 curieuse lithographie de l'acteur Mélingue, pour la même pièce (*Vous avez voulu une couronne*), tirée de la *Revue du Théâtre*; 1 lithographie in-8 de Rogier pour *Kean*, tirée du *Monde dramatique*; 1 superbe lithographie in-4 d'après Gigoux, pour *Mlle de Belle-Isle*, tirée de l'*Artiste*; plusieurs jolies figures pour les *Trois Mousquetaires*, la *Tour de Nesle*, etc; 10 figures gr. in-8 de Tony Johannot, pour *Monte-Cristo*, *Édition de 1846*, dont 3 épreuves AVANT LA LETTRE TIRÉES IN-FOLIO, etc.
>
> Réunion très curieuse.

252. **Dumas fils (Alex.).** Suite de 1 portrait d'après Giraud et de 10 figures in-8, de Besnard, gravés à l'eau-forte par R. de Los Rios pour la *Dame aux Camélias*.

> Épreuves AVANT LA LETTRE SUR PAPIER WHATMAN in-4. Jolie suite pouvant servir à illustrer toutes les éditions in-8 et in-4.
>
> On y a ajouté : 1 superbe portrait gr. in-8, de la *Dame aux Camélias*, gravé par Riffaut d'après Chaplin, tiré de l'*Artiste*; 1 fig. in-8 en travers, par Gustave Doré, *Inhumation de l'héroïne*; 1 photographie in-8 en travers, d'après Poilpot, *Iza à Saint-Assise* (*Affaire Clémenceau*).

253. **Dupaty.** Suite de 8 figures in-12, de Duvivier, gravées par Adam, Lejeune, de Faulx, Maureau, pour les *Lettres sur l'Italie*. *Paris, Ménard et Desenne*, 1819.

> Épreuves AVANT LA LETTRE SUR PAPIER VÉLIN, tirées à deux sur la même feuille, à toutes marges. Plus de la même suite la figure *Vénus de Médicis*, épreuve AVANT LA LETTRE SUR GRAND PAPIER VÉLIN in-8, à toutes marges.

254. **Duranty.** Suite de 4 eaux-fortes gr. in-8, dont 1 frontispice, non signées (de l'impr. Delâtre), pour le *Malheur d'Henriette Gérard*.

> Épreuves AVANT LA LETTRE SUR CHINE VOLANT, tirées sur la même feuille, à toutes marges.

255. **Edgeworth (Miss).** Suite de 8 vignettes in-18, dessinées et gravées à l'eau-forte par Alfred et Tony Johannot en 1829, pour l'*Éducation familière*.

> Très jolie suite, en épreuves AVANT LA LETTRE SUR CHINE, tirées à part à deux sur la même feuille IN-FOLIO.

256. — La même suite.

> Épreuves AVANT LA LETTRE SUR CHINE, tirées à part grand in-8, à toutes marges.

257. — La même suite.

> Belles épreuves AVANT LA LETTRE SUR CHINE, tirées à part gr. in-8.
>
> On y a ajouté 6 vignettes des mêmes artistes, pour la *Ruche*, et l'*Album du jeune âge*.

258. **Erasme.** 1 portrait et 48 vignettes en-têtes, par Chauvet, pour les *Colloques*. *Paris, Jouaust*, 1875.

> On y a ajouté 12 planches refaites ou refusées, ou dans des états différents, et contenant des annotations manuscrites.
>
> Tirage à part AVANT LA LETTRE SUR PAPIER DE HOLLANDE gr. in-8, à toutes marges.

259. ERASME. Suite de 83 dessins d'Holbein, reproduits exactement pour la première fois par la photogravure sur bois, pour l'*Éloge de la Folie. Paris, Jouaust*, 1874.

Épreuves tirées à part sur CHINE VOLANT.

260. — 24 figures et vignettes, d'Eisen et autres, pour l'*Éloge de la Folie*.

Suite de 11 figures d'Eisen, la plupart du PREMIER TIRAGE (édition de 1751), en GRAND PAPIER in-4, plus 4 figures de la réimpression et 1 EAU FORTE ; 1 titre avec fleurons, 1 vignette et 1 cul-de-lampe pour l'édition de 1757 ; 3 belles figures in-8 et in-4, dont 1 pour *Nugæ venales*.

261. EVANGILES. Suite de 1 frontispice avec encadrement de Langlois, gravé par Jacquemin et de 12 figures in-8, de Tony Johannot, gravées sur acier, pour les *Saints Evangiles. Paris, Curmer*, 1836.

Superbes épreuves AVANT LA LETTRE ET AVANT LE CADRE SUR CHINE, tirées à part et montées sur papier vélin gr. in-8.
Rare.

262. FAVRE. Suite de 4 figures gr. in-8 de F. Leclère, gravées par Halbou, Legrand, Patas, Leroy, pour les *Quatre Heures de la toilette des Dames. Paris, Bastien*, 1779.

Belles épreuves, montées gr. in-4.

263. FÉNELON. 6 figures in-8, de Duval, Moreau, Marillier, Monnet, Le Barbier, gravés par De Ghendt, Delvaux (1785), Gaucher (an VI), Villeroy, pour les *Aventures d'Aristonoüs*.

Très jolies figures; celle de Moreau est en 2 états : AVANT LA LETTRE et avec la lettre; 3 de ces figures sont à toutes marges.

264. — 1 frontispice de Cochin, gravé par Le Mire, 1 titre gravé (*Bruxelles*, 1776) avec un fleuron d'Eisen, gravé par Ponce, 6 figures de Cochin, gravées par de Launay, Prévost, Saint-Aubin et Simonet, 3 vignettes en-têtes de pages et 2 culs-de-lampe d'Eisen et Le Barbier, gravés par Ponce et Gaucher pour les *Aventures de Télémaque. Paris, Drouet*, 1781, in-4.

Le frontispice est AVANT LA LETTRE et les figures sont en deux états : AVANT LA LETTRE et avec la lettre, avec marges. Le titre avec fleuron (*Bruxelles*, 1776) est non rogné.
3 vignettes et 2 culs-de-lampe sont avec texte, à toutes marges. 2 vignettes sont découpées au cadre et montées sur beau papier in-fol.
On y a joint 3 figures gr. in-8, de Cochin, gravées par Aliamet, Petit, de Launay, épreuves AVANT LA LETTRE et 1 EAU-FORTE, avec marges.

265. — 6 figures in-4, de Cochin, gravées par Mme Lingé, de Monchy et Patas, pour les *Aventures de Télémaque*, 1776.

Très belles épreuves dont 2 sont tirées en bistre, 2 adressées à M. Wille et 1 AVANT LA LETTRE; 3 figures sont à toutes marges et les 3 autres coupées au cadre.

266. — Réunion de 41 figures in-8 et in-12 de Cochin, Moreau, Dubourg, Quéverdo, Zocchi, Marillier, Monnet, Boichot, Le Barbier, Uwins, Ramberg, etc. pour les *Aventures de Télémaque*.

1 EAU-FORTE et 14 figures AVANT LA LETTRE en belles épreuves à toutes marges et 26 figures diverses.

267. Fénelon. Suite de 1 joli portrait d'après Vivien, gravé par Gaucher et de 24 figures in-18, de Quéverdo, pour les *Aventures de Télémaque. Paris, Bleuet,* 1796.

Epreuves AVANT LA LETTRE, avec marges.

268. — Suite de 24 figures in-18, de Lefebvre, pour les *Aventures de Télémaque. Paris, Didot l'aîné,* 1796.

Epreuves AVANT LA LETTRE, tirées à part sur GRAND PAPIER VÉLIN, à toutes marges. Très jolie suite.

269. — 17 figures in-18, signées D. et datées de 1796, pour les *Aventures de Télémaque.*

Belle suite.
Epreuves remontées avec soin sur beau papier in-8.

270. — Suite de 1 portrait et de 7 figures in-18, de Devéria, gravés par Guyard, pour les *Aventures de Télémaque. Paris, Ménard et Desenne,* 1822 (de la Bibliothèque française).

Epreuves tirées à part en deux états : AVANT LA LETTRE SUR CHINE et EAUX-FORTES, à toutes marges.
Le portrait n'est pas à l'état d'eau-forte.
On y a joint 2 autres figures in-12 de Devéria, gravées par Fosseyeux en 1825, épreuves AVANT LA LETTRE SUR CHINE.

271. — Suite de 1 portrait et de 18 vignettes de Paquier, gravés sur bois par Dujardin, pour les *Aventures de Télémaque. Paris, Lefèvre,* 1853.

Epreuves AVANT LA LETTRE SUr CHINE VOLANT.
Suite rare.

272. — Suite de 1 frontispice et de 13 vignettes en-têtes de pages dessinés et gravés à l'eau-forte par V. Foulquier, pour les *Aventures de Télémaque. Tours, Mame,* 1870.

Epreuves TIRÉES A PART, sans texte, sur CHINE VOLANT gr. in-8.

273. — Suite de 19 figures in-8, dont 1 frontispice, par Dubouchet, reproduites par la phototypie du Moniteur, pour les *Aventures de Télémaque. Paris, Léon Bonhoure,* 1879.

Epreuves TIRÉES A PART sur papier vergé teinté.

274. Fielding. Suite de 2 titres avec fleurons, dessinés et gravés par Rouargue frères, et de 4 figures in-8, de Tony Johannot, pour *Tom Jones. Paris, Furne,* 1836.

Superbes épreuves avec la lettre (grise), TIRÉES A PART SUR PAPIER VÉLIN, gr. in-8, à toutes marges, dans un carton.

275. Fiévée (J.). Suite de 2 figures in-32, dont 1 frontispice avec fleuron, par Desenne, gravées par Sixdeniers, pour la *Dot de Suzette. Paris, Werdet et Lequien,* 1826.

Epreuves en 4 états : avec la lettre sur CHINE, AVANT LA LETTRE SUR GRAND PAPIER VÉLIN in-8, AVANT LA LETTRE SUR CHINE et EAUX-FORTES.
Jolies pièces tirées à deux sur la même feuille, à toutes marges.

276. Flaubert. Suite de 7 figures in-12, dessinées et gravées à l'eau-forte par Boilvin, pour *Madame Bovary. Paris, Lemerre.*

Épreuves AVANT LA LETTRE SUr PAPIER DE HOLLANDE gr. in-8.

277. FLAUBERT. 1 frontispice grand in-8, dessiné et gravé à l'eau-forte par Cuisinier, pour *Madame Bovary*.

> Épreuve sur CHINE VOLANT IN-4.
> Jolie pièce.

278. — 10 figures in-8, de Chauvet, pour *Madame Bovary*.

> Charmants DESSINS à la sanguine signés par Chauvet, montés gr. in-8.

279. FLORIAN. 64 figures in-18, de Quéverdo, Monnet, Le Barbier et Flouest, pour les *Œuvres*, 1783-1792.

> Charmantes figures.
> Quelques épreuves AVANT LA LETTRE et 2 EAUX-FORTES.
> La plupart de ces pièces sont à toutes marges.

280. — Suite de 44 figures in-8, de Le Barbier, Marillier, Monnet et Quéverdo, pour les *Œuvres*. *Paris, Dufart*, 1805.

> Belles épreuves AVANT LA LETTRE sur PAPIER VÉLIN, à toutes marges.
> On y a ajouté : 2 EAUX-FORTES (frontispice pour *Galatée* et la *Fable et la Vé-rité*) ; 1 portrait de Florian, gravé par Delignon ; 1 portrait de Cervantès, par Qué-verdo, gravé par Gaucher ; 1 frontispice et 3 figures de Quéverdo, pour *Galatée* ; 1 frontispice par Quéverdo et 4 figures de Le Barbier, pour *Numa Pompilius* ; 1 frontispice et 6 figures de Marillier, pour les *Fables* ; 2 figures de Marillier, pour *Tobie* ; 4 figures de Quéverdo, pour *Estelle* ; 8 figures de Monnet, pour *Gonzalve de Cordoue* ; 8 figures de Marillier, pour le *Théâtre* ; 4 figures de Marillier, pour les *Nouvelles*.

281. — 62 figures in-12 (sur 80), de la suite de Moreau et Desenne, pour les *Œuvres*. *Paris, Renouard*, 1820.

> 8 figures de Moreau (série complète), et 52 figures de Desenne.
> Belles épreuves AVANT LA LETTRE sur CHINE ou sur blanc, tirées à part, à deux sur la même feuille, à toutes marges.

282. — Suite de 1 portrait et de 24 figures in-8, de Choquet et Gudin, pour les *Œuvres complètes*. *Paris, Briand*, 1823.

> Belles épreuves avec la lettre grise, sur CHINE.
> On y a ajouté 16 figures de la même suite, épreuves AVANT LA LETTRE, sur chine ou blanc.
> Tirage à part à toutes marges.

283. — Suite de 1 portrait par Cochin, 3 titres gravés et 23 figures in-8, de Gravelot, gravées par Crusius, pour les *Contes moraux*. *Leipsic, Crusius*, 1766.

> Copie des figures de Gravelot, de l'édition de *Paris, Merlin*, 1765.
> Bonnes épreuves avec marges.

284. — Suite de 18 figures in-12, non signées (de Ransonnette ?) pour les *Fables* (*Edition De Bure*).

> Très belles épreuves AVANT LA LETTRE SUR CHINE, tirées à part in-8, à toutes marges.

285. — Suite de 10 vignettes en-têtes de pages inédites de Moreau et de 1 portrait de Gaucher, le tout gravé par Martial, pour les *Fables*. *Paris, Rouquette*, 1885, dans un carton.

> Épreuves sur JAPON en deux états : AVANT LA LETTRE et EAUX-FORTES. Le portrait est en 2 états : avec et AVANT L'ENTOURAGE.
> Tirage à part in-8.

286. FLORIAN. Suite de 13 figures, dont 1 frontispice, in-12 en travers, —
gravées au trait par A. Ribault, pour *Guillaume Tell*.

> Jolie suite gravée au trait, montée sur beau papier gr. in-4. La légende est en français et en anglais.

287. — Réunion de 47 figures in-8 et in-12, de Marillier, Myris, Colin, Devéria, Jehotte, Howard, Corbould, Uwins, etc.

> Figures pour les divers ouvrages de Florian.
> Quelques épreuves AVANT LA LETTRE et EAUX-FORTES et 2 DESSINS non signés.

288. FOE (Daniel de). Suite de 24 figures, in-8, de Desrais, gravées par Deny, pour *Robinson Crusoé*.

> Épreuves à toutes marges, sauf la première et la dernière figure, qui sont coupées dans le haut.

289. — 1 portrait gravé par Delvaux et 11 figures in-8, de la suite de Stothard, gravées par Delvaux, pour *Robinson Crusoé. Paris, Verdière, An VIII* (1800).

> Épreuves AVANT LA LETTRE, à toutes marges.

290. — Suite de 6 figures in-8, de Devéria, dont 2 fleurons de titres, pour *Robinson Crusoé. Paris, Crevot, 1825*.

> Épreuves à toutes marges; on y a joint 1 figure AVANT LA LETTRE.

291. — Suite de 1 portrait gravé par Flameng et de 8 figures in-8, dessinées et gravées par Mouilleron, pour *Robinson Crusoé. Paris, Jouaust*, dans un carton.

> Épreuves AVANT LA LETTRE.

292. — Réunion de 34 figures in-18, pour *Robinson Crusoé*. —

> 26 vignettes sur bois, non signées (pour une édition anglaise, 1823?) montées gr. in-8; 4 figures de Pfitzer; 4 figures non signées (de Duvivier?), épreuves à l'état d'EAUX-FORTES.
> Pièces à toutes marges.

293. — Réunion de 33 figures pour *Robinson Crusoé*. —

> 22 figures in-8 de Telory, gravées sur bois, à toutes marges; 4 figures in-12, non signées, pour le *Robinson Suisse*; 5 figures diverses, dont 2 EAUX-FORTES, non signées et 1 figure AVANT LA LETTRE; 2 DESSINS à la sépia.

294. FRANÇAIS PEINTS PAR EUX-MÊMES (les). 38 figures gr. in-8, par Gavarni, Monnier, etc.

> 12 de ces figures sont AVANT LA LETTRE, dont 7 sur CHINE VOLANT; 7 épreuves coloriées. On y a ajouté 4 figures in-12 de Géniole, COLORIÉES, portant des annotations manuscrites.

295. FROMAGET. Suite de 6 figures in-8, dont 1 frontispice, par Paul Avril, reproduites en aqua-tinta, pour les *Contes. Paris, Quantin, 1883*, dans un carton.

> Triple suite en épreuves AVANT LA LETTRE : en NOIR, BISTRE et SANGUINE, tirée à part sur PAPIER DU JAPON BLANC, grand in-4.
> Tirée à 40 exemplaires. De la Collection des *Petits Conteurs du XVIIIᵉ siècle*.

296. FURETIÈRE. Suite de 6 figures non signées, pour le *Roman bour-geois. Nancy*, 1713. — 1 portrait et 2 figures de Dubouchet. *Paris, Quantin.*

Les figures de Dubouchet sont AVANT LA LETTRE.

297. GAUTIER (Théophile). Suite de 15 figures in-8, dont 1 portrait, par Delort, gravées par Mongin, pour le *Capitaine Fracasse. Paris, Jouaust,* dans un carton.

Épreuves AVANT LA LETTRE, sur papier vergé.

298. — Suite de 12 figures gr. in-8, dessinées et gravées à l'eau-forte par Milius, et de 81 fleurons, culs-de-lampe et lettres ornées de Paul Avril, pour l'*Eldorado ou Fortunio. Paris, imprimé pour les Amis des Livres par Motteroz,* 1880.

Les figures sont en épreuves AVANT LA LETTRE, à toutes marges. On y a ajouté une épreuve de la première figure d'un ÉTAT DIFFÉRENT.
Les vignettes (27 fleurons, 27 culs-de-lampe et 27 lettres ornées) reproduites par l'héliographie, sont AVANT LA LETTRE SUR CHINE VOLANT, en 2 états : en noir et en bistre. Tirage à part, gr. in-8.

299. — 6 figures in-8, de Chauvet, pour *Fortunio.*

Jolis DESSINS, dont 5 à la sanguine.

300. — Suite de 10 figures in-8, dont 1 frontispice, par Taluet, gravées à l'eau-forte par Poirson, pour *Mademoiselle de Maupin. Paris, Nadaud,* 1881, dans un carton.

Épreuves AVANT LA LETTRE SUR PAPIER DE HOLLANDE.

301. — Suite de 17 figures in-8, de Toudouze, gravées à l'eau-forte par Champollion, pour *Mademoiselle de Maupin. Paris, Conquet.*

Illustrations hors texte, épreuves sur PAPIER VÉLIN.
TIRAGE A PART, publiée en deux livraisons avec couverture illustrée pouvant servir de frontispice.

302. — 1 frontispice in-8 avec portrait en médaillon, gravé par Thérond, 2 figures d'essai, in-8, de Jeanniot et Toudouze, gravées par Boulard et Champollion, pour les Chapitres I et XII et 2 portraits d'Albert et de la Maupin, de Jeanniot, gravés par Burney, pour *Mademoiselle de Maupin. Paris, Conquet,* 1885.

Les 2 portraits sont AVANT LA LETTRE en deux états : sur GRAND PAPIER VÉLIN et sur PAPIER DU JAPON gr. in-8.

303. — 40 figures in-8, par Chauvet, pour *Mademoiselle de Maupin.*

Charmants DESSINS à la sanguine par Chauvet, montés sur beau papier vergé, gr. in-8.
On y a ajouté 3 croquis de la même suite et du même format.

304. — 14 figures in-8, non signées, pour *Mademoiselle de Maupin.*

CROQUIS A LA PLUME, montés sur papier Whatman, gr. in-8.

305. GELLERT. 3 titres avec vignettes, 1 frontispice avec portrait et 140 figures in-8, de Buys, gravés par Allard et Van der Meer, pour

les Fables en hollandais : *Fabelen en Vertel sels in nederduitsche
Vaerzen gevolgd. Amsterdam,* 1781-1785.

Bonnes épreuves avec marges.

306. GENLIS (Mme de). Suite de 4 figures in-18, de Desenne, gravées
par Godefroy, pour *Mademoiselle de Clermont. Paris, Maradan,* 1813.

Épreuves à l'état d'EAUX-FORTES, tirées à part à deux sur la même feuille,
papier vélin, à toutes marges.

307. — Suite de 2 vignettes in-32, dont 1 fleuron de titre, de Desenne,
gravées par Fauchery, pour *Mademoiselle de Clermont. Paris, Werdet et Lequien,* 1827.

Épreuves en 3 états : AVANT LA LETTRE SUR CHINE, EAUX-FORTES et EAUX-
FORTES d'un état différent du précédent, tirées à part à deux sur la même feuille,
à toutes marges. On y a ajouté 6 jolies vignettes-miniatures de Veyssier gravées sur
bois par Guillaume, pour le même ouvrage. *Paris, Tardieu,* 1861, tirage à part
sur CHINE VOLANT AVANT LA LETTRE. Plus 1 figure in-12 en travers, de Lemercier,
gravée par Janet, sur papier vélin, in-8.

308. — 13 figures in-8, de Chaillou, Delvaux, Myris, Bornet, de Monchy, gravées par Coiny, Baquoy et Delvaux. — 4 figures in-32, dont
1 fleuron de titre, de Desenne, gravées par Levasseur et Blanchard.
— 2 titres gravés avec vignettes et 2 figures in-12, par Uwins, gravés
par Engleheart et Scott, pour les *Tales of the Castle. London,* 1816.

Les 13 figures de Chaillou, etc., sont AVANT LA LETTRE ; on y a ajouté de la
même suite 9 EAUX-FORTES et 2 figures avec la lettre.
Les 4 figures de Desenne sont à l'état d'EAUX-FORTES SUR CHINE tirées à
deux sur la même feuille, plus 2 épreuves AVANT LA LETTRE SUR GRAND PAPIER
VÉLIN.
Les figures anglaises sont avec la lettre sur CHINE, tirées à deux sur la même
feuille.
Pièces à toutes marges.

309. GÉRARD (l'abbé). Suite de 6 figures in-8, de Moreau, gravées par
Delvaux, Trière, De Ghendt, Hulk, pour le *Comte de Valmont, ou les
Egarements de la raison. Paris, Bossange,* 1807.

Superbes épreuves AVANT LA LETTRE SUR PAPIER VÉLIN, tirées à part gr. in-8,
à toutes marges. Plus 2 épreuves de la 4e figure, même état. On y a ajouté
5 figures in-8, de la suite de Monnet.

310. GESSNER. Suite de 1 portrait, 3 titres gravés et 14 figures in-18, de
Marillier, pour les *Œuvres complètes. S. l. n. d. (Paris, Cazin,* 1778-
1782).

Belles épreuves tirées à part à toutes marges.
2 figures de la *Mort d'Abel* sont AVANT LA LETTRE.

311. — 41 figures in-8, de la suite de Moreau, pour les *Œuvres. Paris,
Renouard, an VII* (1799).

35 de ces figures sont en épreuves AVANT LA LETTRE : dont 26 à toutes marges
(2 avec cadre) et 4 remontées, non compris la figure gravée par De Ghendt
pour le *Paysage (Si canimus silvas...)* qui est en 3 états : avec la lettre, AVANT
LA LETTRE et EAU-FORTE, à toutes marges.
Le sacrifice est en deux états : la figure de Moreau, gravée par Delvaux, et la
même figure en contre-partie, non signée (par Girardet ?).

312. **Gessner.** Suite de 1 portrait par Berthet et 14 figures in-8, de Binet, gravées par Blanchard (plusieurs non signées), pour les *Œuvres. Paris*, 1804.

> Épreuves AVANT LA LETTRE, avec marges. On y a joint 2 jolies figures AVANT LA LETTRE, non signées, pour *Éraste.*

313. — Réunion de 27 figures, titres gravés et frontispice de Le Barbier, Moreau, Marillier, Monnet, Wille, Uwins, etc.

> Belles épreuves dont quelques-unes sont AVANT LA LETTRE et 2 EAUX-FORTES.

314. **Gilbert** (N.-J.-L.). Suite de 4 figures in-18, dont 1 portrait, de Desenne, gravées par Delvaux et Bein, pour les *Œuvres. Paris, Ménard et Desenne,* 1817 (de la Bibliothèque française).

> Épreuves en 2 états : AVANT LA LETTRE et EAUX-FORTES, tirées à part sur PAPIER VÉLIN, à toutes marges; on y a ajouté 3 figures AVANT LA LETTRE dont 1 d'Eisen (*Mort d'Abel*).

315. — Suite de 5 figures, dont 1 portrait, in-8, par Desenne, pour les *Œuvres. Paris, Dalibon,* 1823.

> Belles épreuves AVANT LA LETTRE SUR CHINE, tirées à part, et montées sur papier vélin in-fol.

316. **Godard d'Aucour.** Suite de 6 figures in-8, dont 1 frontispice, par Habert-Dys, d'après des compositions du temps, pour les *Contes. Paris, Quantin,* 1883, dans un carton.

> Triple suite en épreuves AVANT LA LETTRE : en NOIR, BISTRE et SANGUINE, tirée à part sur PAPIER DU JAPON BLANC, grand in-4.
> Tiré à 40 exemplaires. De la Collection des *Petits Conteurs du XVIIIe siècle.*

317. **Gœthe.** 30 figures in-8, de Kaulbach, Bendel, Muttenthaler, Van Muyden, etc., (édition allemande) pour les *Œuvres diverses* (*Impr. Felsing, Schulgen-Bettendorf à Dusseldorf, Druck von J. Niederbuhl*).

> Belles épreuves sur CHINE montées gr. in-8 sur beau papier velin.

318. — 40 figures in-8, gravées au trait par Pobuda pour une édition allemande de *Faust* et de *Werther*.

> *Faust :* 1 frontispice et 28 figures; *Werther :* 12 figures.
> Belle suite. Épreuves sur CHINE montées sur beau papier gr. in-8.

319. — Suite de 26 figures de Retzsch, gravées au trait par Trueb et Branche, pour *Faust. Paris, Audot,* 1828, in-8 oblong.

> Bonnes épreuves montées sur beau papier vélin, gr. in-8. Chaque figure a l'explication du sujet en français et un extrait du texte allemand.

320. — Suite de 1 portrait, 2 en-têtes et 8 figures gr. in-8, dessinés et gravés à l'eau-forte par Lalauze pour *Faust. Paris, Conquet,* 1880, dans un carton.

> Épreuves AVANT TOUTE LETTRE sur PAPIER DU JAPON in-4.
> Tirée à 50 exemplaires.

321. — Suite de 60 (63) vignettes, en-têtes et culs-de-lampe, de Vogel

et Scott, gravés sur bois par Méaulle, pour *Faust. Paris, Conquet,*
1880, dans un carton.

Épreuves D'AMATEUR TIRÉES A PART SUR PAPIER DU JAPON in-4.
Tirée à 50 exemplaires.

322. GOETHE. Réunion de 14 figures de Ramberg, Jury, Whright, Tony — *2 —*
Johannot, Block, Flameng, etc. pour *Faust.*

Belles figures très curieuses, entre autres le *Sabbat* par Ramberg et Flameng.
Quelques épreuves AVANT LA LETTRE.

323. — 13 photographies gr. in-8 et gr. in-fol. de Bingham et Goupil, — *1 —*
d'après les tableaux d'Ary Scheffer et James Tissot pour *Faust* et
Marguerite.

Faust apercevant Marguerite pour la première fois. — Rencontre de Faust et
Marguerite. — Faust et Marguerite assis sur un banc. — Marguerite à l'église.
— Marguerite à l'office. — Le Sabbat. — La Dernière Promenade. — Faust et
Marguerite.
Très belles épreuves sur CHINE, montées in-fol. et grand in-fol.

324. — Suite de 50 portraits gr. in-8, de Pecht et Rambert pour la — *2 -50*
Gœthe-Galerie. Leipzig, Brockhaus (1862).

Belles épreuves à toutes marges.

325. — 4 figures gr. in-8, de Kolbe, gravées par Esslinger, pour une *Manque*
édition allemande de *Hermann et Dorothée.*

Belles figures avec bas-reliefs contenant dans un médaillon les portraits de
Hermann et Dorothée à divers âges.
Épreuves AVANT LA LETTRE sur GRAND PAPIER VÉLIN à toutes marges.

326. — 2 portraits de Werther et 3 portraits de Charlotte, in-8, en — *70 —*
médaillon avec bas-reliefs, par Chodowiecki, gravés par Berger. —
2 vignettes in-18 en travers, de Chodowiecki pour les titres de la
traduction française de *Werther. Maestricht,* 1776.

Les bas-reliefs des portraits donnent des petites scènes tirées du Roman : Au
bas des portraits de Werther, on voit Werther aux genoux de Charlotte ; Charlotte
et son mari dans le jardin, Werther à genoux devant eux. — Les portraits de
Charlotte sont avec 3 bas-reliefs différents : Lotte coupant des tartines. La famille
réunie dans le jardin assise sur un banc, Lotte remet les pistolets au domestique.
Les 2 vignettes donnent la scène des tartines et la chambre de Werther, celle-
ci en double épreuve.
Charmantes compositions dont les épreuves sont rares.
Pièces remontées avec soin, on y a ajouté 4 figures diverses de Chodowiecki,
Quéverdo, etc.

327. — Suite de 4 figures in-18, de Berthon, gravées par Duplessis- — *30 —*
Bertaux, pour *Werther. Paris, Didot,* 1797.

Belles épreuves AVANT LA LETTRE (?), montées grand in-8.

328. — Suite de 3 figures in-8, de Moreau, pour les *Souffrances du* — *20 —*
jeune Werther. Paris, Didot, 1809.

Épreuves AVANT LA LETTRE sur grand PAPIER VÉLIN, à toutes marges.
Rares.

329. — Suite de 4 figures in-8 de T. Johannot, gravées à l'eau-forte — *42 —*

par Burdet, pour les *Souffrances du jeune Werther. Paris, Crapelet*, 1845.

Épreuves tirées à part en 3 états : avec la lettre, AVANT LA LETTRE SUR CHINE,
et EAUX-FORTES.
Pièces à toutes marges.

330. GOETHE. Suite de 10 figures in-8, gravées à l'eau-forte par Tony
Johannot, pour *Werther. Paris, Hetzel*, 1845.

Très belle suite.
Épreuves AVANT LA LETTRE SUR CHINE tirées à part gr. in-8 ou in-fol.
PREMIER TIRAGE.

331. — Réunion de 9 figures et portraits.

· 1 figure in-8 de Weil, 1794 pour *Bettina ;* 1 jolie figure in-4, gravée par Créaugé
d'après Garnier, le *Roi des Aulnes*, tirée de l'*Artiste ;* 1 belle eau-forte de Bouquet
pour le *Roi de Thulé ;* 1 photographie in-4 de Goupil d'après Ary Scheffer, *Lénore ;*
2 portraits de Werther par Boilly et Pecht ; 2 portraits de Lotte par Kussener
et Pecht, etc.

332. GOLDSMITH. Suite de 8 figures in-8, de Burney et Stothard pour le
Vicar of Wakefield. London, Cadell and Davis, 1805.

Figures à angles coupés, épreuves AVANT LA LETTRE SUR CHINE, avec marges.

333. — Suite de 10 figures in-8, de Tony Johannot, gravées par Revel,
pour le *Vicaire de Wakefield. Paris, Hetzel*, 1844.

Épreuves avec marges sauf pour une figure, qui est coupée au cadre et remontée gr. in-8.

334. — 11 figures in-12, de Jackson, Meason, etc., gravées sur bois. —
7 figures diverses de Chodowiecki, par Thomas, Stothard, Kidd, etc.
— Ens. 18 figures pour le *Vicaire de Wakefield*.

Les 11 figures de Jackson sont montées grand in-8 ; les 7 autres figures sont
très jolies.

335. GONCOURT (de). Suite de 5 eaux-fortes non signées (par A. G.),
dont 3 figures in-8 et 2 en-têtes, pour la *Fille Élisa* (1877).

Curieuses figures en belles épreuves AVANT LA LETTRE à toutes marges. Les
2 en-têtes sont sur CHINE VOLANT.

336. GRAFFIGNY (Mme de). Suite de 8 figures in-18, de Lefèvre, gravées par Coiny, pour les *Lettres d'une Péruvienne. Paris, Didot*,
an V (1797).

Jolie suite.
Épreuves en 2 états : avec la lettre et AVANT LA LETTRE SUR PAPIER VERGÉ FORT,
à toutes marges.

337. — Suite de 2 figures in-32, dont 1 fleuron de titre, par Desenne,
gravées par Coupé, pour les *Lettres d'une Péruvienne. Paris, Werdet*.

Épreuves en 3 états : avec la lettre sur CHINE, AVANT LA LETTRE SUR CHINE et
EAUX-FORTES, tirées à part à deux sur la même feuille à toutes marges, plus
1 figure en double.

338. GRAFFIGNY (Mme de). Réunion de 14 figures d'Eisen, Le Barbier, Devéria, Charlotte Nadermann, etc., pour les *Lettres d'une Péruvienne.*

> 1 jolie figure d'Eisen, gravée par Delafosse, en double épreuve, pour l'édition de 1752 ; 1 titre gravé pour l'édition de 1756 ; 5 figures in-12 de Devéria AVANT LA LETTRE et avec la lettre ; 4 jolis DESSINS in-8, à l'encre de Chine, non signés ; etc.

339. GRÉCOURT. Réunion de 17 figures d'Eisen, Marillier, Fragonard, Chasselat, Bergeret, etc.

> 6 figures in-8 de la suite de Fragonard, épreuves AVANT LA LETTRE, plus 1 figure en double ; 1 jolie figure de Marillier, gravée par De Launay, AVANT LA LETTRE ; 2 figures d'Eisen en 2 états différents ; 2 jolis DESSINS à la sépia par Bergeret, etc.

340. — Suite de 10 figures in-8, par Chauvet, pour les *Contes.* —

> DESSINS à la sanguine, signés par l'artiste.

341. GRESSET. Suite de 5 figures in-18, de Moreau, gravées par Simonet, Duhamel et Dupréel, pour les *Œuvres choisies. Paris, Saugrain, an II* (1794).

> Très jolie suite, en épreuves à toutes marges.

342. — La même suite. —

> Epreuves montées comme chine sur beau papier gr. in-8.

343. — La même suite, à laquelle on a ajouté la 6e figure : *Le Méchant.* —

> Superbes épreuves sur PAPIER VÉLIN, TIRÉES A PART, gr. in-8, à toutes marges. Rare.

344. — Suite de 1 portrait et de 6 figures in-8, non signées, pour les *Œuvres (XVIIIe siècle).*

> Epreuves en 2 états : AVANT LA LETTRE et avec la lettre (moins le portrait). Plus 2 figures AVANT LA LETTRE sur GRAND PAPIER.
> Pièces avec marges,

345. — Suite de 7 figures gr. in-8, avec entourages ornementés, de Monnet, gravées par de Launay, Patas, pour les *Œuvres.*

> Très jolie suite en belles épreuves, dont 4 sont AVANT LA LETTRE. On y a ajouté de la même suite : 3 EAUX-FORTES, 2 figures AVANT LA LETTRE, 1 avec la lettre et 1 coupée au cadre, remontée. Toutes les autres pièces sont avec marges.

346. — Suite de 1 portrait non signé (par A. Saint-Aubin d'après Nattier) et de 8 figures in-8, de Moreau gravées par Simonet et De Ghendt pour les *Œuvres. Paris, Renouard,* 1811.

> Très jolie suite rare.
> Superbes épreuves AVANT LA LETTRE sur PAPIER VÉLIN OU DE HOLLANDE, TIRÉES A PART in-4, non rognées ; 1 figure du *Parrain magnifique,* est un peu plus courte de marges.
> Le portrait est avec la lettre en 2 états : avec le cadre non signé et AVANT LE CADRE par Nattier, gravé par A. Saint-Aubin.

347. — Suite de 9 figures in-12, dont 1 portrait, par Devéria, pour les *Œuvres. Paris, Ménard et Desenne,* 1822 (de la Bibliothèque française).

> Epreuves en 2 états : AVANT LA LETTRE SUR GRAND PAPIER VÉLIN et EAUX-FORTES (sans le portrait). Tirage à part gr. in-8 à toutes marges.

348. Grésset. Suite de 10 figures in-8, hors texte, dont 1 portrait de Laville, gravées sur bois par Lacoste et Best, pour les *Œuvres. Paris, Houdaille*, 1839.

Epreuves AVANT LA LETTRE, avec marges.

349. — Suite de 1 portrait et de 8 figures-miniatures de Guillaumot fils, pour *Vert-Vert*.

Epreuves AVANT LA LETTRE SUR GRAND PAPIER VÉLIN, gr. in-8.

350. — Réunion de 13 figures de Marillier, Martini, Moreau, Desenne, pour *Vert-Vert*.

1 charmante figure in-18 de Marillier, gravée par Delaunay, pour *Vert-Vert, Londres (Cazin)*, 1779, 2 superbes épreuves à toutes marges, dont 1 tirée in-8; 1 figure in-8 de Martini, gravée par Gaucher 1776, remontée; 1 figure in-8 de Desenne, gravé par Roger, 1823, pour les *Œuvres. Pàris, Janet et Cotelle* 1823, belle épreuve AVANT LA LETTRE en 2 états : SUR GRAND PAPIER VÉLIN et sur CHINE à toutes marges; 1 figure de Desenne, gravée par Jouanin, 1829, pour *Vert-Vert*, belle épreuve AVANT LA LETTRE SUR CHINE, à toutes marges; 1 figure gr. in-8, non signée, pour *Sidnéi*, act 3e, sc. v, belle épreuve, montée gr. in-8, et 6 figures diverses.

351. Halévy (Ludovic). Suite de 1 frontispice et de 8 vignettes en-têtes de Mas, gravés par Massard, pour *Madame, Monsieur et les Petites Cardinal. Paris, Conquet*, 1883, in-8.

Epreuves avec la lettre sur papier vergé.

352. Hamilton (comte Antoine). Suite de 64 portraits in-8, non signés (par Scriven), pour les *Mémoires du comte de Grammont. Londres*, 1811, in-fol. demi rel. mar. citron avec coins.

Très jolie suite, ÉPREUVES D'ARTISTE, AVANT LA LETTRE sur PAPIER DE HOLLANDE IN-FOLIO, à toutes marges.

353. — Suite de 4 figures in-8, de Moreau, gravées par Trière et De Ghendt et de 8 portraits par Saint-Aubin pour les *Œuvres. Paris, Renouard*, 1812.

Belles épreuves en 2 états : AVANT LA LETTRE SUR PAPIER VÉLIN, plus 2 figures du même état sur PAPIER ROSE, et avec la lettre sur 4 papiers différents : sur blanc, sur GRAND PAPIER VÉLIN (moins les *Quatre Facardins*), sur CHINE VOLANT, sur papier rose (moins *Fleur d'épine*).
Les portraits sont avec la lettre sur papier rose et sur papier blanc fort, ici le portrait de Miss Temple est AVANT LA LETTRE. On y a ajouté 11 portraits dont 4 gravés par S. W. Reynolds, d'après John Reynolds, les quatre sur la même feuille (superbes épreuves).
Pièces à toutes marges.

354. — Suite de 8 figures in-18, de Choquet, gravées par Lejeune, Bovinet, Lecerf, Paradis, quelques-unes non signées, pour les *Mémoires de la vie du comte de Grammont. Paris, Ménard et Desenne*, 1819 (de la Bibliothèque française).

Epreuves en 2 états : AVANT LA LETTRE SUR PAPIER VÉLIN IN-8 et EAUX-FORTES, à toutes marges.

355. — Suite de 4 figures in-32, dont 2 fleurons de titre, de Desenne,

gravées par Pourvoyeur et Blanchard, pour les *Mémoires du Chevalier de Grammont. Paris, Werdet*, 1826.

Epreuves en 3 états : avec la lettre sur CHINE, AVANT LA LETTRE SUR CHINE TIRÉES
IN-12, et EAUX-FORTES.
Pièces tirées à deux sur la même feuille à toutes marges.

356. GŒTHE. La même suite.

Epreuves AVANT LA LETTRE SUR CHINE TIRÉES IN-12, plus 2 figures du même
état en double et 3 EAUX-FORTES. On y a ajouté 1 figure de Devéria gravée
par Lefebvre, pour le *Bélier*, épreuves AVANT LA LETTRE SUR CHINE.
Pièces à toutes marges.

357. — Suite de 7 figures in-8, dont 1 frontispice, dessinées et gravées
à l'eau-forte par Chauvet, pour les *Mémoires du comte de Grammont.
Paris, Bonnassies*, 1876.

Epreuves AVANT LA LETTRE sur papier teinté, montées in-8. Plus 3 beaux frontispices par Chauvet, épreuves AVANT LA LETTRE.

358. HANCARVILLE. Suite de 51 figures in-8, en médaillons, dont 1 frontispice, non signées, pour les *Monuments de la vie privée des Douze
Césars, d'après une suite de pierres gravées sous leur règne. A Rome,
de l'imprimerie du Vatican*, 1785.

Réduction des figures de l'édition in-4.

359. HÉRODOTE. Suite de 9 figures in-8, de Léon Choubrac, gravées
à l'eau-forte par Hélouis. *Paris, Cadart, s. d.*

Epreuves AVANT LA LETTRE SUR CHINE, montées sur papier vélin gr. in-4.
Tout ce qui a paru de cette suite, qui fait partie des *Chefs-d'œuvre de littérature ancienne illustrés sous la direction de M. Hélouis*.

360. HERVEY (James). Suite de 5 figures in-8, de Westall, gravées par
Heath, pour les *Méditations. London, Edwards*, 1818.

Epreuves sur CHINE, dont 1 AVANT LA LETTRE, plus 3 figures en double, et
2 figures diverses.
Pièces à toutes marges.

361. HEURES. Suite de 6 figures petit in-8, dont 1 frontispice, de
Desenne, gravées par C. Johannot, pour les *Heures à la Reine Blan-
che. A Paris, chez Eymery, rue Mazarine n° XXX, s. d.* (1818).

Très jolies figures avec encadrement ornementé à l'antique.
Epreuves AVANT LA LETTRE SUR CHINE, tirées à part gr. in-8.

362. HOFFMANN. Suite de 24 figures in-8, dessinées à la plume par
Th. Hosemann, pour une édition allemande des Œuvres : *Gesam-
melte Schriften. Berlin*, 1844-1845.

Figures teintées chine, publiées en 4 livraisons à *Berlin, Reimer*, 1857.
Epreuves à toutes marges.

363. — Suite de 10 figures gr. in-8, de Gavarni, gravées sur bois par
Brevière et Novion, pour les *Contes fantastiques. Paris, Lavigne*, 1843.

Planches hors texte, à toutes marges.

364. — Suite de 1 portrait et de 10 figures in-8, dessinés et gravés à
l'eau-forte par Lalauze, pour les *Contes. Paris, Jouaust*, dans un carton.

Epreuves AVANT LA LETTRE sur papier vergé.

365. Homère. Suite de 1 frontispice et de 24 figures in-12, dessinés et gravés par Bernard Picart, pour l'*Iliade*. *Paris, Rigaud*, 1711-1716.

Belles épreuves à toutes marges.

366. — Suite de 1 frontispice et de 12 figures in-8, par Delamonce, Dien, Nattier, Roettiers, gravés par Chaufourier et Edelinck, pour l'*Iliade. Paris*, 1714. — Suite de 3 figures gr. in-8, par Cochin, gravées par Gaucher, Romanet et de Launay pour l'*Iliade. Paris, Barbou*, 1776.

On y a ajouté 5 figures de la première suite et 2 de la seconde en double, plus 29 figures diverses de B. Picart, Coypel, Monnet, Marillier, Martinet, Sambach, dont 7 figures pour le *Combat des rats et des grenouilles*, tirées de l'*Artiste*.

367. — Suite de 1 portrait et de 12 figures in-8, de Coypel et de Mal-beste, pour l'*Iliade*.

Le portrait est AVANT LA LETTRE, les figures avec la lettre.
Tirage à part sur GRAND PAPIER DE HOLLANDE, gr. in-4.

368. — Suite de 1 frontispice et de 24 figures gr. in-4, de Marillier, gravés par Dambrun, Delignon, De Ghendt, etc., pour les *Œuvres complètes* (Iliade). *Paris, Didot*, 1786.

Superbes épreuves AVANT LA LETTRE, tirées à part, NON ROGNÉES, sauf les figures I et IV qui sont avec la lettre, sans le cadre.

369. Horace. Suite de 12 figures in-8 en travers, de Percier, pour les *Opera* (œuvres). *Parisiis, Didot*, 1799.

Bonnes épreuves tirées à part sans texte, avec marges. Plus 2 figures en double, dont 1 retournée.

370. — Suite de 173 figures (5 frontispices-portraits et 168 vignettes en-têtes de pages et culs-de-lampe) dessinées et gravées à l'eau-forte par Chauvet, pour les *Œuvres, Traduction en vers par le comte Si-méon. Paris, Jouaust*, 1874-1875.

Tirage à part, sans texte, sur papier vergé, in-8.

371. Houssaye (Arsène). 3 figures gr. in-8, de Tony Johannot, gravées par Riffaut et Montaut, pour le *Voyage à ma fenêtre*.

2 belles pièces tirées de l'*Artiste*, épreuves sur CHINE. Plus une seconde épreuve de l'une d'elles (*Priez pour Elle*) sur blanc, à toutes marges.

372. Hugo (Victor). Suite de 4 figures in-8, dessinées et gravées à l'eau-forte par Célestin Nanteuil, pour les *Œuvres. Paris, Renduel*, 1833, avec *couverture imprimée*.

1º Portrait de Victor Hugo, encadré de vignettes à compartiments, représentant les principales scènes de ses ouvrages. — 2º Frontispice pour *Bug-Jargal*. — 3º Frontispice pour le *Dernier Jour d'un condamné*. — 4º Frontispice pour *Notre-Dame de Paris*.
SUITE RARISSIME ET COMPLÈTE de quatre gravures formant la première livraison d'une collection qui ne fut pas continuée. (Voyez: *Asselineau. Bibliogr. romantique*, page 10.)
Superbes épreuves sur CHINE montées gr. in-8.

373. — Suite de 34 figures in-8 de Bayolos, Colin, Steinhel, Rogier,

Boulanger, Alfred et Tony Johannot, Markl, Raffet, gravées par Geoffroy, Lacour, Lestudier, Langlois, Sisco, les frères Finden, Périam, Staines, Phillibrocon, pour les *Œuvres complètes*. *Paris, Furne*, 1841-1846.

Les 7 figures de Bayolos, Colin et Steinhel, sont ici en PREMIER TIRAGE ; les 27 autres figures sont des suites de Renduel (12 figures pour *Notre-Dame de Paris* et 15 figures pour le *Théâtre*).

Belles épreuves avec marges.

374. HUGO (Victor). La même suite (moins le frontispice pour *Notre-Dame de Paris*).

Tirage de Lemercier. Épreuves avec la lettre sur CHINE, montées sur papier fort, gr. in-8.

375. — Réunion de 78 figures de la suite précédente.

Suite de 15 figures pour le *Théâtre*, tirage de Lemercier, épreuves sur CHINE avec la lettre, montées sur papier fort gr. in-8 ; — la même suite, moins 1 figure (*Angelo*), tirage de Lemercier et Chardon, épreuves avec la lettre sur CHINE, gr. in-8 ; — 21 figures de la même suite, en double. — 28 figures pour *Notre-Dame de Paris*, dont une suite complète moins le frontispice, épreuves avec marges.

376. — Suite de 10 figures gr. in-8, dont 1 frontispice, dessinées et gravées à l'eau-forte par Henry Guérard, pour les *Châtiments*. *Paris, Librairie nouvelle, s. d.*

Épreuves AVANT LA LETTRE sur CHINE VOLANT, la LETTRE SUR PAPIER DE SOIE ROSE.

377. — Suite de 6 figures gr. in-8, de Vierge, gravées par Joliet, Pannemaker, Quesnel, Bellanger, Martin, imprimées par Martinet, pour la *Légende des siècles*. *Paris, Michel Lévy*, 1859.

Épreuves sur CHINE, montées grand in-4.

378. — Suite de 20 figures in-8, de Castelli et de Neuville, gravées sur acier par Outhwaite, pour les *Misérables*. *Paris, Lacroix, s. d.* avec *couverture illustrée*.

Épreuves avec lettre en 2 états : sur CHINE et sur PAPIER VÉLIN, gr. in-8, à toutes marges.

379. — Suite de 25 photographies in-8, de Gilmer, d'après les dessins de Brion, pour les *Misérables*. *Paris, Faucheur et Danelle et Pagnerre, s. d.*

Très belles photographies des scènes et types des *Misérables*, épreuves sur CHINE montées sur bristol, gr. in-8.

380. — Suite de 10 figures in-8, dessinées et gravées à l'eau-forte par Guérard, pour *Napoléon le Petit*. *Paris, Michel Lévy frères*, 1875.

Épreuves sur GRAND PAPIER DU JAPON, tirées à petit nombre.

381. — Suite de 1 frontispice et de 11 figures in-8, par Rouargue, Rogier, Boulanger, Alfred et Tony Johannot, Raffet, gravés par Finden, Périam, Staines, Lacour, Lestudier et Phillibrocon, pour *Notre-Dame de Paris*. *Paris, Renduel*, 1836.

Épreuves en 2 états : AVANT LA LETTRE ou lettre effacée sur CHINE, tirées à part, grand in-8 et avec la lettre, avec marges. Plus 3 figures AVANT LA LETTRE ou lettre effacée SUR PAPIER VÉLIN, gr. in-8, et 17 figures avec la lettre en double.

10 — 382. HUGO (Victor). 47 figures (sur 55), dont 1 frontispice, de la suite de Baumont, Boulanger, Daubigny, Johannot, Lemud, etc., pour *Notre-Dame de Paris, Paris, Perrotin, Garnier frères,* 1844.

> Bonnes épreuves avec marges. Plus 1 frontispice sur CHINE, et 2 figures dont 1 sur CHINE VOLANT, en double.

1 — 383. — Suite de 70 figures de Brion, gravées sur bois par Yon et Perrichon, pour *Notre-Dame de Paris. Paris, Hetzel,* 1865.

> Figures decoupées du texte, destinées à être remmargées. On y a joint la couverture, le faux-titre et le titre de cette édition.

9 — 384. — 7 belles pièces de Tony Johannot pour *Notre-Dame de Paris.*

> 4 vignettes gravées sur bois par Porret, pour l'édition de 1831, 4 vol. in-12, belles épreuves montées à deux sur la même feuille; 1 figure in-12, dessinée et gravée à l'eau-forte en 1832, *Quasimodo sauvant la Esmeralda,* superbe épreuve AVANT LA LETTRE SUR CHINE tirée à part IN-FOLIO; 1 figure gr. in 8, *Quasimodo au Pilori,* épreuve en 2 états numerotés : AVANT LA LETTRE SUR PAPIER DU JAPON et avec la lettre sur papier teinté.
>
> Pièces rares.

32 — 385. — 10 pièces de Célestin Nanteuil, Alfred et Tony Johannot, Boulanger, Taiée, Nap. Thomas, Brion, pour *Notre-Dame de Paris.*

> 1 eau-forte gr. in-8 en travers de Célestin Nanteuil, 1835, la *Cour des miracles,* tirée du *Monde dramatique;* 1 figure in-12, dessinée et gravée à l'eau-forte par Tony Johannot, 1832, *Quasimodo sauvant la Esmeralda,* superbe épreuve AVANT LA LETTRE SUR CHINE, tirée à part IN-FOLIO; 1 belle lithographie in-4, d'après Alfred Johannot, *Gringoire à genoux devant Louis XI,* tirée de l'*Artiste*; 1 belle lithographie in-4 en travers d'après Boulanger, *le Prêtre et la Esmeralda;* 1 eau-forte de Taiée, vue de *Notre-Dame,* publiée par Cadart; 1 jolie figure in-8 de Nap. Thomas, gravée par Mauduit, *Phœbus enlevant la Esmeralda,* épreuve AVANT LA LETTRE, à toutes marges; 2 belles photographies gr. in-8, *Esmeralda, Quasimodo ;* 1 figure gr. in-8, de Brion, gravée sur bois, *Esmeralda dansant,* belle pièce montée en passe-partout in-fol. ; 1 figure anglaise, vue intérieure de Notre-Dame.

33 — 386. — Suite de 15 figures in-8, de Rogier, Boulanger, David, Tony Johannot, Marckl, Raffet, gravées sur acier par les frères Finden, pour le *Théâtre. Paris, Renduel,* 1832-1838.

> Le Roi s'amuse, 1 figure; Hernani, 2; Marie Tudor, 2; Cromwell, 5; Angelo, 1; Lucrèce Borgia, 2; Marion, 2.
>
> Superbes épreuves du PREMIER TIRAGE en 2 états : AVANT LA LETTRE SUR CHINE TIRÉES A PART GRAND IN-4 et avec la lettre, avec marges.

31 — 387. — 38 figures de la suite précédente.

> 12 figures avec la lettre avec marges; 15 figures AVANT LA LETTRE SUR CHINE, TIRÉES A PART GRAND IN-4 et 11 figures AVANT LA LETTRE SUR GRAND PAPIER VÉLIN, la plupart grand in-4.
>
> Belles épreuves du PREMIER TIRAGE.

13 — 388. — Réunion de 28 figures lithographiées de Célestin Nanteuil, Devéria, Staal, Sorieu, Régnier, pour les poésies de Victor Hugo, mises en musique.

> Chanson de Triboulet, les Soirées d'Automne, le Géant, les Bleuets, la Captive, la Tombe et la Rose, A une femme, les Chansons des Rues et des bois, Après l'hiver, A Marie, A une jeune fille, Sara la baigneuse, etc.

389. Hugo (Victor). 4 figures d'après Victor Hugo, Ach. et Eug. De- — *9* - "
véria, Aglaüs Bouvenne.

1 superbe lithographie in-fol. d'après Victor Hugo, pour les *Rayons et les Ombres*, publiée par Le Salon, 9, rue Mazarine; 1 figure in-4 en travers, de Victor Hugo pour le *Rhin*, belle épreuve AVANT LA LETTRE, à toutes marges; 1 très belle lithographie in-fol. d'après Eug. et Ach. Devéria, avec un quatrain de Victor Hugo *A une jeune fille*, janvier 1830, publiée à *Paris chez Gaugain*, 1 superbe épreuve sur CHINE, montée gr. in-fol; *Ex libris Victor Hugo* dessiné et gravé à l'eau-forte par Aglaüs Bouvenne, gr. in-8 à toutes marges.

390. — 11 vignettes-frontispices et figures diverses de Célestin Nan- — *30* - "
teuil, Devéria, Boulanger, Cousin, Colin, Tony Johannot, pour les
éditions originales, etc.

1 vignette-frontispice in-18, de Devéria, gravée par Godefroy, le *Sylphe* pour les *Nouvelles Odes*, 1824, épreuves AVANT LETTRE SUR CHINE, à toutes marges; 2 vignettes de Boulanger, gravées sur bois par Cousin, l'*Eglise de Saint-Germain-l'Auxerrois en proie aux démolisseurs* et le *Géant*, pour les *Odes et Ballades*, 1829, épreuves AVANT LA LETTRE SUR CHINE VOLANT; 1 figure in-12 de Boulanger, gravée sur acier par Cousin, *Clair de lune*, pour les *Orientales*, 1829, belle épreuve eu PAPIER BLEU à toutes marges; 1 belle figure in-8 de Colin, gravée par Lacour Lestudier, *Sara la baigneuse*, pour les *Orientales*, édition *Furne*, superbe épreuve AVANT LA LETTRE SUR CHINE, tirée IN-FOLIO; 1 vignette-frontispice de Devéria, gravée à l'eau-forte par Adam, *Hadibrah cherchant à entraîner Léopold d'Auvernay avec lui dans l'abîme* pour *Bug-Jargal*, 1826, épreuve AVANT LA LETTRE SUR PAPIER VÉLIN gr. in-8; 1 lithographie in-8 en travers de Devéria, *Hernani étendu à terre*, tirée de la *Silhouette*; 1 figure in-12 dessinée et gravée à l'eau-forte par Tony Johannot, 1832, *Quasimodo sauvant la Esmeralda*, pour *Notre-Dame de Paris*, superbe épreuve AVANT LA LETTRE SUR CHINE, tirée IN-FOLIO; 1 vignette-frontispice de Tony Johannot gravée sur bois par Andrew, *Triboulet reconnaissant sa fille*, pour le *Roi s'amuse*, 1832, très belle épreuve AVANT LA LETTRE, publiée dans le *Petit Poucet*, avec une Notice sur cette vignette; 1 frontispice à l'eau-forte par Célestin Nanteuil, pour *Marie d'Angleterre* (Marie Tudor), 1833, très belle épreuve sur CHINE VOLANT, coupée au cadre; 1 lithographie in-4 de Célestin Nanteuil, Mme Dorval dans *Angelo*, tirée du *Monde dramatique*.
Pièces rares.

391. — 15 pièces de Gavarni, Berton, Colin, Devéria, Tony Johannot, — *21* - "
Gérard, Marckl, Flameng, pour divers ouvrages.

4 figures pour les *Orientales* : 1 lithographie in-8 en travers de Gavarni, tirée du *Bulletin de l'Ami des Arts*; 1 figure in-4 de Berton, gravée par Mordant, le *Sultan Achmet*; 1 figure in-8 de Colin, gravée par Lacour Lestudier, *Sara la Baigneuse*, épreuves sur CHINE avec la lettre; 1 photographie par Ferrier et Lecadre d'après le tableau de Weerts, *la Captive* belle pièce sur CHINE, montée in-folio. — 1 vignette-frontispice de Devéria, gravée par Godefroy, le *Sylphe* pour les *Nouvelles Odes*, épreuve sur CHINE, grand in-8; 2 DESSINS à la sépia, non signés, *Napoléon Ier*, le *Roi de Rome;* 1 vignette-frontispice de Tony Johannot, gravée sur bois par Andrew, *Triboulet reconnaissant sa fille*, pour le *Roi s'amuse*, 1832, épreuve sur CHINE, montée gr. in-8; 1 figure in-12 dessinée et gravée à l'eau-forte, par Tony Johannot, 1832, *Quasimodo sauvant la Esmeralda*, belle épreuve AVANT LA LETTRE SUR CHINE tirée in-4; 1 figure gr. in-8, gravée sur bois par Gérard, *Comptons ce qui me reste*, pour le *Dernier Jour d'un condamné*; 1 faux et titre avec une vignette de Marckl, pour *Han d'Islande*, Paris, *Furne*, 1841; 1 eau-forte in-8, pour *les Chansons des rues et des bois*; 1 eau-forte in-8 de Flameng pour *l'Année terrible*, épreuve à toutes marges; 1 figure de Witt, gravée par Labalestrier, *Vue de Jersey;* 1 lithographie in-4 en travers par Devéria, tirée de la *Silhouette*, pour la dernière scène d'*Hernani* : *Hernani est étendu à terre...*

392. HUGO (Victor). 17 figures dessinées et gravées à l'eau-forte par Régamey.

6 eaux-fortes pour *Marion de Lorme*, belles épreuves montées gr. in-8 ; 8 pour *Quatre-vingt-treize* et 3 pour *Marie Tudor*, publiées dans *Paris à l'eau-forte*.

393. IMBERT. 1 titre et 3 figures (sur 4) petit in-8, par Moreau, gravés par De Launay, pour les *Bienfaits du sommeil, ou les Quatre Rêves accomplis. Paris, Brunet,* 1776.

Très jolies épreuves du PREMIER TIRAGE à toutes marges.
Suite rare, incomplète de la 1ʳᵉ figure.

394. — Suite de 1 titre-frontispice de Moreau gravé par Armant et de 4 figures in-18, de Moreau, gravées par Duval, pour le *Jugement de Pâris. Paris, Chaigneau,* 1797.

Réduction du titre et des figures de l'édition de 1772.
Tirage à part à toutes marges.

395. — Réunion de 13 figures de Moreau, Le Barbier, Eisen, Quéverdo, Binet, etc., pour le *Jugement de Pâris.*

Belles épreuves, entre autres 1 jolie figure in-8 (de Binet) tirée des *Parisiennes* de Restif de la Bretonne (n° XX).

396. IMITATION DE JÉSUS-CHRIST. 3 figures in-8 (sur 4) de Moreau, gravées par Roger, pour l'*Imitation de Jésus-Christ* (des Œuvres de Pierre et Thomas Corneille). *Paris, Renouard,* 1817.

Superbes épreuves AVANT LA LETTRE sur GRAND PAPIER tirées à part de FORMAT IN-FOLIO.

397. — Suite de 5 figures in-8, de Horace Vernet, gravées à l'eau-forte par Blanchard, Vallot, Pigeot, etc., pour l'*Imitation de Jésus-Christ* (1818).

Superbes épreuves AVANT LA LETTRE sur CHINE, sauf 1 qui est sur GRAND PAPIER VÉLIN.
On y a joint de la même suite : 3 EAUX-FORTES dont 1 en deux états différents ; 4 figures dont 2 avec la lettre et 1 AVANT LA LETTRE SUR CHINE ; plus 1 jolie figure gr. in-8 de Prudhon gravée par Roger, et la même figure gravée par Lecomte, avec un bel encadrement. Pièces à toutes marges.

398. — Suite de 10 figures in-8 de Tony Johannot, gravées sur acier, pour l'*Imitation. Paris, Curmer,* 1836.

Épreuves en deux états : avec encadrements, avec marges et AVANT LE CADRE SUR CHINE, en superbes épreuves, montées gr. in-8.

399. — Suite de 12 figures in-8, de Tony Johannot, Varin, Friès, pour l'*Imitation de Jésus-Christ* (1838-1842).

Épreuves AVANT LA LETTRE SUR CHINE, gr. in-8, à toutes marges.

400. — 14 figures in-8, d'après Léonard de Vinci, Paul Delaroche, Garnier, Lameire, Delaunay, etc., gravées par Jacquemart, Dubouchet, La Guillermie, Courtry, etc., pour l'*Imitation de J.-C. Paris, Glady,* 1876. — 31 figures diverses de Cochin, Moreau, Bourdon, Gérard, West, etc.

Le lot des 31 figures renferme 9 EAUX-FORTES, 6 figures AVANT LA LETTRE, etc.

401. Imitation de Jésus-Christ. Suite de 10 figures gr. in-8, de Jean-Paul — *30 — "*
Laurens, gravées par Léopold Flameng, pour l'*Imitation de Jésus-Christ (Édition Quantin). Paris, Morgand et Fatout*, 1878.

Épreuves d'artiste sur papier du Japon, tirées à 80 exemplaires numérotés.

402. — Suite de 5 figures in-8, d'Henri Lévy, gravées par Waltner pour — *11 — "*
l'*Imitation de Jésus-Christ. Paris, Jouaust.*

Épreuves avant toute lettre, avec grandes marges, in-fol.

403. Janin (Jules). Réunion de 26 figures et frontispices de Alfred et — *8 — "*
Tony Johannot, Cuisinier, Lalauze, Hédouin, etc., pour *Circé, la Confession, les Petits Mélanges, l'Ane mort, Un Été à Bade.*

1 frontispice in-12 de Staal, pour *Circé*, épreuve en 2 états : sur papier vélin et sur chine volant gr. in-8; 1 eau-forte in-12 de Alfred Johannot pour la *Confession*, épreuve avant la lettre sur chine; 1 eau-forte in-12 de Lalauze pour les *Petits Mélanges*, épreuve avant la lettre; 1 superbe lithographie in-4, d'après Alfred Johannot pour *Mirabeau et Marie-Antoinette* (scène de *Barnave*), tirée de l'*Artiste*; 1 joli frontispice in-8 à l'eau-forte par Cuisinier, pour l'*Ane mort*, épreuve avant la lettre sur chine volant; 2 eaux-fortes in-12 dont 1 fleuron de titre, par Alfred Johannot pour l'*Ane mort. Paris, Baudouin*, 1829, épreuve avant la lettre sur chine; 1 eau-forte in-8 de Hédouin, pour l'*Ane mort. Paris, Jouaust*, épreuve en 2 états : avant la lettre sur papier de Hollande et avec la lettre sur chine volant; 1 frontispice et 10 figures (sur 11) in-8 de la suite hors texte de Tony Jahannot, pour l'*Ane mort. Paris, Bourdin*, 1842, etc.

404. Johnson (Samuel). Suite de 4 figures in-4, de Robert Smirke, gra- — *4 — "*
vées par Raimbach, pour *Rasselas. London, Savage and Easingwood*, 1805.

Belle suite en 2 états : EAUX-FORTES et avec la lettre, celles-ci accompagnées d'un titre spécial et de 5 feuillets de texte pour l'explication des planches; plus en double de la même suite : 1 EAU-FORTE SUR CHINE et 3 figures avec la lettre. On y a ajouté : 3 figures petit in-4, de Westall, gravées par Heath, belles épreuves avant la lettre sur grand papier in-4; 2 autres figures de Westall pour une édition de *Sharpe*, 1817; 2 figures in-12 dont un portrait de Johnson, par Uwins et Singleton, gravées par Romney pour *Rasselas. London*, 1820; 1 EAU-FORTE d'un en-tête pour une édition in-4. Pièces à toutes marges.

405. Jouy (Etienne de). 72 figures et titres-frontispices in-8, par Desenne, — *5 — "*
Devéria, Adam, etc., pour l'*Hermite de la Chaussée d'Antin, le Franc Parleur, l'Hermite de la Guiane, l'Hermite en province, l'Hermite en prison, l'Hermite en liberté. Paris, Pillet*, 1815-1825.

Figures en médaillon ornementées, très curieuses. Belles épreuves tirées à part en divers états, sur chine et sur grand papier vélin.

406. Karr (Alphonse). 8 figures de Tony Johannot et 2 de Fischer et — *21 — "*
Raffet.

2 figures de Johannot gravées par Brevière et Cherrier, pour *Une heure trop tard. Paris, Gosselin*, 1833, in-8, épreuves avant la lettre sur chine à toutes marges; 3 figures de Johannot pour *Sous les Tilleuls* : 2 gravées par Porret, *Madelaine dans la chambre de Stéphen*, 2 épreuves avant la lettre sur chine, et *Stéphen à genoux dans le cimetière*; 1 eau-forte *A ce souvenir les enfants se levèrent*, tirée de l'*Artiste*, 1832, 2 superbes épreuves à toutes marges, plus la même figure tirée des *Classiques de la Table*; 1 gravure sur bois de Fischer, *Stéphen dans le cimetière*; 1 lithographie de Frey d'après Raffet, pour *Bernard et Mouton*, tirée de l'*Artiste*, à toutes marges.
Choix de jolies pièces rares.

50 - **407.** Laborde (de). 1 frontispice avec portrait de la dauphine Marie-Antoinette et 8 figures gr. in-8, par Le Bouteux, Le Barbier et Moreau, pour le *Choix de Chansons mises en musique. Paris,* 1774.

> 2 pièces sont à l'état d'EAUX-FORTES.
> Pièces avec marges. On y a ajouté 1 figure de Marillier.

16 - **408.** La Bruyère. Suite de 1 portrait et de 17 vignettes en-têtes de pages dessinés et gravés à l'eau-forte par Foulquier, pour les *Caractères. Tours, Mame,* 1867.

> Épreuves tirées à part sans texte sur CHINE VOLANT, gr. in-8.
> On y a ajouté 13 figures de la même suite, tirées sans texte, avec marges.

41 - **409.** Lacretelle et Rabaut de Saint-Etienne. Suite de 16 figures in-18, dont 6 de Moreau, et 10 de Duplessis-Bertaux, gravées à l'eau-forte par Couché fils, pour le *Précis historique de la Révolution française. Paris, Treuttel et Wurtz,* 1822.

> Épreuves en deux états : AVANT LA LETTRE et EAUX-FORTES, tirées à part sur PAPIER VÉLIN in-8. On y a joint la table des planches.

3 - **410.** La Fayette (Mme de). Suite de 4 figures in-18 de Desenne, gravées par Migneret et Bovinet, pour la *Princesse de Clèves. Paris, Ménard et Desenne,* 1818 (de la Bibiothèque française).

> Épreuves en 2 états : AVANT LA LETTRE sur GRAND PAPIER VÉLIN et EAUX-FORTES, tirées à part gr. in-8, à toutes marges.
> On y a ajouté 1 figure AVANT LA LETTRE SUR CHINE de la même suite et le frontispice AVANT LA LETTRE de l'édition *Jouaust.*

411. — Suite de 4 figures in-32, dont 2 frontispices gravés avec fleurons, de Desenne, gravées à l'eau-forte par Adam et Sisco, pour la *Princesse de Clèves. Paris, Werdet,* 1826 (de la Collection des meilleurs romans).

> Épreuves en 3 états : avec la lettre sur CHINE, AVANT LA LETTRE SUR CHINE et EAUX-FORTES, plus 5 figures en double, AVANT LA LETTRE SUR GRAND PAPIER VÉLIN OU CHINE.
> Pièces tirées à part à deux sur la même feuille à toutes marges.

1 - **412.** — Suite de 4 figures in-32, dont deux frontispices gravés avec fleurons, de Desenne, pour *Zaïde, histoire espagnole. Paris, Werdet,* 1826 (de la Collection des meilleurs romans français).

> Épreuves en deux états : avec la lettre sur CHINE et EAUX-FORTES. On y a ajouté 2 figures AVANT LA LETTRE SUR CHINE.
> Pièces tirées à part à deux sur la même feuille, à toutes marges.

1 40 - **413.** La Fontaine. Suite de 1 portrait, par Rigault, et de 25 figures in-8, de Moreau, pour les *Œuvres complètes. Paris, Lefèvre,* 1812.

> PREMIER TIRAGE, en superbes épreuves AVANT LA LETTRE SUR PAPIER VÉLIN.
> On y a ajouté la jolie figure : le *Passage du Torrent,* par Le Guay, gravée par Heina, épreuve AVANT LA LETTRE SUR PAPIER VÉLIN. Le portrait est avec la lettre.
> Pièces à toutes marges.

14 - **414.** — 12 figures de la suite précédente.

> PREMIER TIRAGE. Épreuves AVANT LA LETTRE remontées avec soin sur beau papier vélin in-4. *mis double 3 - "*

415. LA FONTAINE. Suite de 1 portrait et de 12 figures in-8, de Devéria, pour les *Œuvres. Paris, Igonette,* 1825.

    Épreuves en 3 états: avec la lettre, AVANT LA LETTRE SUR CHINE (sauf 1 qui est
sur blanc) et EAUX-FORTES. Les eaux-fortes sont coupées au cadre et remontées sur papier vélin gr. in-8. Les deux autres états sont des tirages à part à
toutes marges.

416. — 18 vignettes en-têtes (sur 25) gravées sur bois (par Thompson?)
pour les *Œuvres. Paris, Delongchamps,* 1825.

    Belles épreuves TIRÉES A PART SUR CHINE, sans texte, montées sur papier vélin
in-4.

417. — Suite de 12 figures in-8, de Tony Johannot, pour les *Œuvres.
Paris, Furne* (1830).

    Épreuves en 3 états: avec la lettre, AVANT LA LETTRE SUR CHINE et EAUX-
FORTES. On y a joint une EAU-FORTE de la *Clochette,* d'un état différent.
Tirage à part à toutes marges. Très jolie collection, rare.

418. — Suite de 1 portrait ornementé, et 12 figures gr. in-8, par Tony
Johannot, pour les *Œuvres. Paris, Furne,* 1830.

    Tirage à part avec la lettre, sur GRAND PAPIER avec marges. Suite incomplète
de la *Courtisane amoureuse.*

419. — La même suite de 12 figures et 1 portrait.
    Tirage à part, épreuves AVANT LA LETTRE SUR CHINE à toutes marges.

420. — La même suite de 12 figures.
    Épreuves à l'état d'EAUX-FORTES, à toutes marges.
    L'eau-forte la *Clochette* est tirée sur CHINE.
    Le portrait n'existe pas à l'état d'eau-forte.

421. — Suite de 19 figures gr. in-8, dont 3 portraits de Staal, gravées
sur acier pour les *Œuvres. Paris, Garnier frères,* 1874.

    Belles épreuves tirées à part AVANT LA LETTRE SUR CHINE, à toutes marges.

422. — Suite de 1 portrait de Fragonard d'après L. Carpentier et de
20 figures in-12, de Fragonard et Touzé, pour l'édition de P. Didot
l'aîné, Paris, 1795, réduits et gravés à l'eau-forte par T. de Marc.
Paris, Conquet, 1881, en 4 livraisons.

    Épreuves sur papier de Hollande in-folio, avec les numéros.

423. — Suite de 8 figures in-4, de Moreau, gravées par Dambrun,
Duhamel, Halbou, Petit, Simonet, pour les *Amours de Psyché et de
Cupidon avec le poème d'Adonis. Paris, Didot, an III.*

    Belles épreuves avec marges.

424. — Suite de 8 figures in-12, de Moreau, gravées par Delvaux, pour
les *Amours de Psyché et de Cupidon. Paris, Saugrain,* 1797.

    Jolies réductions des figures in-4 de l'édition de *Paris, Didot, an III* (1795).
Epreuves montées sur beau papier vélin gr. in-8.

425. — Suite de 6 figures in-12, de Binet, gravées par Blanchard,
pour les *Amours de Psyché et de Cupidon. Paris, Patris,* 1796.

    Épreuves AVANT LA LETTRE SUR PAPIER VÉLIN, à toutes marges.

426. LA FONTAINE. 4 figures (sur 5), in-4, par Gérard, gravées par Nicollet, Tardieu, Marais, pour les *Amours de Psyché et de Cupidon*. *Paris, Didot,* 1797.

Superbes épreuves AVANT LA LETTRE, tirées à part IN-FOLIO.

427. — Suite de 5 vignettes d'Émile Lévy, gravées par Boutelié, pour *Psyché. Paris, Jouaust,* dans un carton (de la Collection-Bijou).

Jolies vignettes tirées à part AVANT LA LETTRE sur papier vergé in-8.

428. — Réunion de 8 figures in-4, gravées par Smith, Dorigny (1638), Earlons (1786), etc., d'après les tableaux de Raphaël, Vouët, Cipriani, Le Poussin, etc., pour *Psyché, Vénus et Adonis*.

Belles pièces des XVII° et XVIII° siècles, bien conservées.

429. — Réunion de 28 figures in-12 et in-8, de Cochin, Moreau, Coiny, Desenne, West, etc., pour *Psyché, Vénus et Adonis*.

8 charmantes figures gravées par Coiny, dont 7 AVANT LA LETTRE et 1 EAU-FORTE; 9 figures de Moreau, Cochin, Desenne, etc., AVANT LA LETTRE et 1 EAU-FORTE; 1 joli DESSIN, non signé, *Fête donnée à Vaux,* 1661, etc.

430. — Suite de 2 portraits de La Fontaine et d'Eisen d'après Rigault et Vispré, gravés par Ficquet, et de 82 figures in-8, d'Eisen, pour les *Contes (Edition des Fermiers généraux)*.

Figures du premier tirage et de la réimpression de Barraud mélangées. On y a ajouté 9 planches refusées, 1 épreuve en double et 1 EAU-FORTE. Épreuves remontées avec soin et renfermées dans un étui, dos en chagrin vert.

431. — Suite de 24 figures in-18, de Desrais (1 par Goujet et quelques-unes non signées), pour les *Contes et Nouvelles en vers. Londres (Paris, Cazin),* 1780.

Épreuves remontées petit in-8.

432. — 24 figures (sur 30) in-4, de Devéria, lithographiées par Ardit, pour les *Contes. Paris, Ardit,* et *Londres, Engelmann, Graff,* 1830.

Superbes lithographies, TIRÉES A PART SUR PAPIER VÉLIN IN-FOLIO, à toutes marges. Couverture avec vignettes.

433. — Suite de 40 figures gr. in-8, de Staal, pour les *Contes. Paris, Garnier frères,* 1879.

Belles épreuves tirées à part sur CHINE VOLANT, à toutes marges.

434. — Suite de 40 vignettes têtes de page d'après Cochin, pour les *Contes. Paris, Roblin,* dans un carton.

Épreuves AVANT LA LETTRE, tirées à part sur CHINE VOLANT gr. in-8.

435. — Suite de 11 figures in-12, dont 1 portrait, par de Beaumont, gravées par Boilvin, pour les *Contes. Paris, Jouaust,* dans un carton.

Épreuves AVANT LA LETTRE, sur papier vergé.

436. — 12 figures in-8, de Chauvet, pour les *Contes*.

Jolis DESSINS à la sanguine par Chauvet, dont quelques-uns sont imités d'Eisen.
Pièces montées gr. in-8.

437. La Fontaine. Réunion de 37 figures in-4 et in-8, de Fragonard, Moreau, Boucher, Le Barbier, Fessard, Lancret, Ramberg, Monsiau, Aubry, etc., pour les *Contes*.

> Lot très curieux, contenant des figures avant la lettre, eaux-fortes, 3 DESSINS, dont 1 signé par Monsiau, 1 charmant DESSIN-AQUARELLE signé par Ch. Aubry, 1824, etc., pour Joconde, le Cas de conscience, la Fiancée du Roi de Garbes, la Matrone d'Ephèse, le Fleuve Scamandre, la Gageure des Trois Commères, la Clochette, l'Almanach des Vieillards, les Rémois, etc.

438. — Réunion de 54 figures d'Eisen, Desrais, Duplessis-Bertaux, Desenne, Ducornet (né sans bras), André, etc., pour les *Contes*.

> 32 figures in-8, d'Eisen, pour l'édition des Fermiers généraux, tirage ancien et réimpression ; 4 figures in-8 de Desrais, dont 3 EAUX-FORTES ; 1 figure de Duplessis-Bertaux ; épreuve avant la lettre sur grand papier ; 10 figures in-8 de Ducornet, André etc., pour les *Contes. Paris, Braulart*, 1835, dont 7 épreuves avant la lettre sur chine et 3 avec la lettre (*Rare*) ; 2 vignettes sur chine volant pour l'édition *Barraud*, etc.

439. — 116 figures dessinées et gravées par W. Jury de 1791 à 1796, pour les *Fables de La Fontaine et de Florian*.

> 32 figures in-12 en travers, en épreuves, avant la lettre tirées à deux sur la même feuille, et 84 figures in-24, dont 12 avec la lettre et 72 avant la lettre, tirées à douze sur la même feuille.
>
> Très jolies vignettes peu connues en France.

440. — 92 figures in-8, de Jongman, pour les *Fables*.

> Jolies petites figures carrées entourées de beaux encadrements ornementés, très variés. Beaucoup de ces fables se rapprochent des Fables de La Fontaine.
>
> Pièces remontées.

441. — Suite de 12 figures in-8 en travers, de Percier, pour les *Fables*. *Paris, Didot, an X* (1802).

> Belles épreuves tirées a part, sans texte, sur papier vélin gr. in-4.

442. — Suite de 12 figures in-8, ornementées, dont 1 frontispice avec portrait, par Bergeret, pour les *Fables, édition de Charles Nodier. Paris, Eymery*, 1818.

> Un des 25 exemplaires en superbes épreuves avant la lettre, tirées a part sur papier vélin in-folio, plus 3 EAUX-FORTES et 1 figure en double avant la lettre, également in-folio.
>
> Jolie collection.

443. — Suite de 6 figures in-24, dont 1 frontispice avec portrait (réductions des figures de Bergeret?) gravées par Pourvoyeur, pour les *Fables*.

> Épreuves en 3 états : avec la lettre, avant la lettre et EAUX-FORTES, à toutes marges.
>
> Jolies petites figures à compartiments.

444. — Suite de 12 figures in-12, de Chasselat, gravées par De Launay, pour les *Fables*.

> Épreuves avant la lettre sur grand papier vélin, à toutes marges.

445. — 15 figures in-8, gravées par Perdoux, pour une édition anglaise des *Fables*.

> Épreuves avec marges.

446. La Fontaine. Suite de 13 figures in-8, dont 1 portrait, par Flameng, Detaille, Bodmer, Daubigny, Leloir, Lévy, etc., pour les *Fables*. *Paris, Jouaust*, 1873 (Édition des *Douze Peintres*).

Épreuves avant la lettre tirées à part sur chine volant gr. in-4.

447. — Suite de 1 portrait et de 50 vignettes en-têtes, dessinés et gravés à l'eau-forte par Foulquier, pour les *Fables*. *Tours, Mame*, 1875.

Épreuves avant la lettre, tirées à part sur chine volant grand in-4.

448. — Suite de 22 vignettes en-têtes dessinées et gravées à l'eau-forte par Delierre, pour les *Fables*. *Paris, Quantin*, 1880.

Ces 22 vignettes ne figurent pas dans les exemplaires, l'éditeur ayant renoncé à illustrer d'en-têtes son édition.
Épreuves tirées à part avant la lettre sur papier du Japon blanc grand in-4. Tirée à 50 exemplaires.

449. — Réunion de 54 figures in-8 et in-12, de Séb. Le Clerc, Marillier, Eisen, Howitt, Vivier, Simon et Coiny, De Buys, Desenne, etc., pour les *Fables*.

Figures avant la lettre de Marillier, Howitt, Desenne, Vivier, etc; 6 eaux-fortes de la suite de Vivier, gravées par Simon et Coiny, pièces à toutes marges.

450. — Réunion de 21 figures in-4, de Decamps, Oelsheimer, Lentemann, Stothard, Mulready, Le Prince, Desenne, Charbonnel, etc., pour les *Fables*.

3 figures d'après Decamps, gravées par Marvy et Masson, dont deux tirées de l'*Artiste*, pour *la Grenouille et le Bœuf, les Voleurs et l'âne* et *l'Ivrogne et sa femme; la Cigale et la Fourmi* par Stothardt *la Laitière et le pot au lait*, par Redgrave; *le Loup et l'Agneau* gravée par Sharpe d'après Mulready; *l'Ane portant les reliques*, gravé par Corbould d'après Le Prince, avant la lettre sur chine; 1 eau-forte de Charbonnel, pour la *Cigale*, épreuve avant la lettre sur chine; 1 eau-forte de Nargeot, pour *le Coche, le chat et le souriceau*; 1 belle photographie du tableau de Casado del Alisal, la *Cigale*; 1 eau-forte de Chauvel, publiée par Cadart, la *Grenouille et le Bœuf*, etc.

451. — Suite de 2 figures in-8 en travers, dessinées et gravées par Girardet, pour les Fables : l'*Ours et les deux compagnons* et la *Besace*.

Superbes épreuves avant la lettre sur grand papier très gr. in-8, à toutes marges.
Rare.

452. La Harpe (de). Suite de 1 titre gravé et de 4 figures in-8, de Marillier, gravés par De Ghendt, Dambrun, Halbou et Ponce, pour *Tangu et Féline. Paris, Pissot*, 1780.

Bonnes épreuves à toutes marges.

452 bis. — Suite de 4 figures, petit in-8, par Marillier, gravées par De Ghendt, Dambrun, Halbou, Ponce, pour *Langu et Félina. Paris, Pissot*, 1780.

Superbes épreuves à toutes marges.

453. LAMARTINE. Suite de 6 figures in-8, dont 1 portrait, par Desenne, gravées à Londres, par Robinson, Watt, Pye, Rolls etc., pour les *Œuvres. Paris, Boquet*, 1826.

> Épreuves TIRÉES A PART en deux états : AVANT LA LETTRE SUR CHINE et EAUX-FORTES sur GRAND PAPIER FORT IN-FOL.
> On y a ajouté de la même suite : 3 figures AVANT LA LETTRE sur blanc; 4 figures avec la lettre sur chine; la couverture imprimée avec vignette par Rose et encadrement; plus le tirage à part de cette vignette de Rose, épreuve AVANT LA LETTRE SUR CHINE.
> Pièces à toutes marges.

454. — 38 figures, portraits et vignettes de titres in-8, de Desenne, gravés par Fontaine, Greathatch, Porbury, Pourvoyeur, Ensom, Pye, Watt, Robinson, publiés à *Paris, par Jules Boquet*, 1826, *Urbain Canel*, 1824 et *Gagniard*, 1830.

> 9 figures avec la lettre, doubles et triples; 14 figures AVANT LA LETTRE, dont 12 sur CHINE et 2 sur blanc; 1 portrait AVANT LA LETTRE SUR CHINE et sur blanc; 7 EAUX-FORTES, publiées par Henri Jeannin, 1826; 4 titres gravés avec vignettes et 1 titre imprimé avec vignette, au nom des éditeurs ci-dessus; 1 fleuron de titre tiré à part, AVANT LA LETTRE SUR CHINE.
> Toutes ces pièces sont tirées à part in-4 à toutes marges.

455. — Suite de 4 figures in-8, dont 1 portrait et 1 vue (château de Saint-Point), par Tony Johannot et Régnier, gravées par Plée, Tavernier, Revel et Lemaître, pour les *Œuvres. Paris, Gosselin, Furne*, 1832.

> Très belle suite, épreuves en 3 états: avec la lettre, AVANT LA LETTRE SUR CHINE et EAUX-FORTES (moins le château de Saint-Point). On y a ajouté : 3 épreuves avec lettre de la figure l'*Humanité*, 1 couverture imprimée avec vignettes, pour les figures et 1 fac-similé d'écriture.
> Pièces TIRÉES A PART, gr. in-8.

456. — La même suite de 4 figures.

> Superbes épreuves en deux états: AVANT LA LETTRE SUR CHINE et EAUX-FORTES (moins le château de Saint-Point).
> TIRAGE A PART sur beau PAPIER CAVALIER VÉLIN IN-FOLIO.
> Rare.

457. — Suite de 31 figures in-8, de A. et T. Johannot, David, etc. pour les *Œuvres. Paris, Gosselin et Furne*, 1836.

> Cette suite se compose de: 6 portraits, 5 figures et 20 vues de monuments et de paysages.
> On y a joint 4 figures de la même suite, épreuves AVANT LA LETTRE SUR CHINE et 5 figures en double dont 2 AVANT LA LETTRE, plus 1 table des Tribus pour le *Voyage en Orient*, et 12 pages de musique.

458. — 24 figures, portraits et vues in-8, d'Alfred et Tony Johannot, Regnier, etc., pour les *Œuvres. Paris, Furne*.

> 1 portrait, 3 figures et 4 vues, AVANT LA LETTRE SUR CHINE; 1 portrait et 2 figures à l'état d'EAUX-FORTES; 7 figures et 6 vues avec la lettre sur chine ou sur blanc.
> Belles épreuves du PREMIER TIRAGE à toutes marges.

3 — 459. LAMARTINE. Réunion de 40 figures de Tony Johannot, Colin, Devéria, Howard, la plupart publiées par *Furne et Gosselin*, pour les *Œuvres*.

> 18 figures avec la lettre; 15 AVANT LA LETTRE dont 9 fleurons de titre, tirés à
> part sans texte; 7 EAUX-FORTES; couvertures de *Vignettes* de 1826-1832,
> titres imprimés pour les *Œuvres* 1832-1834, *Méditations*, 1837.

7 — 460. — Suite de 10 figures in-18, de Desenne, gravées par Godefroy,
Wedgwood, Prudhomme, Blanchard, West, Ashby, Boilly, Pourvoyeur, pour les *Œuvres. Paris, Gosselin.*

> Épreuves en 2 états : AVANT LA LETTRE SUR CHINE, et EAUX-FORTES SUR
> CHINE, plus 3 figures et 1 portrait AVANT LA LETTRE sur blanc.
> Pièces tirées à part in-8 carré, à toutes marges.

20 — 461. — Suite de 10 figures in-18, de Desenne, et de 1 portrait, pour
les *Œuvres. Paris, Gosselin.*

> Très belles épreuves en 5 états : AVANT LA LETTRE sur blanc, AVANT LA LETTRE
> SUR CHINE, AVANT LA LETTRE SUR CHINE GRAND PAPIER, EAUX-FORTES SUR
> CHINE et 5 EAUX-FORTES sur blanc. Le portrait manque pour les états à
> l'eau-forte. Plus 1 figure double.
> Pièces à toutes marges.

5 — 462. — Suite de 5 figures in-8, dessinées et gravées à l'eau-forte, par
Tony Johannot, pour les *Confidences. Paris, Perrotin,* 1850.

> Épreuves AVANT LA LETTRE, avec marges.
> On y a ajouté 3 figures de la même suite, épreuves AVANT LA LETTRE SUR CHINE,
> tirées à part gr. in-8.

5 — 463. — Suite de 40 vignettes avec portraits in-8, de Raffet, pour
l'*Histoire des Girondins. Paris, Furne,* 1847.

> Bel exemplaire en 13 livraisons.

2 — 464. — Suite de 6 figures in-8, de Mendoze, lithographiées par
C. Motte, pour les *Méditations poétiques. Paris, Gosselin,* 1823.

> Premières illustrations des *Méditations.*
> Épreuves tirées à part sur GRAND RAISIN VÉLIN à toutes marges.
> On y a joint 5 figures en double sur papier de format plus petit.

1 — 465. Suite de 4 figures in-12, de Devéria, gravées par Fontaine, pour
les *Méditations.*

> Épreuves en 3 états : avec la lettre sur GRAND PAPIER VÉLIN, avec la lettre sur
> CHINE, et AVANT LA LETTRE SUR CHINE.
> Tirage à part de format très gr. in-8, à toutes marges.

5 — 466. — Suite de 6 figures in-8, dessinées et gravées à l'eau-forte par
Tony Johannot en 1849, pour *Raphaël. Paris, Perrotin.*

> Charmante collection.
> Épreuves AVANT LA LETTRE SUR CHINE ou sur GRAND PAPIER VÉLIN, dont 3 de
> format in-fol. les autres très gr. in-8. Rare.
> On y a joint 5 figures de la même suite dont 3 AVANT LA LETTRE SUR GRAND
> PAPIER VÉLIN gr. in-8.

467. LAMARTINE. Suite de 6 figures gr. in-8, de Tony Johannot, pour
Raphaël. Paris, Perrotin, 1850.

> Épreuves AVANT LA LETTRE sur chine et sur blanc, avec marges.
> On y a ajouté 3 figures de la même suite, épreuves AVANT LA LETTRE, et 1 figure du même artiste pour les *Confidences*.

468. — Réunion de 17 lithographies in-fol. par Célestin Nanteuil, Gustave Doré, Gigoux, Leroux, Lami, Jorel, etc., sur des pièces de poésies de Lamartine, mises en musique.

> Superbes lithographies pour le Lac, Invocation, la Prière de femme, Amitié de femme, Prière de l'enfant à son réveil, l'Automne, l'Isolement, le Moulin de Milly, les Soirées d'Automne, l'Ange-gardien, le Chrétien mourant, le Papillon, le Crucifix, le Retour, etc.

469. — 23 figures in-8 et in-4, de Clément Boulanger, Elise Boulanger, Français, Markl, Tony Johannot, David, Wattier, etc., pour *Jocelyn*.

> 1 lithographie in-4, d'après Clément Boulanger, tirée de l'*Artiste*, pour la *Grotte des Aigles*; 1 lithographie in-4 de Français, d'après Elise Boulanger, *Enfance de Laurence*; 1 photographie in-4, d'après le tableau de Alphonse Honein, *Jocelyn et Laurence* (Salon de 1859); 20 figures diverses publiées par Gosselin et Furne, dont quelques-unes AVANT LA LETTRE.

470. — Réunion de 22 figures, vues, portraits in-8 et in-4, de Lacroix, Lefebvre, Pilotell, Potier, Tony Johannot, Lemaître, Sargent, etc.

> 1 belle lithographie in-4 d'après Lefebvre, pour *Graziella*, tirée de l'*Artiste*; 1 lithographie in-4 par Léon Noël, d'après Desbœufs, l'*Ange-gardien*, tirée de l'*Artiste*; 1 eau-forte in-4 de Louis Marvy d'après Corot (paysage); 1 lithographie in-4 d'après Lacroix, les *Laboureurs* (Salon de 1844); 1 gravure sur bois in-fol. de Sargent, le *Lac*; 1 gravure in-4 de Pilotell, *Lamartine sur son lit de mort*; 1 jolie figure in-8 de Tony Johannot, gravée par Markl, pour les *Odes*, 2 épreuves AVANT LA LETTRE; figures de Potier, Lemaître, AVANT LA LETTRE; journaux illustrés du temps, relatifs à la mort de Lamartine, etc.

471. LA MORLIÈRE (de). Suite de 6 figures in-8, dont 1 frontispice, par Lepec, reproduites en aqua-tinta, pour les *Contes. Paris, Quantin*, 1881, dans un carton.

> Triple suite en épreuves AVANT LA LETTRE : en NOIR, BISTRE et SANGUINE, tirée à part sur PAPIER DU JAPON BLANC, grand in-4.
> Tirée à 40 exemplaires.
> De la Collection des *Petits Conteurs du XVIIIᵉ siècle*.

472. — Suite de 8 figures in-8, dont 1 frontispice, de Chauvet, pour *Angola, histoire indienne*.

> Jolis DESSINS à la sanguine de Chauvet, montés gr. in-8. On y a joint 2 charmants DESSINS à l'encre de Chine du même artiste pour le même ouvrage et 2 titres gravés avec vignettes pour l'édition de 1747.

473. LANTIER. Suite de 3 figures in-8, de Chasselat, gravées par Courbé, pour les *Voyages d'Antenor en Grèce et en Asie. Paris, Bertrand*, 1821.

> Épreuves en 2 états : avec la lettre avec marges et EAUX-FORTES, remontées.
> On y a ajouté une gravure in-18, réduction de la 3ᵉ figure, épreuve AVANT LA LETTRE, à toutes marges.

474. LAPLACE. Suite de 16 figures in-8, de Borel, pour la *Collection de Romans et Contes imités de l'anglais. Paris, Cussac*, 1780-1789.

Très jolie suite. Belles épreuves AVANT LA LETTRE, TIRÉES A PART SUR GRAND PAPIER DE HOLLANDE, à toutes marges.

On y a ajouté de la même suite : 1 EAU-FORTE pour *Oronoko* et 3 figures avec la lettre. Plus 3 figures in-18 de Borel pour l'*Orpheline anglaise. Paris, Bleuet, an VIII*, épreuves en deux états : EAUX-FORTES et AVANT LA LETTRE, à toutes marges.

475. LARCHER. Suite de 21 figures gr. in-8, de Staal, gravées sur acier, pour la *Femme jugée par les grands Ecrivains. Paris, Garnier frères*, 1878.

Belles épreuves tirées à part, AVANT LA LETTRE SUR CHINE, à toutes marges.

476. LEGOUVÉ. Suite de 6 figures in-18, de Desenne, dont 1 frontispice, pour le *Mérite des femmes. Paris, Janet*, 1821.

Epreuves en deux états : AVANT LA LETTRE SUR CHINE et EAUX-FORTES. Belles épreuves à toutes marges, tirées gr. in-8 sur PAPIER VÉLIN.

477. — La même suite.

Épreuves AVANT LETTRE sur blanc et sur chine, sauf le frontispice qui est avec la lettre, sur chine. Pièces à toutes marges.

478. — Suite de 1 portrait de Chasselat, gravé par Bertonnier et de 6 figures gr. in-8, de Desenne, Devéria et Albricz pour le *Mérite des femmes. Paris, Janet*, 1826.

Épreuves en deux états : AVANT LA LETTRE SUR CHINE (sauf une figure qui est sur blanc) et EAUX-FORTES. Il manque une figure de ce dernier état.

Belles épreuves à toutes marges.

479. — 11 figures de la même suite.

1 portrait de Chasselat gravé par Bertonnier, épreuve à l'état d'EAU-FORTE ; 6 figures AVANT LA LETTRE sur blanc, dont 2 doubles ; 4 figures avec la lettre. Pièces à toutes marges.

480. — Réunion de 46 figures d'Eisen, Gravelot, Fragonard, Moreau, Monnet, Gérard, Viot, Devéria, Desenne, Colin, Catel, etc., pour le *Mérite des femmes, la Mort d'Abel, la Mélancolie, Théâtre, Poésies*, etc.

29 figures en belles épreuves AVANT LA LETTRE, 4 EAUX-FORTES et 13 figures avec la lettre.

481. — Réunion de 10 figures de Moreau, Isabey, Guérin, Rogier, etc., pour le *Mérite des femmes.*

1 figure in-18 de Moreau, gravée par Bosq, en 1818, épreuve AVANT LA LETTRE (*Rare*) ; 7 figures d'Isabey : 2 gravées par Duplessis-Bertaux (plus 1 double) pour l'édition de *Didot, an IX*, 1 gravée par Pourvoyeur pour le tombeau, 1 gravée par Debucourt, 1 gravée par Godefroy, épreuve AVANT LA LETTRE en deux états : sur CHINE et sur blanc ; 1 figure in-12 de Guérin, gravée par De Ghendt, pour l'édition de *Renouard*, 1800 ; 1 figure in-8 de Rogier gravée par Boullay ; 1 frontispice par Lalauze pour l'édition *Jouaust*, 1881, épreuve AVANT LA LETTRE.

482. — Réunion de 17 figures de Devéria, gravées par Fauchery, Durand, Mauduit, Fontaine, Lecomte, Bonvoisin, Pourvoyeur et

Toussaint-Garon, pour diverses éditions du *Mérite des femmes*.

15 figures AVANT LA LETTRE, la plupart sur CHINE et 2 EAUX-FORTES.
Belles épreuves à toutes marges.

483. LEGOUVÉ. Réunion de 14 figures anglaises pour le *Mérite des* — *1 —"*
femmes.

1 figure in-12 de Corbould (1827), épreuve en deux états : AVANT LA LETTRE SUR
CHINE en double épreuve et EAU-FORTE ; 1 belle figure in-12 gravée par
Engleheart (1829), épreuve AVANT LA LETTRE SUR CHINE ; 3 figures d'Uwins, gra-
vées par Warren et Heath, épreuves AVANT LA LETTRE SUR CHINE ; 4 figures
diverses, épreuves AVANT LA LETTRE SUR CHINE ; 1 figure de Boxall, gravée par
Thomson (*Méditation*), double épreuve avec la lettre ; 1 jolie figure non signée.
Pièces à toutes marges.

484. — Réunion de 23 figures de divers artistes pour le *Mérite des* — *1 —"*
femmes.

1 frontispice gravé par Rouargue, pour l'édition de *Janet*, in-16, épreuve en
deux états : AVANT LA LETTRE en double épreuve et avec la lettre ; 1 belle figure
in-12, de Colin, gravée par Rolls (*la Jeune Suissesse*) en triple épreuve AVANT LA
LETTRE SUR CHINE ; 1 figure in-12 de Karpf, gravée par Pauquet (*la Mélancolie*),
épreuve en deux états : AVANT LA LETTRE SUR CHINE en double épreuve et EAU-
FORTE ; 7 figures non signées, épreuves AVANT LA LETTRE dont 6 sur CHINE ;
3 EAUX-FORTES non signées et 4 figures diverses avec la lettre. Pièces à toutes
marges.

485. — 12 figures in-12, gravées sur acier, non signées, pour le *Mérite* — *1 —"*
des femmes.

Jolies figures représentant l'affection maternelle.
Épreuves AVANT LA LETTRE, avec marges.

486. — 3 pièces in-12, non signées, pour le *Mérite des femmes*. — *40 —"*

Beaux DESSINS à l'encre de Chine, montés in-fol.

487. — Suite de 3 figures in-8, de Boizot, gravées par Baquoy, Le — *1 - 50*
Roy et Patas, pour la *Mort d'Abel*. *Paris, Merizot*, 1792.

Belles épreuves en deux états : AVANT LA LETTRE et avec la lettre, à toutes
marges.

488. — La même suite. — *4 —"*

Épreuves en deux états : AVANT LA LETTRE et avec la lettre, avec marges.

489. LEGRAND D'AUSSY. Suite de 18 figures in-8, dont 15 de Moreau et — *60 —"*
3 de Desenne, pour les *Fabliaux ou contes, fables et romans du XII*e *et
du XIII*e *siècle. Paris, Renouard*, 1829.

Bonnes épreuves AVANT LA LETTRE SUR CHINE, avec marges.
Plus 1 figure en double, épreuve avec la lettre. — *100 —*

490. — La même suite. —

Superbes épreuves AVANT LA LETTRE SUR CHINE, tirées à part, montées sur
GRAND PAPIER in-4, à toutes marges.

491. LEMERCIER DE NEUVILLE. 1 frontispice in-4, dessiné et gravé à l'eau-

forte, par Lalauze, pour le *Théâtre des Pupazzi*. *Lyon, Scheuring,
1877 (Impr. Vve Cadart)*.

Superbe épreuve sur PAPIER DE HOLLANDE IN-FOLIO.
Belle pièce.

18 — 492. LEMIERRE. 1 figure in-8, non signée, représentant *Lemierre chez
sa mère*.

Joli DESSIN, à l'encre de Chine.

1 — 493. LE SAGE. 8 figures in-8 de la suite de Marillier, pour les *Œuvres
choisies*, 1783.

4 figures, dont 1 EAU-FORTE, pour *Guzman d'Alfarache*; 2 figures pour *Este-
vanille*, et 2 figures pour le *Bachelier de Salamanque*.
Épreuves avec marges.

1 — 494. —18 figures in-12, d'après Marillier et Monnet, non signées, pour
les *Œuvres*.

Jolies figures à toutes marges.

1 — 495. — 18 figures in-12, de Choquet, gravées par Manceau, pour les
Œuvres.

Épreuves à toutes marges. Quelques-unes seulement sont signées.

1 — 496. — 9 figures in-8, de la suite de Smirke, Devéria et Choquet, publiées en 1809, pour les *Œuvres*.

On y a ajouté une figure en double, épreuve sur CHINE.

1 — 497. — 1 portrait et 4 figures gr. in-8, de Nap. Thomas, sur papier
vélin.

3 — 498. — Réunion de 70 figures de Harrewyn, Martini, Monnet, Choquet,
Nap. Thomas, Smirke, Perin, Lafitte, Devéria, Pfitzer, Brevière, etc.,
pour les *Œuvres*.

Choix de belles pièces, parmi lesquelles 17 épreuves AVANT LA LETTRE et
3 DESSINS à la sépia, non signés.

1 - 499. — Suite de 8 figures in-12, de Devéria, gravées par Bernard, Fauchery, Vibert, Villerey, pour le *Bachelier de Salamanque*. *Paris,
Ménard et Desenne, 1824 (de la Bibliothèque française)*.

Épreuves en 3 états : avec la lettre, AVANT LA LETTRE sur PAPIER VÉLIN in-8
et 6 EAUX-FORTES. Plus 5 figures en double, AVANT LETTRE. Pièces à toutes
marges.

9 — 500. — Suite de 4 figures in-8, dessinées et gravées à l'eau-forte par
Ricardo de Los Rios, pour le *Bachelier de Salamanque*. *Paris, Rouquette, 1881*, dans un carton.

Épreuves AVANT LA LETTRE sur PAPIER DU JAPON grand in-4.
Tirée à 80 exemplaires.

501. Le Sage. Suite de 4 figures in-18, dont 2 fleurons de titres, de
Desenne, gravées par Lefèvre et Levasseur, pour le *Diable boiteux*.
Paris, Werdet et Lequien, 1823.

> Belles épreuves tirées à part en 2 états : AVANT LA LETTRE SUR CHINE et EAUX-
> FORTES, à toutes marges.

502. — La même suite.

> Épreuves tirées à part en 2 états : AVANT LA LETTRE SUR GRAND PAPIER VÉLIN, et
> EAUX-FORTES. Plus en double : 4 figures AVANT LA LETTRE et 1 EAU-FORTE.
> Pièces à toutes marges.

503. — 1 portrait et 6 figures gr. in-8, de Staal, pour le *Diable boiteux*
et *Gil Blas. Paris, Garnier frères*.

> Belles épreuves AVANT LA LETTRE SUR CHINE, à toutes marges.

504. — Suite de 9 figures in-12, dont 1 portrait, dessinées et gravées
à l'eau-forte par Lalauze, pour le *Diable boiteux. Paris, Jouaust*,
dans un carton.

> Épreuves AVANT LA LETTRE sur papier vergé.

505. — Suite de 4 figures in-8, dessinées et gravées à l'eau-forte par
Ricardo de Los Rios, pour le *Diable boiteux. Paris, Rouquette*, 1882,
dans un carton.

> Belles épreuves AVANT LA LETTRE SUR PAPIER DU JAPON, grand in-4.
> Tirée à 80 exemplaires.

506. — Suite de 4 figures in-8, dessinées et gravées à l'eau-forte par
Ricardo de Los Rios, pour *Estévanille Gonzalez. Paris, Rouquette*, 1880,
dans un carton.

> Épreuves AVANT LA LETTRE SUR PAPIER DU JAPON, grand in-4.
> Tirée à 80 exemplaires.

507. — 15 figures in-8, de Chodowiecki, gravées par Jury en 1797, pour
Gil Blas. — 24 figures in-8, non signées, pour *Gil Blas* (*XVIII*e *siècle*).

> Les figures de Chodowiecki sont très jolies ; elles sont AVANT LA LETTRE à toutes
> marges, sauf une qui est coupée au cadre, et remontée.

508. — 11 figures in-12, non signées (de Chodowiecki?), pour *Gil Blas*.

> Épreuves coupées au cadre, remontées sur beau papier gr. in-8.

509. — Suite de 1 frontispice d'Angelica Kauffmann, gravé par Bovinet et de 6 figures in-12, de Chaillou, gravées par Bovinet et Copia,
pour l'*Histoire de Gil Blas. Paris, Bertin*, 1798.

> Épreuves sur PAPIER VÉLIN à toutes marges. On y a ajouté une belle épreuve
> retournée du frontispice par Sharwin pour l'édition anglaise de *London,
> Bell*, 1781.

510. — Suite de 9 figures in-8, de Desenne et Smirke, pour *Gil Blas.*
Paris, Lefèvre, 1820.

> Épreuves AVANT LA LETTRE dont 6 sur CHINE et 3 sur BLANC. Une seule figure :
> la *Famille de Gil Blas*, est avec la lettre.
> On y a ajouté 3 figures de la même suite dont 2 doubles et 1 EAU-FORTE.
> Pièces à toutes marges.

511. Le Sage. Suite de 24 figures (25) in-12, de Devéria, pour l'*Histoire de Gil Blas. Paris, Ménard et Desenne*, 1821 (de la Bibliothèque française).

Epreuves AVANT LA LETTRE à toutes marges, dont 9 sur CHINE et 4 sur GRAND PAPIER VÉLIN tirées in-8. Plus 2 EAUX-FORTES.

512. — Suite de 8 figures in-18, dont 4 fleurons de titres, par Desenne, pour *Gil Blas. Paris, Werdet*, 1829.

Epreuves à toutes marges en deux états : AVANT LA LETTRE SUR CHINE et EAUX-FORTES.

513. — Suite de 6 figures grand in-8, de Staal, pour *Gil Blas. Paris, Garnier frères*, 1863.

Superbes épreuves AVANT LA LETTRE SUR CHINE, tirées à part gr. in-4, à toutes marges.

514. — Suite de 16 figures in-12, dont 1 portrait, par Henri Pille, gravées à l'eau-forte par Monziès, pour *Gil Blas. Paris, Lemerre*, dans un carton.

Epreuves AVANT LA LETTRE SUR CHINE VOLANT grand in-4.

515. — Suite de 13 figures in-12, dont 1 portrait, dessinées et gravées à l'eau-forte par Los Rios, pour *Gil Blas. Paris, Jouaust*, dans un carton.

516. — La même suite.

Epreuves AVANT LA LETTRE, sur papier vergé.

517. — Suite de 12 figures in-8, dessinées et gravées à l'eau-forte par Ricardo de Los Rios, pour *Gil Blas. Paris, Rouquette*, 1881, dans un carton.

Epreuves AVANT LA LETTRE sur PAPIER DU JAPON grand in-4.
Tirée à 80 exemplaires.

518. — Réunion de 38 figures de Corbould, Newton, Uwins, Whrigt, Leslie, Stothard, etc. pour *Gil Blas* et autres pièces.

Jolies figures anglaises, la plupart AVANT LA LETTRE.

519. — Suite de 2 frontipices et de 16 figures in-12, non signées, pour l'*Histoire de Guzman d'Alfarache, Maestricht*, 1787.

Reproduction des figures de Scotin (1732). Epreuves avec marges. On y a ajouté une copie de ces figures retournées, réduites, dans le format in-18, avec légendes, tirées à part à toutes marges.
Plus 4 figures diverses dont 2 figures de Monsiau AVANT LA LETTRE.

520. — Suite de 8 figures in-18, de Devéria, pour l'*Histoire de Guzman d'Alfarache. Paris, Ménard et Desenne*, 1825.

Epreuves en 4 états : avec la lettre, AVANT LA LETTRE SUR GRAND PAPIER VÉLIN gr. in-8, AVANT LA LETTRE SUR CHINE in-8 (7 figures seulement, dont 1 sur blanc) et 5 EAUX-FORTES. Tirage à part, à toutes marges.

521. — Suite de 6 eaux-fortes in-18, de R. de Los Rios, pour *Guzman d'Alfarache. Paris, Rouquette*.

Epreuves AVANT LA LETTRE SUR GRAND PAPIER DU JAPON de format in-4.

522. Le Sage. Suite de 2 figures in-8, de Los Rios, pour *Lazarille de Tormes. Paris, Rouquette*, 1880.

> Lazarille change l'andouille en navet. — Lazarille voit un mort qu'on portait en terre.
>
> Épreuves AVANT LA LETTRE sur PAPIER DU JAPON grand in-4, tirées à 80 exemplaires.

523. — Suite de 2 figures in-12, de Devéria, gravées par Derly, pour le *Théâtre choisi. Paris, Ménard et Desenne*, 1828 (de la Bibliothèque française).

> Épreuves en 4 états : avec la lettre, AVANT LA LETTRE SUR PAPIER VÉLIN, AVANT LA LETTRE SUR CHINE et EAUX-FORTES.
> Pièces tirées à part in-8, à toutes marges.

524. Livre de mariage. — Paroissien. Suite de 4 figures, in-12, de Tony Johannot, gravées par Revel pour le *Livre de mariage* et suite de 4 figures in-12, des mêmes artistes, pour le *Paroisien. Paris, impr. Chardon ainé.*

> *Livre de Mariage* : Belles épreuves en 2 états : AVANT LA LETTRE avec encadrement, et AVANT LA LETTRE AVANT LE CADRE SUR CHINE, montées in-fol.
> *Paroissien* : Belles épreuves AVANT LA LETTRE SUR CHINE.

525. Longus. Suite de 9 figures in-4, de Prudhon et Gérard, gravées par Roger, Massard, Marais, Godefroy, pour les *Amours pastorales de Daphnis et Chloé. Paris, Didot*, 1800.

> Superbes épreuves tirées à part sur papier vélin, AVANT LA LETTRE, NON ROGNÉES.

526. — Suite de 6 figures in-8, de Hersent, Gérard, Prudhon, Albrier, gravées par Larcher, Kœnig, Lecomte, Lefèvre, pour *Daphnis et Chloé.*

> Très jolie suite.
> Épreuves en deux états : AVANT LA LETTRE SUR PAPIER VÉLIN et EAUX-FORTES, tirées à part tr. gr. in-8, à toutes marges. Plus 1 figure AVANT LA LETTRE en double.
> On y a joint 7 figures (sur 9) in-8, de Prudhon et Gérard, gravées au trait par Normand, réduction de la suite in-4. Pièces avec marges.

527. — Suite de 4 vignettes d'Émile Lévy, gravées à l'eau-forte par Flameng, pour *Daphnis et Chloé. Paris, Jouaust*, 1872 (Collection-Bijou).

> Épreuves tirées à part en deux états : AVANT LA LETTRE SUR CHINE VOLANT, de format in-12, et avec la lettre sur papier vergé, in-8.
> Très jolie suite, épuisée.

528. — Suite de 1 frontispice de Boilvin et de 6 figures in-12, de Prudhon, gravées à l'eau-forte par Boilvin, pour *Daphnis et Chloé. Paris, Lemerre*, 1875, dans un carton.

> Épreuve AVANT LA LETTRE SUR PAPIER DE HOLLANDE.

529. — Réunion de 35 figures de Philippe d'Orléans (le régent), Eisen, Binet, Borel, Le Barbier, Prudhon, West, Markl, etc., pour *Daphnis et Chloé.*

> 6 figures petit in-4 de Philippe d'Orléans, gravées par Audran, 1714 ; vignettes d'Eisen, gravées par Fokke ; 1 figure in-8 de Prudhon, gravée par Roger, le *Bain* (très jolie), etc.

530. **Longus.** 9 lithographies et gravures in-4 et in-fol. d'après
Desenne, Rioult, Buttura, Drolling, Gendron, et 5 photographies in-4
et in-fol. d'après les tableaux de Hersent, Foulongne, Huzrel,
Gleyre, pour *Daphnis et Chloé.* — Ens. 14 pièces.

Très jolies pièces.

531. **Louvet.** Suite de 20 figures in-8, de Rogier et Markl, gravées à
l'eau-forte par Blanchard, pour les *Aventures du chevalier de Faublas.*
Paris, Lavigne, 1836.

Belles épreuves tirées à part AVANT LA LETTRE, à toutes marges.

532. — Suite de 16 figures in-12, dont 1 portrait, par Paul Avril, gravées par Monziès, pour *Faublas. Paris, Joaust,* dans un carton.

Épreuves AVANT LA LETTRE, sur papier vergé.

533. **Lucain.** Suite de 1 frontispice et de 10 figures in-8, de Gravelot,
gravés par Simonet, De Ghendt, Le Mire, Rousseau, Duclos, Née,
pour la *Pharsale. Paris, Merlin,* 1766.

Épreuves à toutes marges.
Plus 2 figures AVANT LA LETTRE (non signées).

534. — Suite de 10 figures in-8, de Perrin, gravées par Trière, De
Ghendt, Halbou, Romanet, Dupréel, Pauquet, pour la *Pharsale.*
Paris, Crapelet, an IV (1796).

Belles épreuves AVANT LA LETTRE SUR GRAND PAPIER, à toutes marges.

535. **Lucien.** Suite de 8 figures in-8, dont 1 frontispice, non signées,
pour *Lucius de Patras, la Luciade ou l'Ane.*

Épreuves AVANT LA LETTRE, tirées à part, à deux sur la même feuille, papier
vergé, à toutes marges.

536. **Lucrèce.** Suite de 1 frontispice non signé et de 6 figures in-4, de
Monnet, gravées par De Ghendt, Lingée, Choffard, Dambrun, Delignon, pour *De la Nature des choses. Paris, Bleuet, an II.*

Épreuves AVANT LA LETTRE, avec marges.

537. — Réunion de 18 figures de Frans van Mieris, Eisen, Gravelot,
Cochin, Monnet, Perrin, etc.

5 jolies figures in-8 de Miéris, gravées par Duflos ; 2 figures AVANT LA LETTRE
de Perrin, 3 figures de Gravelot, 1 joli DESSIN à la mine de plomb, etc.

538. **Lurine** et **Brot.** Suite de 1 frontispice et de 17 figures in-8, par
Tony Johannot et Baron, pour les *Couvents. Paris, Mallet,* 1845.

On y a ajouté de la même suite 9 figures en superbes épreuves AVANT LA LETTRE
SUR CHINE OU PAPIER VÉLIN, tirées à part de format IN-FOL.

539. **Maistre** (Xavier de). Suite de 1 portrait et de 7 figures in-12,
dessinés et gravés à l'eau-forte, par Dupont, pour les *Œuvres. Paris,*
Lemerre, 1878.

Épreuves AVANT LA LETTRE SUR CHINE VOLANT, tirées à part, très gr. in-8.

540. Maistre (Xavier de.) La même suite, moins le portrait. — — 7 —

> Épreuves avant la lettre sur papier du Japon, tirées à part très gr. in-8.
> Plus 1 EAU-FORTE sur papier de Hollande, gr. in-8.

541. — Suite de 1 portrait et de 5 figures in-16, dessinés et gravés à — 6 — ▪
l'eau-forte par Hédouin, pour le *Voyage autour de ma chambre. Paris,
Jouaust,* 1871.

542. — La même suite. — — — — 1 — ▫

> Épreuves avant la lettre sur papier vergé.

543. Malfilatre. Suite de 1 frontispice d'Eisen, gravé par De Ghendt, — 1 —
et de 4 figures in-8, de G. de Saint-Aubin, gravées par Massard (la
4ᵉ non signée) pour *Narcisse dans l'isle de Vénus. Paris, Lejay, s. d.*
(1769).

> Le frontispice est à toutes marges. Les 4 figures sont remontées gr. in-8.
> On y a ajouté 1 frontispice également remonté.

544. — Suite de 1 frontispice par Eisen et de 4 figures petit in-8, de — 1 —
Saint-Aubin, gravés par Duval, pour *Narcisse dans l'isle de Vénus.
Paris, Chaigneau,* 1797.

> Réduction retournée des figures et du frontispice de l'édition de 1769.
> Épreuves avec marges remontées gr. in-8. On y a joint le frontispice d'Eisen
> gravé par De Ghendt de l'édition de 1769.

545. — Suite de 1 titre gravé avec vignette et de 4 figures in-18, de — 1 —
Chasselat, gravés par Delaunay et Courbé, pour *Narcisse dans l'isle
de Vénus.* — 4 figures in-12, non signées (de Desenne), pour le même
ouvrage.

> Jolies figures à toutes marges.

546. Marguerite de Navarre. Suite de 144 fleurons, vignettes en- — 10 —
têtes de page et de culs-de-lampe par Dunker pour les *Contes (traduction allemande). Berne,* 1791-1796.

> Tirage en noir, bistre et bleu. Vignettes et culs-de-lampe découpés du texte
> avec marges, destinés à être remontés. On y a joint les 2 titres gravés avec
> fleurons.

547. — Suite de 1 portrait et de 8 figures in-8, dessinés et gravés à — 4 —
l'eau-forte par Flameng, pour l'*Heptaméron. Paris, Jouaust,* 1870.

> Épreuves avant la lettre, tirées à part sur papier de Hollande, à toutes
> marges.

548. — Suite de 1 frontispice par Dunker, gravé par Eichler, et 73 — 11 ▪
figures in-8 de Freudenberg, pour l'*Heptaméron. Paris, Eudes,* 1880.

> Réimpression de la suite de l'édition de 1780-1781.
> Épreuves tirées à part sur papier vergé, à toutes marges.

549. — 3 figures, in-8, 1 vignette en-tête de page et 2 culs-de-lampe — 3 —
de Lepec et H. Pille, pour les 11ᵉ, 44ᵉ, et 46ᵉ Nouvelles de l'*Heptaméron. Paris, Eudes,* 1880.

> Épreuves avant la lettre sur grand papier du Japon.

550. MARIVAUX. Suite de 12 figures in-12, de Schley et de Fokke, pour la *Vie de Marianne ou les Aventures de la comtesse de* ***. *Amsterdam*, 1778.

Epreuves montées gr. in-8. On y a joint les 2 titres avec fleurons gravés par Schley et Sibelins.

551. MARMONTEL. Suite de 27 figures in-8, de Desenne, Choquet et Lecomte, pour les *Œuvres. Paris, Verdière*, 1818-1819.

Epreuves AVANT LA LETTRE, dont 17 sur PAPIER VÉLIN et 10 sur CHINE. On y a ajouté : 1 figure AVANT LA LETTRE SUR CHINE, en double et 1 EAU-FORTE. Plus 1 frontispice et 2 figures de Bergeret gravés par Aze et Six deniers pour les *Œuvres posthumes. Paris, Verdière*, 1820. Le frontispice est avec la lettre; les 2 figures sont AVANT LA LETTRE, plus 1 EAU-FORTE et 1 figure avec la lettre.
Pièces à toutes marges.

552. — Suite de 4 figures in-12, de Duvivier, gravées par Adam et Courbé, pour *Bélisaire. Paris, Ménard et Desenne*, 1818 (de la Bibliothèque française).

Belles épreuves en deux états : AVANT LA LETTRE SUR PAPIER VÉLIN et EAUX-FORTES. Tirage à part in-8 à toutes marges.

553. — Suite de 1 portrait par Cochin, gravé par Saint-Aubin, de 1 titre de Gravelot, gravé par Duclos, et de 23 figures in-8, de Gravelot, gravées par Voyez, Le Veau, Pasquier, Longueil, Le Mire, etc., pour les *Contes moraux. Paris, Brunet*, 1776.

Bonnes épreuves à toutes marges. On y a ajouté 6 figures en double.

554. — Suite de 1 frontispice et de 10 figures in-8, de Moreau, gravés par De Ghendt, de Launay, Duclos, Leveau, Née, Simonet, Helman, pour les *Incas. Paris*, 1777.

Belles épreuves à toutes marges.
On y a ajouté une réduction retournée, petit in-8, de la 7e figure, épreuve en deux états : avec la lettre et EAU-FORTE.

555. — Suite de 6 figures gr. in-8, de Desrais, gravées par Martinet, Auvray, Patas, Dupin (1 non signée, acte IV, scène 4), pour *Zémire et Azor. Paris*, 1771.

Epreuves grandes de marges, mais tachées.

556. — Réunion de 26 figures, de Gravelot, Cochin, Marillier, Leroy, vicomte de Sennones, David, Cook, Desenne.

Bon lot contenant entre autres 14 figures AVANT LA LETTRE, 1 EAU-FORTE et 4 jolis DESSINS à l'encre de Chine et à la sépia, non signés.

557. MERCIER de Compiègne. Suite de 1 frontispice et de 7 figures petit in-8, de Chauvet, pour l'*Éloge du sein des femmes*.

Très jolis DESSINS à l'encre de Chine, signés par Chauvet, et non encore gravés. Ces dessins sont sur chine et montés gr. in-8.
On a ajouté 1 superbe frontispice in-8, à l'eau-forte par le même artiste, double épreuve en PREMIER ÉTAT, sur CHINE VOLANT et sur GRAND PAPIER DE HOLLANDE, tiré à part, gr. in-8. Plus 1 curieuse eau-forte, non signée.

558. Mérimée. Suite 1 frontispice et de 8 vignettes, de S. Arcos, gravés
par Nargeot, pour *Carmen. Paris, Conquet*, 1884.

> Épreuves tirées à part, avec la lettre sur papier de Hollande.

559. — Suite de 30 compositions (sur 31) dessinées et gravées à l'eau-
forte, par Edmond Morin, pour la *Chronique du règne de Charles IX.
Paris, imprimé pour la Société des Amis des Livres*, 1876.

> 28 figures dans le texte et 2 figures à pleine page, sur papier Whatman. Suite
> destinée à être découpée du texte.
> Premier ouvrage édité par la *Société des Amis des Livres.*

560. Métastase. Suite de 1 portrait par Steiner, gravé par Boutrois et
Jouannin, et de 35 figures gr. in-8, de Cochin, Moreau, Cipriani,
Martini, pour les *Œuvres (Opere). Paris*, 1780-1782.

> Belle suite tirée sur grand papier, gr. in-4, à toutes marges.

561. — 95 vignettes têtes de pages, par Gobbis, gravées par Dall'acqua,
pour les *Opere (Firenze, Molini*, 1826).

> Jolies vignettes donnant les décors des pièces de théâtre de Métastase.
> Elles sont découpées du texte et destinées à être remontées.

562. Mille et un Jours. Suite de 10 figures in-8, de Devéria, pour les
Mille et un Jours. Paris, Rapilly, 1826.

> Superbes épreuves avant la lettre sur grand papier vélin, à toutes marges
> (sauf 1 qui est un peu remmargée).
> On y a ajouté 3 figures in-8, de Déveria, gravées par Pourvoyeur, pour une
> édition en 3 vol.

563. Mille et une Nuits. Suite de 6 figures in-8, de Westall, gravées
par Finden, Watt, Robinson, pour l'édition de *Paris, Galliot (Crapelet)*, 1822-1825.

> Très jolie suite.
> Épreuves avant la lettre sur chine, tirées à part grand in-8.

564. — Suite de 3 figures in-8, de Julien Potier, pour les *Contes inédits,
traduits par Trébutien. Paris, Dondey-Dupré*, 1823.

> Épreuves avec marges.
> On y a ajouté 4 figures de la même suite, épreuves avant la lettre sur grand
> papier vélin et chine, à toutes marges, et 1 figure en double remmargée.

565. — Suite de 17 figures in-8, de Courtin, pour les *Mille et une Nuits.*
— 6 figures (sur 8) in-18, de Devéria, gravées par Morinet.

> Épreuves avant la lettre, sur chine et sur blanc à toutes marges.

566. — 57 vignettes gravées sur bois, par Jackson, Green, Nichols,
Gray, etc., pour une édition anglaise (*London, Knight*, 1839).

> Jolies vignettes sur bois d'après les dessins de William Lane, découpées du
> texte, remontées avec soin sur beau papier grand in-8.

567. — Suite de 20 figures in-8, par Demoraine, pour les *Mille et une
Nuits. Paris, Lehuby*, 1856.

> Épreuves avec marges.

568. MILLE ET UNE NUITS. Suite de 21 figures in-8, dessinées et gravées à l'eau-forte par Lalauze, pour les *Mille et une Nuits*. Paris, Jouaust, 1881-1882.

Epreuves AVANT LA LETTRE, tirées à part très gr. in-8, SUR PAPIER DE HOLLANDE.

569. — Réunion de 74 figures de Coster, Hollins, Chalon, Stephanoff, Detouches, Uwins, Maclise, Chasselat, Markl, Labalestier, Wattier, Devéria, Desenne, Dunant, etc., pour des éditions françaises et anglaises.

Curieuse réunion, renfermant entre autres 30 figures AVANT LA LETTRE, et 3 DESSINS dont 2 à la sépia.

570. MILLEVOYE. Suite 6 figures in-12, dont 1 portrait, par Devéria, gravées par Alfred et Tony Johannot, Toussaint Caron, Guyard, pour les *Œuvres*. Paris, Ladvocat, 1823.

Epreuves AVANT LA LETTRE, en 2 états : sur CHINE et sur GRAND PAPIER VÉLIN, tirées à part, in-4. Plus 1 figure, AVANT LA LETTRE SUR CHINE.

571. — Suite de 7 figures in-8, dont 1 portrait, dessinées et gravées à l'eau-forte par Lalauze, pour les *Œuvres*. (Édition Quantin, 3 vol. in-8.) *Paris, Conquet*, 1880, dans un carton.

Epreuves AVANT TOUTE LETTRE, SUR PAPIER DU JAPON, grand in-4. Tirée à 50 exemplaires.

572. — Réunion de 23 figures, de Legrand, Tony Johannot, Devéria, Desenne, Picot, etc.

Belles pièces à toutes marges : 17 sont AVANT LA LETTRE la plupart sur CHINE, 3 EAUX-FORTES et 3 figures avec la lettre.

573. MILTON. Suite de 9 figures petit in-8, de Kirk et Brown, de 1 portrait, gravé par Ridley, et de 2 titres gravés avec vignettes par Corbould, pour *Milton's Works. Cooke's Pocket edition. London*, 1795-1800.

On y a joint 6 figures de la même suite pour le *Paradis perdu*, épreuves montées sur beau papier gr. in-8.

574. — Suite de 1 portrait, 1 dédicace gravée et 24 figures in-fol. de H. Richter, gravés par J. Richter en 1795, pour le *Paradis perdu* (*Richter's engravings from Milton's Paradise lost. London*, 1799).

Cette belle suite se compose de 12 figures à pleine page et de 12 figures en médaillon en-têtes de pages.
Belles épreuves à toutes marges sur papier vélin.

575. — 5 frontispices et 21 figures (titres de livres) in-8, de Westall. *London, John Sharpe*, 1816 et 1822.

Paradise lost : 1 frontispice de Stothard et 13 figures; *Paradise regained* : 1 frontispice et 1 figure; *l'Allegro, il Pensiero* : 1 frontispice et 2 figures; *the Minor Poems* : 1 frontispice et 3 figures; *Comus, Samson Agonistes* : 1 frontispice et 2 figures.
2 frontispices sont de l'édition de 1824-1825 et 8 figures du *Paradis perdu* sont de l'édition de 1822, pièces un peu rognées. Les autres figures (de l'édition de 1816) sont à toutes marges.
On y a joint 2 très jolies figures grand in-8, de Westall gravées par Graves et Bacon pour le *Paradise lost* et *l'Allegro*, belles épreuves sur CHINE à toutes marges

576. Milton. Suite de 1 portrait avec bas-relief représentant Adam et
Eve, de 1 frontispice et de 12 figures in-8, de Hamilton, Fuseli et
Stothard, gravés par Rhodes, Warren, Smith et Neagle pour le
Paradis perdu.

Très belles épreuves AVANT LA LETTRE SUR CHINE, à toutes marges.

577. — Réunion de 29 figures anglaises.

3 frontispices in-8 de Mortimer gravées par Grignion et Hall pour les tomes II,
III et IV de *Milton. Bell's edition, London,* 1777; 1 frontispice in-8, de Burney
pour *Comus. London, Bell,* 1790; 1 frontispice in-8 de Burney pour le *Paradise
lost. London,* 1808; 1 frontispice et 1 figure in-12 de Hamilton gravés par Rhodes,
pour le *Paradise lost. London, Suttaby,* 1812, épreuves sur CHINE à toutes marges
tirées à deux sur la même feuille, réduction des figures gr. in-8; les mêmes,
épreuves sur CHINE, coupées au cadre, et remontées; 2 figures in-16 de Fuseli,
gravées par Duncan, sur CHINE, remontées; 2 figures in-18 de Stothard, épreuves
AVANT LA LETTRE SUR CHINE, à toutes marges; 2 figures in-18 de Howard gravées
par Portbury, remontées; 6 figures d'Uwins sur CHINE, dont 2 pour la *Vie de
Milton,* gravées par Finden et Corbould, l'une en deux états : AVANT LA LETTRE
et avec la lettre, l'autre AVANT LA LETTRE; 1 belle figure in-8 de Romney, gravée
par Edwards (*Milton dictant à ses filles*), épreuve sur CHINE à toutes marges;
7 figures (5 non signées) dont 4 AVANT LA LETTRE, épreuves avec marges.

578. Molière. Suite de 33 figures in-12, d'après Boucher, gravées par
Punt, 1738-1740.

Belles épreuves. On y a joint 8 titres des Œuvres de Molière, 1749, avec fleurons par Halé, gravés par Fessard, et 1 frontispice par Frankendaal.

579. — Suite de 32 figures in-12, non signées, réduites et gravées
d'après Moreau (1773) et de 1 portrait d'après Coypel, gravé par
Hulk, pour les *Œuvres. Paris,* 1805-1806.

Epreuves avec marges.

580. Suite de 1 portrait d'après Coypel et de 32 figures d'après Moreau,
réduites in-8, pour les *Œuvres.*

Suite reproduisant en petit les figures de la première édition de Bret (1773);
elle était destinée à l'édition des Libraires associés, publiée en 1805 à Paris.
Tirage moderne sur papier vélin gr. in-8, à toutes marges.

581. — 6 fleurons de titres gr. in-8, dessinés et gravés par Moreau,
pour les *Œuvres,* 1773.

Epreuves tirées à part SUR GRAND PAPIER.

582. — Suite de 18 figures in-8, de Horace Vernet, Hersent, Devéria,
(1820-1829), pour les *Œuvres.*

Epreuves AVANT LA LETTRE SUR CHINE, à toutes marges.

583. — 5 figures in-8, de la suite de Chasselat pour l'édition de *Tardieu-
Denesle,* 1821. — 5 figures in-18, de la suite de Chasselat pour les
Œuvres choisies. Paris, Saintin, 1822.

Une figure double de la 2e suite et une figure de la même suite réduite in-16.
Epreuves AVANT LA LETTRE SUR CHINE, sauf deux pièces qui sont sur blanc.
Pièces à toutes marges.

*15—.*584. Molière. Suite de 20 figures in-12, de Desenne, pour les *Œuvres. Paris, Ménard et Desenne*, 1822.

Epreuves AVANT LA LETTRE SUR PAPIER VÉLIN, tirées grand in-8, à toutes marges.

*79—.*585. — Suite de 18 figures in-8, de Desenne, pour les *Œuvres. Paris, Lefèvre*, 1824.

Belles épreuves AVANT LA LETTRE SUR CHINE à toutes marges.

104—. 586. — Suite de 1 portrait in-8, et de 165 vignettes en-têtes de pages gravés à l'eau-forte par Ernest et Frédéric Hillemacher, d'après divers artistes, pour les *Œuvres. Lyon, Scheuring (de l'imprimerie de Louis Perrin)*, 1863-1870.

Epreuves TIRÉES A PART SUR CHINE VOLANT de format gr. in-8.

*8—.*587. — Suite de 1 portrait et de 17 figures gr. in-8, de Staal pour les *Œuvres. Paris, Garnier frères.*

Très belles épreuves AVANT LA LETTRE SUR CHINE, à toutes marges.

*200—.*588. — Suite de 34 estampes gr. in-8, dessinées et gravées à l'eau-forte par Ad. Lalauze. *Paris, Morgand et Fatout*, 1876.

Epreuves d'artiste tirées à 80 exemplaires sur PAPIER DU JAPON.

*40—.*588 bis. — Suite de 1 portrait et de 33 figures gr. in-8, dessinés et gravés à l'eau-forte par Lalauze, pour les *Œuvres.*

Jolie suite.
Superbes épreuves d'artiste AVANT LA LETTRE, tirées à part sur PAPIER DE HOLLANDE IN-FOLIO à toutes marges.

*30—.*589. — Suite de 1 portrait et de 49 vignettes en-têtes de pages, dessinés et gravés à l'eau-forte par V. Foulquier, pour le *Théâtre choisi. Tours, Mame*, 1878-1879.

Epreuves AVANT LA LETTRE SUR CHINE VOLANT, tirées à part gr. in-4.

*140—.*590. — Suite de 25 estampes gr. in-8, d'après les dessins de Émile Bayard, gravées à l'eau-forte par P. Teysonnières, Ad. Lalauze et J. Dupont. *Paris, Morgand*, 1879-1883.

Epreuves d'artiste tirées à 100 exemplaires sur PAPIER FORT DU JAPON.

*180—.*591. — Suite de 1 portrait et de 31 figures in-8, de Louis Leloir, gravés à l'eau-forte par Flameng, pour les *Œuvres*, édition Jouaust, grand in-8 en 8 vol. *Paris, Fontaine*, 1880-1881, dans un carton.

Epreuves AVANT LA LETTRE sur CHINE VOLANT, in-4.
Tirées à 15 exemplaires.
Très jolie suite, épuisée.

*85—.*592. — Suite de 36 figures petit in-4, dont 2 portraits, dessinées et gravées à l'eau-forte par F. Dupont, pour les *Œuvres. Paris, chez l'auteur*, 1880-1883, en 6 livraisons dans un carton.

Très jolie suite, en epreuves AVANT LA LETTRE, sur PAPIER DU JAPON, IN-FOLIO, Tirée à 100 exemplaires.

593. — Suite de 33 figures in-8, composées par Boucher, réduites et gravées à l'eau-forte par T. de Mare, pour les *Œuvres*. *Paris, Lefilleul*, 1881, dans un carton.

> Tirage sur papier de Hollande in-4 ; plus 3 portraits : Molière, Laurent Cars et Boucher, d'après Coypel et Cochin.

594. MOLIÈRE. Suite de 1 portrait de Coypel et de 6 estampes in-8, d'après Coypel, réduits et gravés par T. de Mare. *Paris, librairie Lefilleul.*

595. — Suite de 33 figures réduites et gravées d'après Boucher, par Boilvin, Courtry, Rajon, etc., 1 titre avec fleuron et 1 portrait. *Paris, Lemerre.*

> Épreuves sur CHINE VOLANT, gr. in-8.

596. — Suite de 6 planches gr. in-4, gravées par E. Champollion, pour *Psyché, comédie ballet. Paris, Jouaust*, 1880.

> Épreuves AVANT LA LETTRE sur papier vergé.

597. — 3 jolies figures petit in-8, de Duplessis-Bertaux, pour *Tartufe, l'Avare, le Médecin malgré lui.*

> Superbes épreuves AVANT LA LETTRE SUR PAPIER VÉLIN, in-4, à toutes marges. Plus 1 épreuve double de la figure de l'Avare, même état.
> Pièces rares.

598. — 3 figures in-8, de Horace Vernet, et de Ramberg, pour *Don Juan.*

> 1 superbe lithographie de Horace Vernet, épreuve AVANT LA LETTRE SUR CHINE, in-4 ; 2 jolies figures de Ramberg, gravées par Jury, belles épreuves AVANT LA LETTRE SUR PAPIER VÉLIN, à toutes marges.
> Pièces rares.

599. — 4 eaux-fortes gr. in-8 et in-4, dont 3 par Lalauze et 1 par Vion pour le *Malade imaginaire*, les *Femmes savantes, Tartufe* et *George Dandin. Paris, Cadart.*

> Le Malade imaginaire ; Les Femmes savantes (Ah ! tout doux ! laissez-moi, de grâce, respirer) ; Tartufe (Cachez ce sein que je ne saurais voir), ces 3 eaux-fortes de Lalauze sont tirées GRAND IN-FOLIO en 2 états : AVANT LA LETTRE et avec la lettre. — Georges Dandin (Ah ! vartigué, monsieur le médecin), par Vion, 2 épreuves avec la lettre tirées GRAND IN-FOLIO. Très jolies pièces, à toutes marges.

600. — 5 eaux-fortes de Taiée, Lalauze, Dufour et Régamey, pour diverses pièces de Molière.

> 1 eau-forte gr. in-8 en travers, de Taiée pour l'*Amphitryon* (les deux Sosie) ; 1 eau-forte, in-8, de Lalauze pour le *Malade imaginaire*, épreuve AVANT LA LETTRE ; 1 eau-forte, in-12, de Lalauze (Molière et la Béchard) tirée de la *Vie de Molière*, épreuve AVANT LA LETTRE sur PAPIER DE HOLLANDE tirée in-4 ; 1 eau-forte, in-8, de Dufour, pour le *Dépit amoureux*, épreuve AVANT LA LETTRE SUR PAPIER DE HOLLANDE, in-4 ; 1 eau-forte de Régamey, pour le *Tartufe*, remontée. On y a ajouté 9 figures diverses.

601. MONCRIF. Suite de 6 figures in-8, dont 1 frontispice, par Paul Avril, gravées à l'eau-forte par Gaujean, pour les *Contes. Paris, Quantin*, 1882, dans un carton.

> Triple suite en épreuves AVANT LA LETTRE : en NOIR, BISTRE, et SANGUINE, tirées à part sur PAPIER DU JAPON BLANC, grand in-4.
> Tirée à 40 exemplaires de la Collection des *Petits Conteurs du XVIIIe siècle*.

*36 -,*602. MONNIER (Henry). 7 frontispices in-12, gr. in-8 et in-4, par Chauvet, pour les *Bas Fonds de la société.*

> Tous ces frontispices sont dans des états différents : 3 sont gravés à l'eau-forte, dont 1 en bistre. Les 4 autres sont de charmants DESSINS à la sanguine, gr. in-8 et in-4.

*4 -,,*603. MONSELET (Charles). 2 eaux-fortes gr. in-8, de Bacquemond et Benassit, pour les *Trétaux* et les *Créanciers.*

> 1 frontispice de Bacquemond pour les *Trétaux,* épreuve en deux états : sur CHINE VOLANT et sur PAPIER VÉLIN ; 1 eau-forte de Benassit pour les *Créanciers,* épreuve AVANT LA LETTRE CHINE VOLANT, à toutes marges.
> Pièces très curieuses ; rares.

*100-,,*604. MONTESQUIEU. Suite de 1 titre gravé, 1 frontispice avec le portrait en médaillon et de 9 figures in-8, d'Eisen, gravés par Le Mire, pour le *Temple de Gnide. Paris, chez Le Mire,* 1772.

> Belles épreuves avec marges.
> On y a joint une jolie figure d'Eisen, gravée par Duclos (1774), épreuve AVANT LA LETTRE.

*98-,,*605. — Suite de 12 figures in-18, dont 10 de Regnault, gravées à l'eau-forte par Bertaux et 2 de Le Barbier, gravées par Halbou, pour le *Temple de Gnide suivi d'Arsace et d'Isménie. Paris, Didot, an III* (1795).

> Épreuves en deux états : avec la lettre et AVANT LA LETTRE sur GRAND PAPIER VÉLIN, tirées à part à toutes marges. On y a joint : le titre imprimé de l'ouvrage avec le portrait en médailllon par Saint-Aubin ; 1 EAU-FORTE d'une des figures de Le Barbier et 7 figures en double de la même suite, épreuves AVANT LA LETTRE, dont 1 à toutes marges et les 6 autres coupées au cadre et remontées gr. in-8, parmi celles-ci se trouvent les deux figures de Le Barbier (1 gravée par Patas) retournées.

1 - fo 606. — Suite de 1 portrait par Chaudet, gravé par Tardieu, et de 13 figures in-4, de Chaudet, Peyron, Moreau, Vernet et Perrin, pour les *Œuvres complètes. Paris, Plassans, an IV* (1796).

> Belles épreuves avec la lettre sur GRAND PAPIER VÉLIN, tirées gr. in-8.
> On y a ajouté 12 figures de la même suite, réduites dans le format gr. in-8, par un cache, épreuves sur chine et blanc AVANT LA LETTRE à toutes marges. Plus 4 figures en double.

5_,, 607. MONTIFAUD (Marc de). 20 eaux-fortes in-8, de Aubry, Hanriot, Van Ruyss, pour les *Contes en prose,* etc.

> Très belles épreuves AVANT LA LETTRE SUR PAPIER DE HOLLANDE de format IN-FOLIO, sauf 1 figure qui est in-8.

4 - fo 608. — 35 eaux-fortes in-8, par Van Ruyss, Aubry, Hanriot, pour les *Contes en prose,* etc.

> Courtisanes de l'antiquité, 3 figures ; l'Abbesse du Paraclet, 3 figures ; Entre Messe et Vêpres, 7 figures ; les Joyeuses Nouvelles, 11 figures ; les Nouvelles drolatiques, 11 figures.
> Épreuves AVANT LA LETTRE tirées à part.

14-,, 609. — 22 eaux-fortes in-8, de Chauvet, pour *les Vestales de l'Eglise, Mémoires secrets d'un tailleur pour dames, le Furoncle, Entre Messe et Vêpres.*

> 1 frontispice pour les *Vestales de l'Eglise,* épreuves en 2 états : sur CHINE VO-

LANT gr. in-8 et EAU-FORTE; le DESSIN ORIGINAL du dit frontispice, signé par l'artiste: 1 frontispice pour les *Mémoires secrets d'un tailleur pour Dames*, épreuve SUR CHINE VOLANT IN-FOLIO; 1 figure pour le *Furoncle*;. épreuve AVANT TOUTE LETTRE en PREMIER ÉTAT UNIQUE in-4 et en DEUXIÈME ÉTAT in-8, les deux états signés par l'artiste; 7 figures pour *Entre Messe et Vépres*, chaque figure en PREMIER ÉTAT et en DEUXIÈME ÉTAT AVANT LA LETTRE SUR CHINE VOLANT IN-FOLIO et GRAND IN-8, signée par l'artiste, plus 2 épreuves en double pour une de ces figures.
Pièces rares tirées à part et la plupart publiées par Gay et Doucé.

610. MOORE (Thomas). 1 portrait d'après Lawrence, gravé par Heath, 10 vignettes pour titres et 10 figures in-8, de Jones et Maclise, gravés par Heath pour les (Œuvres poétiques) *Poetical Works. London, Longman,* 1840.   — 1 — "

> Superbes épreuves AVANT TOUTE LETTRE SUR CHINE, montées sur GRAND PAPIER in-fol. la plupart tirées à deux sur la même feuille.
> Très belle suite.

611. — 10 titres gravés ornés de vignettes et 7 figures in-8, de Jones et Maclise, gravés par Heath, pour les (Œuvres poétiques) *Poetical Works. London, Longman,* 1840.   — 1 — 50

612. — Suite de 7 figures in-8, de Smirke, pour *Lala Rookh. London, Rodwell and Martin,* 1822.   — 2 — "

> Épreuves sur CHINE, montées sur grand papier de format in-fol.

613. — Suite de 13 figures gr. in-8, de Corbould, Meadows, Stephanoff, pour *Lalla Rookh. London, Longman,* 1838.   — 20 — "

> Très belles épreuves AVANT LA LETTRE SUR CHINE, montées sur GRAND PAPIER in-fol.

614. — 18 figures de Corbould, Westall, Stothard, Devéria et Stephanoff.   — 1 — 50

> 14 figures in-8 de Corbould dont 10 pour *Lalla Rookh. London, Arliss,* 1820; 1 figure in-12 de Westall pour *Irish Melodies*; 1 figure de Stothard, pour le même sujet; 1 figure in-fol. de Devéria lithographiée pour *Lalla Rookh*; 1 figure in-8 en travers de Stephanoff pour *Lalla Rookh,* 1828.

615. MOREAU (Hégésippe). Suite de 8 figures in-8 (de Chauvel), pour les *Œuvres*.   — 25 — "

> Charmants DESSINS à la sépia, montés gr. in-8.

616. MOREL DE VINDÉ. 5 figures (sur 6) in-18 de la suite de Lefebvre, gravées par Godefroy, pour *Zélomir. Paris, Didot,* 1801.   — 16 — "

> Épreuves AVANT LA LETTRE SUR GRAND PAPIER VÉLIN, à toutes marges. On y a joint 2 figures avec la lettre à de la même suite.

617. MUSÉE. Réunion de 23 figures de Eisen, Moreau, Monnet, Quéverdo, Monsiau, Girodet, Desenne, etc., pour *Héro et Léandre*.   — 15 — "

> Belles épreuves avec marges.: 13 AVANT LA LETTRE, 2 EAUX-FORTES et 8 avec la lettre.

618. MUSSET (Alfred de). Suite de 42 eaux-fortes in-12, de Henri Pille, gravées par Louis Monziès, pour les *Œuvres. Paris, Lemerre.*   — 50 — "

> Épreuves AVANT LA LETTRE SUR CHINE VOLANT de format in-4, dans 4 cartons.

619. **Musset** (Alfred de). Suite de 1 titre gravé avec portrait, de 4 frontispices in-4, un en-tête et de 53 vignettes en largeur, par Eugène Lami, gravées à l'eau forte par Lalauze pour les *Œuvres*. *Paris, Morgand*, 1883, dans un cartonnage artistique gr. in-4.

Très jolie suite en épreuves avec la lettre gravée, sur papier du Marais.

620. — Suite de 11 figures petit in-8, dont 1 portrait, gravées à l'eau-forte d'après les dessins de J.-P. Laurens, Ad. Moreau, Giacomelli et Gervex, pour les *Œuvres*. *Paris, Morgand*, 1884.

Epreuves AVANT LA LETTRE, sur papier du Marais in-4.
Suite destinée à illustrer l'édition de la Bibliothèque Charpentier, 11 vol. in-8.

621. — Réunion de 43 lithographies in-fol. de Célestin Nanteuil, Jorel, Chatinière, Coindre, etc., sur des Pièces de poésie mises en musique.

Le Rhin allemand, Ninon, Mimi Pinson, Madrid, Bonjour Suzon, Adieu Suzon, A une Etoile, Chanson de Barberine, l'Andalouse, les Visions, Adieu, etc.

622. — 3 figures in-8 et in-4 et in-fol. de Nargeot, Didier, Regnault, Matout, Bida.

1 eau-forte gr. in-8 de Nargeot, *les deux Maîtresses*, tirée de l'*Artiste*, 2 épreuves à toutes marges; 1 eau-forte de Didier, sur chine in-folio; 1 superbe lithographie in-fol. de Français d'après Matout (paysage); 1 eau-forte in-fol. de Flameng d'après Regnault, *Hassan et Namouna*, tirée du *Musée des Deux Mondes*, épreuve en 2 états.: AVANT LA LETTRE SUR CHINE gr. in-fol. et avec la lettre (très jolie); 7 figures in-8 de la suite de Bida pour l'Edition Charpentier. Très jolies pièces.

623. **Mythologie.** 1 figure in-4, pour l'*Enlèvement de Proserpine*.

Très joli DESSIN de l'Ecole hollandaise.

624. — 4 figures in-8, de Marillier, gravées par Ponce, pour les *Quatre Eléments* (le Ciel et la Terre, l'Eau, l'Air et le Feu).

Très jolies figures à compartiments et à médaillons renfermant des sujets mythologiques.
Epreuves à toutes marges.

625. — 2 photographies gr. in-4, d'après Raphaël et Vanloo, pour les *Trois Grâces*, publiées par Goupil (1862).

Belles pièces sur CHINE, dont 1 in-fol. et l'autre GRAND IN-FOLIO.

626. — 2 photographies gr. in-8, d'après Félon pour *Vénus sortant des eaux* et *Diane chasseresse*, publiées par Goupil, le 1er octobre 1862.

Très belles épreuves sur CHINE montées GRAND IN-FOLIO.

627. — 5 pièces in-fol. de Hubert Goltzius, Glaize, Diaz, Dubufe.

2 figures de H. Goltzius, gravées par Saenredam, *Nymphes de la suite de Diane*, remontées; 1 figure gravée par Riffaut d'après Glaize, *Acis et Galathée*, épreuve AVANT LA LETTRE SUR CHINE; 1 eau-forte de Hédouin, d'après Diaz, *Vénus et les Amours*, épreuve AVANT LA LETTRE sur PAPIER VÉLIN in-folio; 1 superbe lithographie d'après Dubufe, *Psyché*, épreuve sur CHINE.

628. MYTHOLOGIE. Réunion de 122 figures et vignettes par des auteurs _ *180 ~ "*
du XVIIIᵉ siècle, tirées des ouvrages illustrés de l'époque et représentant des sujets mythologiques.

> Très joli choix de figures de Moreau, Eisen, Bernard Picart, Fragonard,
> Marillier, Myris, Le Barbier, Gravelot, Cochin, Monnet, Quéverdo, Coypel,
> Cipriani, etc.
> Le lot renferme un certain nombre d'épreuves AVANT LA LETTRE et 5 EAUX-
> FORTES.

629. — Réunion de 33 figures in-8 et in-4 de Jury, Ramberg, Ender, _ *1 ~ "*
Loder, Rodl, Hoff, Muller, Zwecker, Albrier, Westall, Kauffmann,
Uwins, Kirck, Corbould, Smirke, représentant des sujets mytho-
logiques.

> 21 figures allemandes et 12 figures anglaises; belles pièces dont quelques-
> unes AVANT LA LETTRE.

630. — 25 figures in-12 et in-18, de Chaillou, Choquet, Bergeret, _ *160 ~ "*
Chasselat, représentant des sujets mythologiques.

> Jolis DESSINS à la Sépia, à l'encre de Chine, à la mine de plomb, aquarelle.

631. — Réunion de 36 figures de Girodet, Girardet, Bovinet, Devéria, _ *5 ~ "*
Dejuine, Colin, Bergeret, etc., représentant des sujets mythologiques,

> 29 figures AVANT LA LETTRE, 2 EAUX-FORTES et 5 figures avec la lettre.
> Jolies pièces à toutes marges. *huit pièces ajoutées*

632. — Réunion de 105 figures in-4, in-8 et in-12, d'après Raphaël, _ *60 ~ "*
Corrège, Van der Werff, le Guide, Guerchin, Michel-Ange, Carrache
Lesueur, Le Poussin, Albane, Guérin, Girodet, etc., gravées par
Delignon, Dambrun, Roger, Gaucher, Müller, Niquet, Bein, Lefèvre,
Alfred Johannot, Bovinet, Delvaux, Le Roy, etc., représentant des
sujets mythologiques.

> Gravures de choix en parfait état : 8 EAUX-FORTES, 34 épreuves AVANT LA
> LETTRE, et 63 figures avec la lettre.

633. — Réunion de 18 photographies in-4, in-8 et in-12 d'après _ *1 ~ "*
Rubens, Vanloo, Corrège, Rottenheimer, Boucher, etc., représentant
des sujets mythologiques.

> Toilette de Vénus, Rapt de Proserpine, les Trois Grâces, Léda, Io et Jupi-
> ter, le Triomphe de Silène. etc.

634. — Réunion de 19 photographies in-8 et in-4, d'après Muller, _ *10 ~ "*
Félon, Caraud, Barrias, Ary Scheffer, Baudry, Jalabert, Chaplin,
Prudhon, Canova, Guérin, Girodet, etc., représentant des sujets
mythologiques.

> Sylphide, Vénus sortant des eaux, Ondine, Psyché, Sapho, Hébé, Léda,
> Orphée, l'Aurore, Jupiter couronnant Junon, la Vertu fuyant le Vice, les Trois
> Grâces, l'Innocence, Erigone, etc.
> Très jolies pièces, la plupart sur CHINE IN-FOLIO, publiées par Goupil et Dusacq.

635. NADAUD. Suite de 12 figures in-12, dessinées et gravées à l'eau- _ *10 ~ "*
forte par Morin, pour les *Chansons. Paris, Jouaust,* dans un carton.

> Épreuves AVANT LA LETTRE SUR PAPIER WHATMAN.

636. NODIER (Charles). Suite de 8 figures in-8, dessinées et gravées à l'eau-forte par Tony Johannot, pour les *Contes. Paris, Hetzel,* 1846.

    Superbes épreuves du PREMIER TIRAGE, AVANT LA LETTRE SUR CHINE, montées sur grand papier gr. in-fol.

637. — Suite de 50 vignettes de Tony Johannot, gravées sur bois par Porret, pour l'*Histoire du Roi de Bohème et de ses sept châteaux. Paris, Delangle,* 1830.

    Superbes épreuves, TIRÉES A PART sans texte, sur CHINE VOLANT, avec marges. Rare.

638. NOGARET. Suite de 1 frontispice et de 11 vignettes en-têtes de pages, non signés, pour le *Fond du sac. Paris, Leclère,* 1866.

    Réimpression des charmantes vignettes de l'édition de *Cazin,* de 1780.
    Epreuves en trois états : AVANT LA LETTRE SUR CHINE VOLANT, AVANT LA LETTRE TIRÉES EN BISTRE ET EAUX-FORTES (moins la dernière vignette); les 3 états sont des TIRAGES A PART in-8, à toutes marges, sauf une eau-forte qui est remontée.

639. — Suite de 11 vignettes par Fesquet et Garnier, gravées à l'eau-forte par Champollion, pour le *Fond du sac. Paris, Lemonnyer* (1880).

    Très jolies vignettes pour illustrer le tome II de cette édition.
    Epreuves AVANT LA LETTRE SUR CHINE VOLANT, tirées à part in-8.

640. OVIDE. Suite de 1 frontispice et de 21 figures in-8, par Harrewijn pour les *Epistres,* et 1 frontispice in-8 et 1 figure in-4 par le même artiste pour les *Elégies.* — Ens. 24 figures.

    Très jolie suite.
    Les figures pour les *Epistres* sont tirées à deux sur la même feuille.
    Pièces à toutes marges.

641. — Suite de 1 titre gravé et de 52 figures in-18, de Renaud, gravées par Coiny et Couché pour les *Métamorphoses. Paris, Didot,* 1787.

    Epreuves TIRÉES A PART SUR PAPIER VÉLIN in-8, à toutes marges.

642. — 14 figures in-12 (de Quéverdo) pour les *Métamorphoses.*

    DESSINS à l'aquarelle, remontés.

643. — Réunion de 42 figures de Renaud, Quéverdo, Choffard, Cochin, pour les *Métamorphoses,* etc.

    31 figures (sur 52) (de Renaud, gravées par Coiny et Couché) pour les *Métamorphoses. Paris, Didot,* 1787, épreuves à toutes marges; 4 jolis frontispices à médaillons, par Quéverdo, pour les *Œuvres;* etc.

644. PALISSOT. Suite de 1 portrait par Monnet, gravé par Choffard, et de 18 figures in-8, dont 8 par Méon, gravées par Thérèse Martinet, et 10 par Monnet (sans nom de graveur), pour les *Œuvres complètes. Liège et Paris,* 1778-1749.

    On y a ajouté les 10 figures de Monnet pour la *Dunciade,* épreuves AVANT LA LETTRE (sans légende au bas).
    Ces 10 figures ainsi que la suite de 18 pièces sont NON ROGNÉES. On y a ajouté 2 figures AVANT LA LETTRE.

645. **Parny**. Suite de 5 figures in-18, de Monnet, gravées par Anselin, pour les *Opuscules poétiques*. *Amsterdam*, 1779.

> On y a ajouté 5 figures de la même suite, plus 6 charmantes figures du même format, non signées.
> Pièces avec marges.

646. — Suite de 10 figures in-12, dessinées et gravées à l'eau-forte par Chauvet, pour la *Guerre des Dieux*.

> Curieuse et jolie suite, en épreuves AVANT LA LETTRE, montées gr. in-8.
> La 9ᵉ figure est en 2 états.

647. — Réunion de 93 figures et vignettes par Binet, Gravelot, Desenne, Myris, de Sève, Mullert, Lambert, etc.

> Belles épreuves, la plupart AVANT LA LETTRE, à toutes marges.

648. — 15 figures, in-8, de Fragonard et Devéria.

> 6 figures de Fragonard dont 4 AVANT LA LETTRE et 2 avec la lettre; 9 figures de Devéria, gravées par Laderer, Dequevauviller, Mauduit, 1826, épreuves AVANT LA LETTRE.
> Pièces à toutes marges.

649. **Perrault** (Charles). 18 figures de Bergeret, Chasselat et Chaillou pour les *Contes des fées*.

> Jolis DESSINS à la sépia et à l'encre de Chine.
> On y a ajouté 27 figures de Marillier, Desrais, Ramberg, Jury, Laurent, etc. pour les Contes des fées, entre autres : 1 lithographie in-4 de Delpech d'après Coutan, 1829, pour le *Petit Chaperon rouge* et 1 figure in-4 de Thénot, gravée par Berthoud, pour le même sujet, tirée de l'*Artiste* (salon de 1840).

650. — Suite de 1 portrait dessiné et gravé par Annedouche, 1 portrait avec attributs par Rebel d'après Eisen, 4 figures in-8, dont 1 de Gerlier, gravées par Rebel et 3 non signées, et 12 vignettes en-têtes de pages, non signées, pour les *Contes des fées*. *Paris, Leclère fils* (*Lyon, impr. de Louis Perrin*), 1865.

> Très jolie suite; épreuves en bistre AVANT LA LETTRE, tirées à part sur CHINE VOLANT in-8 à toutes marges.

651. — La même suite.

> Épreuves en bistre, AVANT LA LETTRE, tirées à part sur PAPIER VÉLIN in-8, à toutes marges.

652. — La même suite.

> Épreuves tirées en bleu (camaïeu) AVANT LA LETTRE, tirées à part sur PAPIER VÉLIN in-8, à toutes marges.

653. — Suite de 10 figures in-8, hors texte, de Staal et Bertall, gravées sur bois par Gusmand, pour les *Contes des fées*. *Paris, Garnier frères*, 1872.

> Épreuves avec marges.

654. — Suite de 13 figures in-12, dont 1 portrait et 1 frontispice, par Henri Pille, gravées à l'eau-forte par Louis Monziès, pour les *Contes des fées*. *Paris, Lemerre*, 1880, dans un carton.

655. — La même suite.

> Épreuves AVANT LA LETTRE SUR PAPIER DE HOLLANDE gr. in-8.

11- 656. **Perrault** (Charles). Suite de 12 figures in-12, dont 1 portrait, dessinées et gravées à l'eau-forte par Lalauze, pour les *Contes. Paris, Jouaust.*

Épreuves AVANT LA LETTRE sur papier vergé.

90- 657. — La même suite.

Superbes épreuves d'artiste, AVANT LA LETTRE, tirées à part sur GRAND PAPIER DE HOLLANDE de format IN-FOLIO. Plus 11 figures de la même suite, épreuves AVANT LA LETTRE, sur PAPIER DE HOLLANDE grand in-8, d'un ÉTAT DIFFÉRENT.

185- 658. **Petite Bibliothèque-Charpentier.** Suite de 94 figures et portraits in-32, par les principaux artistes, pour les divers ouvrages de la *Petite Bibliothèque-Charpentier,* in-32.

About, 2 fig. — A. Chénier, 2 fig. — Daudet, 2 fig. — Fabre, 4 fig. — Flammarion, 2 fig. — Gautier, 13 fig. — Goethe, 2 fig. — Goncourt, 4 fig. — Horace, 2 fig. — Hector Malot, 2 fig. — Maupassant, 2 fig. — Mérimée, 2 fig. — Michelet, 2 fig. — Alfred de Musset, 16 fig. — Paul de Musset, 2 fig. — L'abbé Prévost, 2 fig. — St-Germain, 2 fig. — Jules Sandeau, 6 fig. — Silvio Pellico, 2 fig. — Theuriet, 2 fig. — Alfred de Vigny, 15 fig. — Zola, 6 fig.
Épreuves AVANT LA LETTRE SUR CHINE VOLANT, à toutes marges. Plus 1 figure pour *Daudet.*
Collection complète, moins *Virgile.*

2- 659. **Pitre-Chevalier.** 12 figures (sur 40) in-8 en travers, de Leleux, Penguilly, Tony Johannot et Fortin, gravées par Gaitte, Roze, Collignon, Markl, pour la *Bretagne et Vendée. Histoire de la Révolution française dans l'Ouest. Paris,* 1845.

Superbes épreuves AVANT LA LETTRE SUR CHINE, tirées à part IN-FOLIO. Plus 3 figures en double, dans le même état.

4- 660. **Poe** (Edgar). Suite de 26 figures petit in-4, dont 1 portrait à l'eauforte et en héliogravure, par Abot, Chifflart, Férat, Méaulle, Vierge, etc, pour les *Histoires extraordinaires et nouvelles Histoires extraordinaires. Paris, Quantin,* 1884, avec un titre et une table, dans un carton.

2- 661. **Pope** (Alex). Réunion de 28 figures (d'après Moreau), Eisen, Quéverdo, Devéria, Uwins, Smirke, Westall, etc.

Bonnes épreuves dont 11 AVANT LA LETTRE.

1- 662. **Prévost** (l'abbé). 5 figures in-8, de Watteau (1771), pour le *Doyen de Killerine,* et 1 figure in-8, non signée, pour *Cleveland.*

13- 663. — Suite de 8 figures in-12, de Gravelot et Pasquier, gravées par Le Bas, pour l'*Histoire du chevalier des Grieux et de Manon Lescaut. Amsterdam,* 1753.

Bonnes épreuves remontées gr. in-8.

4- 664. — Suite de 4 figures, in-12 dont 2 fleurons de titres, de Desenne, pour l'*Histoire de Manon Lescaut. Paris, Werdet,* 1818 (de la Bibliothèque française).

On y a joint 7 figures de la même suite dont 4 AVANT LA LETTRE et 1 EAU-FORTE.
Pièces tirées à part, à toutes marges.

665. Prévost (l'abbé). Suite de 8 figures in-18, de Lefèvre, gravées par Coiny, pour *Manon Lescaut. Paris, Leclère*, 1860.

> Réimpression des charmantes figures de l'édition *Paris, Didot*, 1797.
> Épreuves avant la lettre sur papier vergé, à toutes marges.

666. — Suite de 9 figures in-12, dont 1 portrait, gravées à l'eau-forte par Louis Monziès, d'après Gravelot, Pasquier, pour *Manon Lescaut. Paris, Lemerre*, 1877, dans un carton.

> Épreuves avant la lettre.

667. — 1 frontispice et 14 figures in-8, de Chauvel, pour *Manon Lescaut*.

> Jolis DESSINS inédits, à la sépia, signés par Chauvet, montés in-8.

668. — 27 figures de Lefèvre, Gravelot, Marillier, Desenne, Tony Johannot, Gigoux, Bertall, etc., pour *Manon Lescaut*.

> 6 figures tirées des éditions du xviiie siècle; 5 figures in-18 et in-8 de Desenne, dont 4 avant la lettre; 11 figures in-8 de T. Johannot sur chine, pour l'édition *Bourdin*; 1 jolie figure en couleur; 1 lithographie d'après Gigoux, la *Mort de Manon Lescaut*, tirée de l'*Artiste*; 2 photographies, in-4, d'après Giraud, etc.

669. Properce. Suite de 5 figures in-8, de Marillier pour les *Elégies. Paris, Duprat*, 1802.

> Belles épreuves à toutes marges. On y a ajouté 3 figures dont 2 de Marillier.

670. Querlon (Meunier de). Réunion de 32 figures in-8, d'Eisen, Moreau, Monnet, Cochin, Marillier, Lefèvre, Devéria, etc., et figures d'après Rubens, pour les *Grâces*.

> 5 figures in-8 de Moreau, gravées par de Launay, Longueil, Massard et Simonet, pour l'édition de 1769, plus 1 figure avant la lettre; 1 frontispice de Boucher, gravé par Simonet, pour l'édition de 1775 (le Triomphe des Grâces); la même figure retournée (Triomphe de l'Amour), épreuve en 2 états : avant la lettre et avec la lettre; 1 frontispice de Marillier, gravé par Le Beau (pour le tome 2e sc. IX), épreuve en 2 états : avant la lettre et avec la lettre, etc.

671. Rabelais. Suite de 14 figures in-18, dont 1 portrait, par Desenne, gravées sur bois par Thompson, Bougon, pour les *Œuvres. Paris, Desoer*, 1820.

> Épreuves avant la letttre sur chine volant, à toutes marges.

672. — Suite de 12 figures in-8, dont 2 portraits, par Devéria, gravées par Leisnier et Forster, Vallot, Pelée, Touzé, Larcher, Lefèvre, etc., et 1 carte du Chinnonais pour les *Œuvres. Paris, Dalibon*, 1823.

> Superbes épreuves avant la lettre sur chine, tirées a part, in-folio à toutes marges. Jolie suite.

673. — Suite de 16 figures in-8, dont 1 portrait, dessinées et gravées à l'eau-forte par Bracquemond, pour les *Œuvres. Paris, Lemerre*, 1872.

> Épreuves sur papier vergé.

674. R_ABELAIS_. Suite de 11 figures in-16, dont 1 portrait, dessinées et gravées à l'eau-forte par Boilvin, pour les *Œuvres. Paris, Jouaust,* 1876.

Épreuves AVANT LA LETTRE, sur papier vergé, tirées à part, in-8.

675. — La même suite.

Épreuves avec la lettre sur CHINE VOLANT.

676. — Suite de 17 figures in-8, d'après Dubourg et B. Picart, gravées sur acier, pour les *Œuvres. Paris, Willem, s. d.* dans un étui en carton, avec fermoirs.

Épreuves en noir AVANT LA LETTRE sur CHINE VOLANT, la lettre sur papier de soie, tirées à part.

677. R_ACINE_ (Jean). 1 portrait d'après Santerre, gravé par Gaucher, et 11 figures (sur 12) in-8, de Gravelot, pour les *Œuvres. Paris, Cellot,* 1768.

Bonnes épreuves dont 7 AVANT LA LETTRE. On y a ajouté un 2e état de la figure de *Phèdre,* plus 4 figures avec la lettre et 3 AVANT LA LETTRE de la même suite.
Pièces avec marges.

678. — 11 figures (sur 12) in-8, de Le Barbier, pour les *Œuvres complètes. Paris, Déterville, an IV* (1796).

9 épreuves sont AVANT LA LETTRE SUR GRAND PAPIER VÉLIN, 1 EAU-FORTE et 1 avec la lettre. Plus 3 figures de la même suite dont 1 AVANT LA LETTRE.
Pièces à toutes marges.

679. — 25 figures (sur 57) dont 1 frontispice, gr. in-8, de la suite de Prudhon, Moitte, Gérard, Girodet, Taunay, Chaudet, Peyron, Sérangeli, Guyard, gravées par Velijn, Derly, Massard, Croutelle, Manceau, pour les *Œuvres. Paris, P. Didot l'aîné, s. d.*

Superbes épreuves AVANT LA LETTRE, la plupart à toutes marges. Plus 3 EAUX-FORTES.

680. — Suite de 13 figures in-18, dont 1 portrait, de Desenne, gravées par Giraudet, pour les *Œuvres. Paris, Ménard et Desenne,* 1819 (de la Bibliothèque française).

Superbes épreuves AVANT LA LETTRE sur CHINE, montées sur beau papier vélin très gr. in-8, à toutes marges, tirées à 40 exemplaires.
Charmante suite, rare.

681. — Suite de 13 figures in-8, de Desenne, Prudhon, Gérard, Girodet, Taunay, pour les *Œuvres. Paris, Lefèvre,* 1822.

Bonnes épreuves AVANT LA LETTRE sur chine et sur blanc, sauf 3 figures qui ont des grattages au bas (Bajazet, Mithridate et Iphigénie). On y a ajouté : la figure de Desenne, pour Alexandre, et 3 figures de la même suite, épreuves AVANT LA LETTRE SUR CHINE et 1 figure avec la lettre.
Pièces à toutes marges.

682. — Suite de 1 portrait et de 13 figures in-8, dont une vue, par Stahl, pour les *Œuvres. Paris, Garnier frères,* 1870-1875.

Belles épreuves AVANT LA LETTRE sur CHINE montées sur grand papier vélin, à toutes marges.

683. Racine (Jean). Suite de 13 figures, dont 1 portrait, d'après Gravelot, gravées par Monziès, Martinez et Lemaire, réduites au format
in 12, pour les *Œuvres complètes. Paris, Lemerre,* 1874-1875.

Epreuves sur papier vergé, in-8.

684. — Suite de 1 portrait et de 58 vignettes en-têtes de pages, de
Ernest Hillemacher, gravés à l'eau-forte par F. Hillemacher, pour
le *Théâtre. Paris, Jouaust,* 1874-1875.

Épreuves avant la lettre tirées à part sur chine volant, gr. in-8.

685. — Suite de 1 portrait et de 46 vignettes en-têtes de pages, dessinés et gravés à l'eau-forte, par Foulquier, pour le *Théâtre. Tours,
Mame,* 1876-1877.

Épreuves avant la lettre, tirées à part sur chine volant, gr. in-8.

686. — Réunion de 53 frontispices, figures et vignettes de Harrewyn,
De Sève, Du Bourg, Garnier, Mariette, Chauveau, Moreau, Maréchal, Cipriani, Cochin, Duvivier, Marillier.

Belles épreuves, dont plusieurs sont avant la lettre, 2 EAUX-FORTES et
3 DESSINS non signés.

687. — Réunion de 45 figures de Quéverdo, Chaudet, Tony Johannot,
Choquet, David, Guérin, Jeanron, Devéria, Desenne.

15 avec la lettre, 23 avant la lettre et 7 EAUX-FORTES; la plupart de ces
pièces sont à toutes marges.

688. Racine (Louis). Suite de 3 figures in-8, de V. Adam et Coquantin,
gravées à l'eau-forte par Pfitzer et Courbé, pour les *Œuvres. Paris,
Masson,* 1823.

Très belle suite, épreuves en 2 états : avant la lettre sur chine et EAUX-
FORTES, tirées à part, à toutes marges.

689. — Suite de 1 portrait et de 3 figures in-8, de Duvivier (1818),
gravés par Leroux et Simonet (1820), pour *La Religion, poëme.*

Jolie suite, épreuves en 3 états : avec la lettre, très bien remmargées gr. in-8
(sans le portrait), avant la lettre sur chine et EAUX-FORTES. Ces deux derniers états sont des tirages à part, à toutes marges.

690. — Réunion de 10 figures de Gravelot, Choquet, Desenne, Ingres, etc.

Sur les 5 figures de Desenne et d'Ingres 4 sont avant la lettre et 1 à l'état
d'EAU-FORTE, à toutes marges.

691. Raynal. 9 figures in-8 (de Moreau) gravées par E. Lardy, 1781,
pour l'*Histoire philosophique et politique des Deux Indes.*

On y a ajouté 2 figures diverses et 1 joli DESSIN in-8, à la main de plomb,
non signé (pour les *Incas?*).

692. Regnard. 7 figures in-8, de la suite de Moreau et 1 portrait par
Tardieu d'après Rigaud, pour les *Œuvres,* 1789.

Belles épreuves à toutes marges, sauf le portrait et le *Légataire.*

693. REGNARD. Suite de 12 figures in-8, de Borel pour les *Œuvres*, 1790.

> Épreuves à toutes marges.
> Jolie collection.

694. — Suite de 13 figures in-8, dont 1 portrait, par Desenne, pour les *Œuvres*. Paris, *Dufart*, 1828.

> Épreuves AVANT LA LETTRE SUR CHINE, à toutes marges.
> Très belle suite.

695. — La même suite.

> Épreuves à l'état d'EAUX-FORTES SUR CHINE, à toutes marges.

696. RESTIF DE LA BRETONNE. Suite de 6 figures in-8, dessinées et gravées à l'eau-forte par Mongin, pour les *Contes*. Paris, *Quantin*, 1882, dans un carton.

> Triple suite en épreuves AVANT LA LETTRE : en NOIR, BISTRE, et SANGUINE, tirée à part sur PAPIER DU JAPON BLANC, grand in-4.
> Tirée à 40 exemplaires. De la collection des *Petits Conteurs du XVIII*e *siècle*.

697. RÉVOLUTION FRANÇAISE. Suite de 2 portraits et 48 figures in-8 oblong (de Duplessis-Bertaux, gravées par Conché), pour les *Scènes de la Révolution*.

> Belles épreuves AVANT LA LETTRE, tirées à deux sur la même feuille. Les feuilles numérotées 13 et 14, 43 et 44, 45 et 46 tout en comptant pour 2 figures, n'ont qu'une seule figure occupant toute la page. On y a ajouté 2 feuillets de table contenant l'explication des planches.

698. — 41 figures et portraits in-8, gravés par Couché d'après David, Vernet, Moreau, etc. pour la *Collection des Mémoires relatifs à la Révolution française*. Paris, *Baudouin*, 1822-1825, 15 livraisons avec couvertures.

> Portraits des personnages les plus célèbres, fac-similé de leur écriture et gravures relatives à la Révolution.

699. — 13 figures in-8 oblong, dessinées et gravées par Couché fils, pour les *Scènes de la Révolution*.

> 12 épreuves à l'état d'EAUX-FORTES et 1 figure AVANT LA LETTRE SUR CHINE. On y a ajouté 1 figure de Moreau *Démolition de la Bastille*, 1 portrait de Bonaparte par Bertaux 1872, et 1 figure de Monnet *Louis à la barre de la Convention*. Pièces à toutes marges.

700. — Réunion de 56 figures de Moreau, Marillier, Couché, Duvivier, Lejeune, Desenne, Kuffner, Leleux, etc.

> La plupart de ces figures sont en épreuves AVANT LA LETTRE.

701. — Réunion de 56 figures de Raffet, Alfred et Tony Johannot, Chasselat, Markl, Girardet, Charpentier, Lami, Ary Scheffer, Devéria, Langlois, etc.

> Quelques épreuves AVANT LA LETTRE et EAUX-FORTES.

702   RÉVOLULION FRANÇAISE. Réunion de 29 figures de Raffet, Bellangé, Tony Johannot, Morel Fatio.

> *Les Tambours de la République*, superbe photographie d'après Raffet, in-8 en travers, montée in-fol.; *Débarquement de l'armée française en Afrique*, in-4 par Raffet, gravée par Girardet; *Napoléon* (1813) in-4 par Raffet, gravé par Alès; *La Bastille*, eau-forte par Raffet, 1832, épreuve sur CHINE; *Revue des Ombres passée par Napoléon Ier dans les Champs-Élysées*, in-4 par Raffet, gravé par Colin; *Scène de la Vendée*, eau-forte in-4 de Tony Johannot, tirée de l'*Artiste*; *Une scène de 93*, eau-forte in-4 de Tony Johannot, 1831, tirée de l'*Artiste*; *Retour de l'Ile d'Elbe*, in-4 par Bellanger, gravé par Gaitte; *Dévouement du Vengeur*, in-4 par Morel Fatio, gravé par Ferdinand; *Un souper sous la Régence*, par Tony Johannot, etc, etc
> Superbes épreuves à toutes marges, dont 15 AVANT LA LETTRE et 1 EAU-FORTE.

703.   RICCOBONI (Mme). Suite de 23 figures (sur 24) in-8, de Brion de La Tour, Gravelot, sans nom de graveurs, quelques-unes non signées, pour les *Œuvres complètes. Paris, Volland,* 1786.

> Épreuves AVANT LA LETTRE, à toutes marges. Plus 1 figure de la même suite.

704.   — Suite de 5 figures in-8, de Choquet, gravées par Adam, Manceau, Bovinet, Tavernier, pour les *Œuvres.*

> Très jolie suite. Épreuves AVANT LA LETTRE SUR CHINE, plus 2 figures en double, AVANT LA LETTRE et 1 EAU-FORTE.
> On y a ajouté : 1 jolie figure de Marillier, gravée par De Ghendt; 2 jolies figures (de Chodowiecki) dont 1 AVANT LA LETTRE; 3 figures de Colin et Isabey, dont 1 AVANT LA LETTRE et 2 EAUX-FORTES.
> La plupart de ces pièces sont à toutes marges.

705.   — Suite de 6 figures in-8, de Picou, gravées par Simonet, Ruhierre, Manceau et Sisco, pour les *Œuvres complètes. Paris, Foucanlt,* 1818.

> Épreuves à toutes marges. Plus 4 figures AVANT LA LETTRE, dont 3 sur PAPIER VÉLIN gr. in-8 et 1 sur CHINE.

706.   — Suite de 2 frontispices gravés avec vignettes et de 2 figures in-32, de Desenne, gravées par Jehotte et Levasseur pour les *Lettres de Milady Catesby* et les *Lettres de Fanny Butler. Paris, Werdet et Lequien,* 1826.

> Belles épreuves en 2 états : avec la lettre sur chine et EAUX-FORTES. Plus 1 état AVANT LA LETTRE SUR CHINE pour les *Lettres de Milady Catesby.*
> Tirage à part à toutes marges.

707.   RICHARDSON (Samuel). Suite de 21 figures in-12, par Eisen et Pasquier, gravées par Beauvais, Delafosse, Legrand, Maisonneuve, Pelletier, Tardieu et Pasquier, pour les *Lettres angloises ou Clarisse Harlowe. Londres, Nourse (Paris),* 1751-1752.

> Bonnes épreuves avec marges montées sur papier gr. in-8.
> On y a joint 1 portrait non signé et la suite des 21 figures (dont 1 en double), gravées (retournées) par Duflos d'après la suite ci-dessus, épreuves également montées gr. in-8.

708.   — Suite de 19 (au lieu de 17) figures in-18, non signées (de Marillier ?), pour les *Lettres angloises ou Histoire de Miss Clarisse Harlowe. Londres (Paris, Cazin),* 1784 (Édition en 11 vol.).

> Bonnes épreuves à toutes marges.

709. RICHARDSON (Samuel). Suite de 1 portrait par Pujos, gravé par Topffer, et de 21 figures petit in-12, par Schellenberg, pour *Clarisse Harlowe. Genève,* 1785.

Jolie réduction des figures de Chodowiecki ; épreuves AVANT LA LETTRE (avec les numéros) avec marges.

710. — La même suite.

Épreuves à toutes marges.

711. — Suite de 21 figures in-8, dessinées et gravées par Chodowiecki, pour *Clarisse Harlowe. Genève et Paris,* 1785-1786. Édition en 10 vol.

Charmantes figures en épreuves AVANT LA LETTRE, à toutes marges.

712. — Suite de 24 figures in-8, dessinées et gravées par Chodowiecki en 1795-1796, pour *Clarisse Harlowe,* édition en 8 vol.

Bonnes épreuves montées gr. in-8.

713. — 12 figures in-8, de Chodowiecki, gravées par Geyser, pour *Clarisse Harlowe.*

Belles épreuves, remontées gr. in-8.
On y a ajouté 1 figure in-8 de Chodowiecki gravée par Berger, et 5 figures diverses.

714. — Suite de 14 figures in-12, de Huot, gravées par Bovinet, pour *Clarisse Harlowe. Paris, Lemarchand, an X* (1882). — Suite de 8 figures in-8 de Whale, gravées par Isaac Taylor et Grignion, pour une édition anglaise du XVIIIe siècle en 8 vol.

Jolie suite, épreuves avec marges.

715. RICHEPIN (Jean). Suite de 7 figures in-12, de Courboin, pour la *Chanson des gueux. Paris, Maurice Dreyfous,* 1883, dans un carton.

716. ROMANS ANGLAIS. Suite de 20 figures in-8, de Le Barbier et Lafitte, gravées par Lecerf et Lépine, pour des *Romans anglais traduits en français.*

Épreuves AVANT LA LETTRE tirées à part sur PAPIER DE HOLLANDE in-4, à toutes marges.

717. — Réunion de 125 figures de Stock, Westall, Gavarni, Andrieux. Hulet, Corbould, Uwins, Rooker, Ramberg, etc.

Lot renfermant entre autres des épreuves AVANT LA LETTRE et 3 jolies figures in-4, en couleur.

718. ROMANS FRANÇAIS. Réunion de 130 figures pour les romans de MM[mes] de Graffigny, Riccoboni, Cottin, de Senlis, de Tencin, de Souza, de Duras, Tastu, Desbordes-Walmore, Anaïs Ségalas, Mélanie Waldor, Dufrénoy, Campan.

Choix de jolies figures de Chasselat, Desenne, Devéria, lithographies de Boulanger, tirées de l'*Artiste,* DESSINS, etc. La plupart de ces figures sont AVANT LA LETTRE et EAUX-FORTES.

719. ROMANTIQUES (vignettes pour les). 153 figures, vignettes de titres, titres imprimés avec vignettes, par Alfred et Tony Johannot, Gigoux, Henry Monnier, Tellier, Levasseur, gravés sur bois,

par Porret, Brevière, Thompson, Cherrier, Leloir, Lacoste ; eaux-
fortes de Boisselot, Alfred Albert, etc.

Illustrations pour les *Éditions originales* des Romantiques, et autres : Philarète
Chasles, Roger de Beauvoir, Madame Bernard, d'Arlincourt, Albitte, Arnould
et Fournier, Edouard d'Anglemont Barginet, Balzac, Beauchesne, Barthélemy,
Dargaud, Berthoud, Bonnellier, Brot, Castil-Blaze, Byron, Cassagneux, Forneret,
Chateaubriand, Delavigne, Drouineau, Paul Foucher, Hoffmann, Jal, Jules Jan-
nin, Kermel, Jules Lacroix, Paul Lacroix, Lamartine, Madame Le Bassu, Lottin
de Laval, Henri Martin, Michel Masson et Raymond, Merville, Méry, Muret,
les Cent et une nouvelles, Royer, George Sand, Pons, Eusèbe de Salle, Vien-
net, Mélanie Walder, Alfred de Vigny, les Contes bruns par une tête à l'envers, Histoire populaire de la famille Bonaparte, frontispices : pour la *Revue des
Deux-Mondes, l'Artiste, l'Entr'acte, le Corsaire, Journal de la Littérature nationale*, etc., etc.
Choix de pièces rares, la plupart AVANT LA LETTRE SUR CHINE, à toutes marges.

720. ROUCHER. Suite de 1 titre gravé avec fleuron et 1 figure in-32,
-de Desenne, gravés par Derly, pour les *Mois, poème. Paris, Froment*, 1825.

Épreuves en 2 états : AVANT LA LETTRE SUR CHINE et avec la lettre SUR CHINE,
tirées à deux sur la même feuille, à toutes marges.

721. ROUSSEAU (J.-B.). Suite de 8 figures in-8, de Laffite, gravées par
Dupréel, Croutelle, Langlois, Delvaux, sous la direction de Ancelin,
pour les *Œuvres. Paris*, 1795.

Jolie suite.
Belles épreuves, dont 4 sont AVANT LA LETTRE ; plus 2 figures de la même suite.
Pièces à toutes marges.

722.* — 1 frontispice gr. in-8, dessiné et gravé à l'eau-forte par Chauvet, pour les *Contes et Nouvelles*, 1880.

Très belle pièce.
Epreuve en 3 états : en noir sur PAPIER DE HOLLANDE in-8, en bistre sur CHINE
VOLANT in-4, à la sanguine sur PAPIER DE HOLLANDE in-4.
Pièces à toutes marges.

723. — Le même frontispice.

SECONDE ÉPREUVE AVEC RETOUCHES A L'IMPRIMERIE MÈME, signée par l'artiste,
en 2 états ; en noir sur PAPIER DE HOLLANDE et en bistre sur CHINE VOLANT, à toutes
marges.

724. — 1 frontispice gr. in-8, dessiné et gravé à l'eau-forte par Chauvet, pour les *Épigrammes*, 1879.

Très jolie pièce.
PREMIÈRE ÉPREUVE SANS RETOUCHES, signée par l'artiste, en 2 états : en noir
sur PAPIER VÉLIN in-4 et en bistre sur PAPIER DU JAPON in-4.
Pièces à toutes marges.

725. — Le même frontispice.

PREMIÈRE ÉPREUVE SANS RETOUCHES, signée par l'artiste, en 2 états comme
dans l'article précédent.

726. — Réunion de 14 frontispices et figures in-8, de Chéron, Bernard Picart, Debrie, etc.

Frontispices pour les éditions de 1713, 1723, 1732, 7 figures de Debrie, gravées
par Duflos, Bernarts et Lacave, pour les *Œuvres diverses. Amsterdam*, 1723, etc.
Pièces remontées.

727. ROUSSEAU (J.-J.). 13 figures in-8, de la suite de Marillier, 1779-1781.

> Belles épreuves AVANT LA LETTRE : 9 AVANT LE CADRE et 4 avec le cadre. Presque toutes ces figures sont avec marges.

728. — 1 frontispice d'après Cochin et 26 figures in-18, gravées par Lorieux (les 5 dernières non signées), d'après les figures de Moreau, pour les *Œuvres*.

> Réduction assez belle des grandes figures de Moreau.
> Épreuves AVANT LA LETTRE, à toutes marges.

729. — Réunion de 30 figures in-8 et in-18 de Moreau ou gravées d'après Moreau.

> Figures de la suite in-8 et des réductions par Dupréel et Delvaux, etc.
> La plupart de ces figures sont AVANT LA LETTRE, à toutes marges, plus 1 EAU-FORTE.

730. — Suite de 10 figures in-12, dessinées et gravées par W. Jury, pour une édition allemande des *Œuvres*.

> Charmantes figures AVANT LA LETTRE tirées à part à deux sur la même feuille, à toutes marges.

731. — Suite de 13 figures in-8, dont 1 portrait et 1 frontispice, par Desenne, plus 6 vues des habitations de Rousseau, par Guyot et Bourgeon, pour les *Œuvres*. *Paris, Lefèvre,* 1819-1822.

> Belles épreuves des figures AVANT LA LETTRE SUR CHINE, sauf 3 qui sont sur GRAND PAPIER VÉLIN, toutes AVANT LE CADRE, tirées à part, gr. in-4. Le portrait est avec la lettre ; 4 des *vues* sont remontées ; 2 sont AVANT LA LETTRE, plus 1 EAU-FORTE. On y a ajouté 1 figure en double AVANT LA LETTRE et 1 EAU-FORTE.
> Très jolie suite.

732. — Suite de 43 figures in-8, dont 2 portraits, par Devéria, pour les *Œuvres Paris, Dalibon,* 1825-1827.

> Superbes épreuves, tirées à part, AVANT LA LETTRE SUR CHINE, gr. in-4, à toutes marges.
> Très jolie suite, rare. On y a ajouté 1 figure (*l'Amour maternel*), épreuve AVANT LA LETTRE SUR GRAND PAPIER VÉLIN, gr. in-4.

733. — Suite de 25 figures gr. in-8, d'Alfred et Tony Johannot, Devéria, Markl, Roqueplan, Leprince, pour les *Œuvres complètes. Paris, Furnes,* 1837-38.

> Belles épreuves AVANT LA LETTRE SUR CHINE, 2 sur blanc, plus 2 figures en double également AVANT LA LETTRE.
> Pièces tirées à part, à toutes marges. Belle suite.

734. — Suite de 13 figures in-12, dont 1 portrait, dessinées et gravées à l'eau-forte, par Hédouin, pour les *Confessions. Paris, Jouaust,* dans un carton.

> Épreuves AVANT LA LETTRE sur papier vergé.

735. — 15 frontispices et figures in-8, de Cochin, la plupart pour *Émile*.

> Pièces avant le cadre, et pièces avec le cadre, celles-ci ont la tablette découpée.

736. Rousseau (J.-J.). 9 figures in-8, d'Eisen : 5 pour *Émile. La Haye,*
1762. — 1 frontispice gravé par Baquoy. — 1 frontispice gravé par
Sornique et 2 figures pour *Pygmalion.*

Les figures pour *Emile* sont avec marges, 2 sont AVANT LA LETTRE.

737. — Suite de 9 figures petit in-8, dont 1 frontispice de Marillier,
gravées par Ingouf, Macret, De Ghendt, Halbou, Dambrun, Ponce,
pour *Emile* (des *OEuvres choisies*). *Londres, s. d.* (vers 1783).

Figures avec la lettre, avec marges. On y a joint 7 figures de la même suite,
épreuves AVANT LA LETTRE, à toutes marges.
Très jolie suite.

738. — 9 figures (sur 12) in-18, de Devéria, pour *Émile. Paris, Ménard*
et Desenne, 1824 (de la Bibliothèque française).

Belles épreuves AVANT LA LETTRE SUR CHINE, gr. in-8, à toutes marges.

739. — Suite de 1 frontispice de Cochin gravé par Longueil, et de 12 figures in-8, de Gravelot, pour la *Nouvelle Héloïse,* éditions de 1761
et de 1764.

Bonnes épreuves à toutes marges. On y a joint 1 figure gravée par Longueil
(la 12e), pour l'édition de 1764, différente de celle de 1761.
Pièce à toutes marges. Numéros grattés en tête des figures de l'édition
de 1764.

740. — 15 figures pour la *Nouvelle Héloïse* : 9 figures in-8, de la suite
de Moreau pour l'*édition Poinçot,* 1788; 3 figures in-8, de Monsiau,
pour l'*édition Deterville,* 1817; 1 figure de Le Barbier; et 1 figure in-
8, de Wheathy.

Les figures de Moreau, et les 2 dernières figures sont AVANT LA LETTRE, avec
marges.

741. — Suite de 1 portrait d'après Degault et de 5 figures in-8, de
Prudhon, gravées par Copia, pour la *Nouvelle Héloïse. Paris,* 1804.

Belles pièces à toutes marges.

742. — 7 figures (sur 12) in-18, de Devéria, pour la *Nouvelle Héloïse.*
Paris, Ménard, et Desenne, 1824 (de la Bibliothèque française).

Épreuves AVANT LA LETTRE SUR CHINE, gr. in-8, à toutes marges.

743. — 13 figures (sur 38) gr. in-8, de Tony Johannot, Le Poitevin,
Baron, gravées par Brugnot, pour *Julie ou la Nouvelle Héloïse. Paris,*
Barbier, 1845.

Belles épreuves sur Chine à toutes marges; on y a ajouté 5 figures en double
sur CHINE VOLANT, plus 1 belle figure in-4, de Tony Johannot, gravée par Brugnot.
Le Premier Baiser, tiré de l'*Artiste,* très jolie épreuve sur CHINE, à toutes marges.

744. — 1 eau-forte petit in-4, d'après Emile Wattier, pour *Saint-Preux*
et Julie montant en bateau (*Nouvelle Héloïse*).

Superbe pièce tirée de l'*Artiste.*
Épreuve en 2 états : AVANT TOUTE LETTRE SUR CHINE IN-FOLIO, et avec la lettre
sur CHINE, à toutes marges.

745. Rousseau (J.-J.). Pygmalion, scène lyrique, 1773, gr. in-8, de 20 pp. de texte gravé et 6 figures de Moreau, gravées par Ponce et Delaunay, broché.

Pièce très rare, NON ROGNÉE, mais sans le titre. Mouillures.

746. — Suite de 6 figures in-8, d'Eisen, gravées par De Ghendt, pour *Pygmalion*.

Belles épreuves remontées sur beau papier gr. in-8.

747. — 11 Vues des Habitations et Tombeau de J.-J. Rousseau, par Bourgeois, Beyer, Queverdo, Guyot, Monsiau.

5 épreuves AVANT LA LETTRE et 1 EAU-FORTE. Belles pièces, à toutes marges.

748. — Réunion de 33 figures de Chodowiecki, Marillier, Eisen, Boucher, Schley, Ender, Girodet, Guérin, Devéria, Leprince, Desenne.

Lot renfermant un certain nombre de figures pour *Pygmalion*, très jolies. Bonnes épreuves, dont plusieurs AVANT LA LETTRE.

749. Saint-Lambert. Réunion de 75 figures et vignettes de Harrewyn, Marillier, Eisen, Choffard, Duflos, Borel pour les *Saisons* et les *Mois*.

Lot renfermant de très jolies pièces de Marillier et d'Eisen ; beaucoup d'épreuves AVANT LA LETTRE et 2 EAUX-FORTES.

750. — 17 figures pour les *Saisons*.

1 titre avec fleuron et 4 vignettes en-têtes de pages par Choffard (1769), 5 figures in-8 par Le Prince et Gravelot, pour l'édition de 1769. — 6 figures gr. in-8 par Moreau, pour l'édition d'*Amsterdam*, 1775, épreuves coupées au cadre, collées sur chine et remontées sur beau papier gr. in-8. — 1 portrait de Saint-Lambert, gravé par Adam.

751. — Réunion de 28 figures de Desenne, Vicomte de Senonnes, Meyer, Lordon, Boquet, Choquet, etc. pour les *Saisons* et les *Mois*.

Belles épreuves la plupart AVANT LA LETTRE et 1 EAU-FORTE. Le lot renferme 6 figures petit in-4 en travers, gravées d'après Coypel et Watteau.

752. Saint-Pierre (B. de). 1 portrait par Girodet-Triosson gravé par Wedgwood, et 7 figures (sur 10) (3 in-8 et 3 vignettes) de la suite de Henry Corbould, gravées par Lefebvre jeune, Wedgwood, George Corbould, Bein, Sedinet, terminées par Wedgwood, pour les *Œuvres. Paris, Lequien*, 1830.

Épreuves AVANT LA LETTRE SUR CHINE, à toutes marges.
Très jolie suite.

753. — 7 figures (sur 9) in-18, de la suite de Henry Corbould, gravées sur acier par George Corbould, pour *Paul et Virginie et la Chaumière indienne. Paris, Lefevre* (1828-1829).

Épreuves AVANT LA LETTRE SUR CHINE, sauf 1 figure qui est avec la lettre. Plus 4 figures en double, également AVANT LA LETTRE SUR CHINE. Pièces à toutes marges.
Jolie suite.

754. — Suite de 36 figures et portraits in-8, de Lafitte, T. Johannot,

Meissonier, etc. pour *Paul et Virginie et la Chaumière indienne. Paris, Curmer*, 1836.

> Belles épreuves auxquelles on a ajouté 10 figures de la même suite, sur CHINE VOLANT et 34 vignettes provenant des éditions de Curmer, Masson et Havard, pièces soigneusement remontées.

755. SAINT-PIERRE (B. de). Suite de 1 frontispice et de 10 figures in-12, dont 1 portrait, par Laville, Calmelet, et Devilliers, gravés sur bois par Lacoste jeune, pour *Paul et Virginie. Paris, Lavigne*, 1839.

> Épreuves AVANT LA LETTRE sur CHINE, à toutes marges.
> Le frontispice est en 2 états : noir et colorié.

756. — Suite de 7 figures in-12, dont 1 portrait, dessinées et gravées à l'eau-forte par Hédouin, pour *Paul et Virginie. Paris, Lemerre*, 1878.

> Tirage à part AVANT LA LETTRE, sur papier teinté, in-8.

757. — 2 figures in-8, de Desenne, gravées par Muller et Pigeot, pour la *Chaumière indienne*. (*Paris, Méquignon-Marvis*, 1818-1819.)

> Épreuves en 3 états : avec la lettre, AVANT LA LETTRE et AVANT LA LETTRE SUR PAPIER VÉLIN IN-FOLIO.
> Jolies pièces à toutes marges.

758. — 2 pièces in-8, de T. Johannot pour la *Chaumière indienne*. —

> Jolis DESSINS à l'encre de Chine, qui n'ont jamais été gravés.

759. — 45 figures in-18 et in-8, des suites de Moreau, Vernet, Choquet, Devéria, Desenne, Fauchery, Uwins, et paysages de Daubigny, pour *Paul et Virginie et la Chaumière indienne*.

> Choix de jolies pièces, dont un certain nombre sont AVANT LA LETTRE et 5 EAUX-FORTES.

760. SAND (George). 17 (sur 24) portraits in-4, gravés sur acier par Robinson, d'après Charpentier, Lépaulle, Gros Claude, etc., pour la *Galerie des Femmes de George Sand. Paris, chez Aubert*.

> 2 épreuves sont sur CHINE. On y a ajouté de la même suite 8 épreuves sur CHINE et 2 AVANT LA LETTRE SUR CHINE.

761. — 6 figures, in-4, de Daubigny, Gavarni, Tony Johannot. —

> 1 figure in-4 de Daubigny, gravée par Outhwaite, pour la *Mare au Diable*; 2 superbes lithographies de Gavarni, pour *Lélia*, sur CHINE ; 1 eau-forte petit in-4 de Tony Johannot, pour *André*, épreuve en 2 états : AVANT TOUTE LETTRE SUR PAPIER VÉLIN et AVANT LA LETTRE, NOM DE L'ARTISTE A LA POINTE, SUR CHINE IN-FOLIO ; 1 eau-forte in-4 de Tony Johannot pour *André* épreuve AVANT LA LETTRE SUR CHINE IN-FOLIO. Belles pièces à toutes marges.

762. — 1 figure in-8, de F. Grenier, pour *Leone-Leoni*. —

> Très jolie AQUARELLE signée par F. Grenier.

763. SATYRE MÉNIPPÉE. Suite de 9 figures in-8, dont 1 frontispice avec 6 portraits en médaillons, par Devéria, gravées à l'eau-forte par

Alfred et Tony Johannot, Adam, Kœnig, Lefèvre, pour la *Satyre Ménippée* (*Paris, Dalibon,* 1824-1825).

Superbes épreuves sur chine ou sur blanc; plus : 6 figures AVANT LA LETTRE SUR CHINE TIRÉES IN-FOLIO ; 1 figure AVANT LA LETTRE SUR CHINE en double, et 3 EAUX-FORTES.

On y a ajouté 1 figure in-8 en travers, *Procession de la Ligue,* 3 *juin* 1590, épreuve sur CHINE, et 1 table pour le placement des gravures.

Belles pièces TIRÉES A PART à toutes marges.

764. SCARRON. Suite de 15 figures de Le Barbier pour le *Roman comique,* 1796.

Épreuves AVANT LA LETTRE SUR PAPIER VÉLIN, à toutes marges. On y a ajouté 1 figure ancienne et 1 DESSIN à la sépia non signé.

765. — Suite de 10 figures in-12, dont 1 portrait, dessinées et gravées à l'eau-forte par L. et F. Flameng pour le *Roman comique. Paris, Jouaust,* sans un carton.

Épreuves AVANT LA LETTRE sur papier vergé.

766. — Suite de 12 figures in-8, dont 1 portrait par Henri Pille, gravées à l'eau-forte par Monziès, pour le *Roman comique. Paris, Lemerre.*

Épreuves AVANT LA LETTRE SUR CHINE VOLANT, gr. in-8.

767. — 7 figures in-18, non signées (de Chodowiecki?), pour une édition allemande de l'*Énéide travestie* (1789, en 4 vol.). — 1 figure de Chodowiecki pour le même ouvrage.

Pièces coupées au cadre.

768. — Suite de 1 portrait et 12 figures in-8, par Chauvet pour le *Virgile travesti.*

Jolis DESSINS à la sépia.

769. SCHILLER. Suite de 24 figures in-8, de Dourdet, gravées sous la direction de Fauchery, par Mᶫˡᵉ A. Veret, Boilly, Lafond, Bertrand, pour les *Œuvres dramatiques. Paris, Marchant,* 1844.

Belles épreuves à toutes marges.

770. — Suite de 1 portrait d'Élisabeth, par Tischbein, gravé par Schmidt et de 5 figures in-8, de Catel, gravées par Böhm, pour *Don Carlos. Leipzig, Goeschen,* 1803.

Jolie suite, en épreuves à toutes marges.

771. — Suite de 50 portraits in-4, par Pecht et Ramberg, pour la *Schiller-Galerie. Leipzig, Brockhaus,* 1839, avec titre et table des gravures.

Pièces avec marges.

772. — Réunion de 49 figures de Ramberg, gravées par Jury, Ruhierre, pour diverses éditions allemandes.

Jolies pièces la plupart AVANT LA LETTRE et 3 EAUX-FORTES, à toutes marges.

773. SCHILLER. Réunion de 31 figures de Nacke, Schrötter, Wachter, Mucke, Kupfer, etc., pour diverses éditions allemandes.

Lot renfermant entre autres des figures AVANT LA LETTRE, 2 EAUX-FORTES et 1 DESSIN.

774. — KOTZEBUE et WERNER. 4 eaux-fortes non signées, pour les *Brigands*, *l'Opéra des gueux*, *24 février*, et *C'était moi*.

Belles pièces avec marges, tirées du *Monde dramatique*.

775. SCOTT (Walter). 81 jolies vignettes (sur 84) de Alfred et Tony Johannot, pour orner les titres des *Œuvres complètes*. *Paris, Gosselin et Sautelet*, 1827-1833.

Épreuves AVANT LA LETTRE SUR CHINE, TIRÉES A PART, à deux sur la même feuille, à toutes marges.

776. — 24 fleurons de titres de la suite précédente. — —

Epreuves TIRÉES A PART AVANT LA LETTRE SUR CHINE, avec marges.

777. — 14 fleurons de la même suite. — -

Epreuves AVANT LA LETTRE SUR CHINE, tirées à deux sur la même feuille, avec marges.

778. — Suite de 33 figures in-8, de Alfred et Tony Johannot pour les *Œuvres*. *Paris, Furne*, 1830.

Superbes épreuves, en 2 états : AVANT LA LETTRE SUR CHINE et EAUX-FORTES. TIRAGE A PART SUR PAPIER VÉLIN IN-FOL. Rare.

779. — Suite de 33 figures in-8, dont 1 portrait, de Alfred et Tony Johannot et 13 vues (sur 15), pour les *Œuvres*. *Paris, Furne*, 1840.

Epreuves avec marges. On y a joint de la même suite : 4 figures AVANT LA LETTRE (2 sur CHINE et 2 sur GRAND PAPIER VÉLIN); 6 figures avec la lettre, dont 3 sur grand papier vélin et 3 sur chine (avec la lettre grattée); 1 vue de la *Chambre* à Abbotsford, épreuve en deux états : AVANT LA LETTRE SUR CHINE et EAU-FORTE. Plus 4 figures diverses AVANT LA LETTRE SUR CHINE. Pièces tirées à part, à toutes marges.

780. — 28 portraits de la *Galerie des Femmes* par des artistes anglais.

Jolies pièces dont plusieurs AVANT LA LETTRE.

781. — Réunion de 103 figures et vues, dessinées et gravées par des artistes anglais.

Belles épreuves provenant des meilleures suites anglaises en divers états : AVANT LA LETTRE et des EAUX-FORTES, dans de très belles conditions. Pièces avec marges.

782. — Réunion de 33 lithographies in-4 et in-fol. de Louis Boulanger, Devéria, Roqueplan, Delacroix, Fragonard, Cibot, Mouilleron, Hippolyte Lecomte, Delorme, Coupin, Challamel, Durand.

Très jolies pièces de toute rareté, publiées par Gaugain, Delannois, Frey, Ardit, ou tirées de l'*Artiste*, etc. très bien conditionnées.

12 — 783. SCRIBE. 215 figures in-8, de Alfred et Tony Johannot, Gavarni, Markl, Staal, etc., gravées par Blanchard, pour le *Théâtre complet* (*Paris, Aimé André*, 1833-1837).

Jolies figures en belles épreuves dont 184 avec la lettre en divers états et 31 AVANT LA LETTRE SUR CHINE. On y a ajouté : 1 lithographie en couleur de Henry Monnier, l'*Héritière*; 1 lithographie de Gavarni, la *Camaraderie*, tirée du *Monde dramatique*; 1 lithographie pour le *Verre d'eau*, tirée du *Théâtre*. Jolies pièces.

2 — 784. SÉGUR (J.-A. de). Suite de 6 figures in-8, de Harriet, gravées par Texier, Delvaux et Bovinet, pour les *Femmes, leurs conditions et leur influence dans l'ordre social. Paris, Didot*, 1803.

Superbes épreuves AVANT LA LETTRE, à toutes marges.

3 — 785. — Réunion de 34 figures de Moreau, Monsiau, Duplessis-Bertaux, Bouillon, Girodet, Fragonard, Chasselat, Devéria, Tony Johannot, Wattier, etc. pour les *Femmes, leurs conditions et leur influence.*

Choix de belles figures, la plupart AVANT LA LETTRE et 3 EAUX-FORTES.

23 — 786. SÉVIGNÉ (Mme de). Iconographie des lettres de Mme de Sévigné. Collection de 137 portraits extraits des attiques du Palais de Versailles et gravés sur acier. *Paris, Bureau des galeries historiques de Versailles, s. d.* 137 portraits in-8, dans un carton.

40 — 787. — Suite de 25 portraits in-8, par Devéria, pour les *Lettres de Madame de Sévigné. Paris, Dalibon*, 1823-1824.

Épreuves en 2 états : AVANT LA LETTRE SUR CHINE, TIRÉES A PART IN-FOLIO et EAUX-FORTES sur CHINE, à toutes marges. Plus une table généalogique de Mme de Sévigné.

52 — 788. — 45 portraits en médaillons tirés de la suite des *Émaux de Petitot. Paris, Blaisot*, 1861.

Épreuves AVANT LA LETTRE SUR CHINE ou sur blanc à toutes marges.

10 — 789. — Suite de 1 portrait en pied et de 17 eaux-fortes de V. Foulquier pour les *Lettres choisies. Tours, Mame*, 1871.

Épreuves TIRÉES A PART sur CHINE VOLANT, gr. in-8.

14 — 790. — 20 figures représentant les châteaux, habitations et éventails de Mme de Sévigné, et 13 fac-similés d'écritures.

La plupart des figures sont à l'état d'EAUX-FORTES.

1 — 791. SHAKESPEARE. Suite de 1 portrait gravé par Van der Gucht et de 36 figures in-8, de Gravelot, gravées par Van der Gucht pour les (*Œuvres*) *Works. London*, 1762.

Bonnes épreuves coupées au cadre et montées sur beau papier gr. in-8.

30 — 792. — Suite de 40 figures in-4 ovale, de Stothard et Smirké. *London, Taylor*, 1783-1787.

Épreuves à toutes marges, auxquelles on a joint le titre gravé pour cette suite.

793. SHAKESPEARE. 35 figures in-8, et 3 planches de Ramberg, Burney, etc. gravées par Thornthwaite, Hall, etc. pour les *Tragédies*.
London, Bell, 1785-1786.

    Figures intéressantes pour les costumes.

794. — 49 figures in-8, de Loutherbourg, Hamilton, Burney, pour le
Théâtre. London, Bell, 1785.

    36 figures en médaillon, et 13 portraits, vues de monuments, etc.

795. — 13 figures in-8, en médaillon, de la suite de Moreau. Loutherbourg, etc. pour le *Théâtre. London*, 1785-1787 (édition anglaise).
— 5 figures in-18, en médaillon de Ramberg pour le *Théâtre. London, Bell*, 1785 (édition anglaise). — Ens. 18 pièces.

    Les figures de Moreau, au nombre de 6 et 1 figure de Loutherbourg, sont
AVANT LA LETTRE SUR GRAND PAPIER VÉLIN.
    Les 18 pièces sont à toutes marges.

796. — Suite de 96 figures in-8, des principaux artistes anglais,
Smirke, Stothard, Westall, Hilton, Leslie, Briggs, Stephanoff, Cooper, Corbould, Clint, etc. gravées par Heath, Greatbach, Robinson,
Pye, Finden, Engelheart, Armstrong, Rolls, etc., pour le *Shakespeare Portfolio. London, s. d.* (1821-1829), dans un carton.

    Ce recueil est formé de trois suites de gravures (suites inachevées) : 1º la belle
suite de 40 figures de Smirke. *London, Hurst, Robinson, Jennings, et Rodwell and
Martin*, 1823-1825 ; 2º la suite de 19 figures de Stothard, Shephanoff, Westall
et Fuseli. *London, s. d.* (1832-1836) ; 3º la suite de 37 figures-vignettes de Smirke,
Cooper, Briggs, Leslie, etc. *Union Shakespeare illustrations. London, Hurst,
Robinson, Jennings*, 1825-1829.
    Ces suites ont été exécutées pour Joshua Walmesley, qui se proposait de publier
une grande édition illustrée de Shakespeare, mais qui mourut avant d'avoir réalisé
son projet.
    Superbes épreuves sur CHINE, TIRÉES A PART IN-FOLIO.
    Une seule figure est sur papier vélin fort grand in-8. On y a ajouté 1 portrait
de Shakespeare par Smith (*Union Shakespeare. London Jennings*, 1829) et 1 titre
avec portrait pour les illustrations de Smirke, 2 pièces sur CHINE IN-FOLIO.

797. — Suite de 34 figures in-8, de Stothard, Smirke, Howard,
Cooke, etc. gravées sur bois par Thompson, pour les *Œuvres*.

    Epreuves avec la lettre sur CHINE, montées sur beau papier vélin gr. in-8 à
toutes marges.

798. — 40 figures in-12, de Wright, Corbould, Smirke, Westall,
gravées par Heath, Rolls, etc. pour le *Théâtre*.

    Belle suite, en épreuves sur papier vélin in-8, avec marges.

799. — 19 figures in-8, en médaillon, de Singleton et Smirke, gravées
par Taylor et Nutter, pour les *Œuvres*.

    Epreuves avec marges.

800. — Suite de 36 figures in-12, de Henri Pille, gravées à l'eau-forte
par Louis Monziès pour les *Œuvres. Paris, Lemerre*, 1883, dans
2 cartons.

801. SHAKESPEARE. 1 eau-forte in-4, par Célestin Nanteuil, 1839, pour *Hamlet*.

Très belle pièce tirée de l'*Artiste*, à toutes marges.

802. — 30 portraits in-8, dont 1 frontispice, par des artistes anglais pour les *Héroïnes de Shakespeare*.

803. — Réunion de 49 figures provenant des meilleures suites anglaises, par Westall, Stothard, Leslie, Cook, West, etc.

Choix de jolies pièces dont un certain nombre sont AVANT LA LETTRE:

804. — Réunion de 34 figures anglaises in-8, pour diverses éditions anglaises des œuvres.

12 figures de la suite de Kirke, Hamilton, Rigaud, Reynold, etc., gravées par Partout, Mechel, etc.; 8 figures de Cook, Heath, Howard. *Londres, Longman*, 1807; 5 figures de Loutherbourg, Tresham, Burney, Thurston, dont 1 AVANT LA LETTRE. *London, Kearsley*, 1804; 7 figures de Stothard, Thomson, Shervin, etc. *London, Bell, Sharpe*, 1783-1785.

805. — Réunion de 27 figures de Chodowiecki, Bach, Opiz, Nacke, pour des éditions allemandes.

Parmi les figures d'Opiz et de Nacke se trouvent des épreuves AVANT LA LETTRE et des EAUX-FORTES.

806. SOULIÉ (Fréd.). 2 lithographies in-4 en travers, par Delaunois, d'après Eugène Devéria, pour *Clotilde*. Acte II, scène XV et acte V, scène IX, plus 1 épreuve double de cette dernière pièce.

Belles pièces tirées de l'*Artiste*, à toutes marges.

807. STERNE. Suite de 6 figures in-12, (de Monsiau) gravées par Levillain, pour le *Voyage sentimental. Paris*, 1801.

Réduction des figures de l'édition in-4 de l'*An VII*.
Épreuves en deux états : AVANT LA LETTRE et avec la lettre, à toutes marges.

808. — 17 figures d'Edward, Chodowieski, Uwins, Duponchel, Marillier, Desenne, pour le *Voyage sentimental*.

Les 2 figures in-18 de Desenne, dont 1 titre gravé avec fleuron, sont en 2 états : AVEC LA LETTRE SUR CHINE et EAUX-FORTES, tirés à deux sur la même feuille, plus 1 figure AVANT LA LETTRE.

809. — Suite de 6 figures in-8, dont 1 portrait, dessinées et gravées à l'eau-forte par Hédouin, pour le *Voyage sentimental. Paris, Jouaust*, 1875.

Épreuves tirées à part en deux états : AVANT LA LETTRE SUR CHINE VOLANT, et avec la lettre, sur papier vergé.

810. STRAPAROLE. Suite de 14 figures in-12, dessinées et gravées à l'eau-forte par Garnier pour les *Facétieuses Nuits. Paris, Jouaust*, dans un carton.

Épreuves AVANT LA LETTRE sur papier vergé.

811. SUE (Eugène). 11 figures et vignettes de titre, de Tony Johannot et de Henry Monnier, pour les *Editions originales* de *la Coucaratcha*, *la Salamandre*, *Plick-Plock*.

> Sept pièces sont AVANT LA LETTRE SUR CHINE VOLANT. Les 2 titres de la *Coucaratcha* sont avec la lettre sur CHINE VOLANT, plus une épreuve du second titre AVANT LA LETTRE SUR CHINE, et 1 vignette du premier titre découpé d'un texte. Pièces à toutes marges.

812. SWIFT. 11 figures in-8, dont 1 frontispice, par A. Reinhardt, ou non signées, pour le *Conte du Tonneau* (*XVIII* siècle).

> Pièces très curieuses, quelques-unes d'un état différent.

813. — Suite de 1 frontispice et de 9 jolies figures in-18, de Lefebvre, gravés par Masquelier, pour les *Voyages de Gulliver*. *Paris, Didot*. 1797.

> Plus 2 figures AVANT LA LETTRE sur GRAND PAPIER VÉLIN. Pièces à toutes marges.

814. — 7 figures in-8, de Duplessis-Bertaux, Uwins, Corbould, pour le *Voyage de Gulliver*.

> 2 jolies figures non signées (de Duplessis-Bertaux?); 2 figures d'Uwins gravées par Warren, dont 1 titre gravé avec fleuron, pour l'édition de *London, Walker*, 1819; 2 figures de Corbould, dont 1 titre avec fleuron; 1 DESSIN à la sépia, non signé.

815. — Suite de 6 compositions in-8, dont 1 frontispice, dessinées et gravées à l'eau-forte par Pierre Morel, pour les *Voyages de Gulliver*.

> Épreuves AVANT LA LETTRE tirées à part sur PAPIER DE HOLLANDE in-fol.

816. — Suite de 1 portrait et de 8 figures in-16, dessinés et gravés à l'eau-forte par Lalauze, pour les *Voyages de Gulliver*. *Paris, Jouaust*, 1875.

> Épreuves avec la lettre, sur CHINE VOLANT, gr. in-8.

817. — La même suite.

> Épreuves AVANT LA LETTRE sur PAPIER DE HOLLANDE, gr. in-8.

818. TALES OF THE GENII. Suite de 6 figures in-12, de R. Westall, gravées par Charles Westall pour les *Tales of the Genii* (contes des fées). *London, Rodwell and Martin*, 1820.

> Superbes figures AVANT LA LETTRE, SUR CHINE tirées à part, très gr. in-8, à toutes marges, avec couverture.

819. TASSE. 11 figures et titres avec fleurons de Prudhon et Desenne, gravés par Roger, et Devilliers, pour l'*Aminte*.

> 1 Jolie figure in-8 de Prudhon, gravée par Roger, pour *Aminta*. *Parigi, Renouard*, 1800, superbe épreuve; 1 titre gravé avec vignette de Desenne, gravé par Roger, pour l'*Aminte, imitée en vers français par Baour de Lormian*. *Paris. Klostermann*, épreuve en 2 états : AVANT LA LETTRE SUR GRAND PAPIER VÉLIN et avec la lettre sur PAPIER ROSE; 1 titre gravé avec fleuron, par Desenne, gravé par Devilliers, pour la même traduction; 1 figure de Desenne, gravée par Roger, épreuve en 4 états : AVANT LA LETTRE SUR PAPIER VÉLIN (3 épreuves), AVANT LA LETTRE SUR CHINE, AVANT LA LETTRE SUR PAPIER ROSE, et EAU-FORTE.
> Pièces à toutes marges, plus 1 épreuve remontée de la dernière figure.

3 — «

820. Tasse. Suite de 5 figures in-18, de Desenne pour l'*Aminta. Parigi, Didot,* 1813.

Épreuves avant la lettre en deux états : noires et coloriées, tirées à part sur papier vélin, à toutes marges.

10 — «

821. — La même, suite, plus les 5 en-têtes de pages de Desenne pour cette édition.

Épreuves avant la lettre à toutes marges.
Les en-têtes sont tirés à part sans texte sur papier vélin in-8 ou sur chine. Deux sont en double.
On y a joint un second état avec encadrement et bas-relief qui donnent à la gravure le format in-8.
Tirage à part sur papier vélin, à toutes marges.

3 — «

822. — Suite de 5 vignettes, par Ranvier, gravées par Champollion, pour l'*Aminte. Paris, Jouaust* (de la Collection-Bijou), dans un carton.

Charmantes vignettes, en épreuves avant la lettre, tirées à part sur papier vergé in-8.

11 — «

823. — Réunion de 22 figures de Cochin, Pierre, Desenne, etc., pour l'*Aminte.*

Ce lot renferme entre autres, une superbe figure gr. in-8 de Cochin, gravée par Martini, *Silvie délivrée par Aminte,* dédiée à Monseigneur le duc de Nivernois, par Le Bas, épreuve en 3 états : EAU-FORTE AVANT LE CADRE, EAU-FORTE avec le cadre, à toutes marges, et avec la lettre avec le cadre.
Les figures de Desenne sont à l'état d'EAUX-FORTES ou avant la lettre, à toutes marges.

1 — f°

824. — Suite de 21 figures in-8, dont 1 portrait, par Lapi, pour la *Gerusalemme liberata (Livorno,* 1777-1779).

Belles figures montées sur beau papier, gr. in-8.

1 — «

825. — Suite de 4 figures in-8, de Ducis, gravées par Pauquet, pour la *Vie du Tasse, par Buchon,* placée en tête de la *Jérusalem délivrée, traduction de Baour-Lormian,* 1819.

Épreuves avant la lettre sur chine, auxquelles on a joint 1 figure en double avant la lettre sur blanc et 1 fleuron de titre, épreuve en deux états : avant la lettre sur chine et EAU-FORTE.
Pièces sont tirées à part, à toutes marges.

1 — f°

826. — Suite de 1 portrait et de 3 figures in-8, de Desenne et Bergeret, pour la *Jérusalem délivrée, trad. de Baour-Lormian. Paris, Delaunay,* 1819.

Épreuves avant la lettre sur chine. Le portrait par Desenne, gravé par Muller, est avec la lettre sur chine.
On y a joint : 2 figures avec la lettre et 3 figures avant la lettre sur grand papier vélin en double.
Pièces tirées à part, à toutes marges.

1 — f°

827. — Suite de 1 portrait, 3 vignettes de titres et 6 figures in-8, de Colin, pour la *Jérusalem délivrée, trad. par Baour-Lormian. Paris, Tardieu,* 1822.

Épreuves avant la lettre sur chine. Tirage à part, à toutes marges.
On y a joint 4 figures et 1 vignette de titre, en double.

828. TASSE. Suite de 1 portrait, par Parez, gravé par Cooper et de 20 vi- *10 — "*
gnettes de Corbould, gravées sur bois par Williams, en tête des
20 chants de la *Jerusalem delivered*. *London*, 1824.

> Épreuves sur CHINE, avec texte (arguments), à toutes marges.
> Taches d'humidité.

829. —Suite de 4 figures in-12, de Myris, gravées par Delvaux, Baquoy *2 — "*
et Saint-Aubin, pour les *Veillées du Tasse. Paris, Crapelet, an XIII*
(1804).

> Épreuves AVANT LA LETTRE, sur PAPIER VÉLIN, à toutes marges.

830. —Réunion de 36 figures de Cipriani, Fretzschius, Colin, Alexandre, *11 — "*
Cook, Desenne, Turpin de Crissé, etc., pour la *Jérusalem délivrée*.

> La plupart de ces figures sont AVANT LA LETTRE et 3 EAUX-FORTES, à toutes
> marges.

831. TASSONI. 1 portrait, 1 frontispice et 12 figures in-8, de Sradizzi et *1 — "*
Menescardi, gravés par Filosi pour la *Secchia rapita*, du *Parnasso
italiano* 1784 (?)

832. TÉRENCE. Suite de 7 figures in-12, dont 1 frontispice, de Fra- *1 — "*
gonard, gravées par Delafosse, pour *Comœdia sex. Paris. Leloup et
Mérigot (Barbou)*, 1753.

> Très belles épreuves, tirées à part, gr. in-8, à toutes marges.

833. — Réunion de 16 figures, de Bernard Picart, Cochin, Eisen, Devéria. *3 — "*

> Quelques belles épreuves AVANT LA LETTRE.

834. THÉATRE ANGLAIS. Suite de 1 frontispice, 6 titres gravés avec *19 — "*
vignettes et 55 portraits d'acteurs et d'actrices par Roberts, gravés
par Thornthwaite, Reading, Walker, pour *Bell's British Theatre.
London, Bell*, 1776-1777.

> Portraits en pied d'acteurs et d'actrices, dans leurs rôles, finement gravés et
> très curieux pour les costumes. Sept de ces portraits contiennent chacun deux
> personnages.
> Suite rare.

835. —52 figures in-8, de la suite de Singleton, Howard, Cook, Stothard, *2 — "*
etc., publiées par *Longman*, 1816-1817.

> 50 figures AVANT LA LETTRE SUR CHINE ou sur blanc, et 2 figures avec la lettre.
> Plus 8 figures de la même suite, épreuves AVANT LA LETTRE SUR CHINE.
> Pièces tirées à part, à toutes marges.

836. — Suite de 44 figures in-8 ovales et ornementées, par Opie, *3 — "*
Smith, Wilde, Burney, Smirke, Corbould, etc., publiées à *London,
Cooke*, 1816-1821.

> Belles épreuves tirées à part sur PAPIER VÉLIN à toutes marges.

837. THIERS (Ad.). Suite de 100 figures in-8, dont 1 portrait, par Henri *9 — "*
et Ary Scheffer, Alfred et Tony Johannot, pour l'*Histoire de la Révolution française, 4e édition. Paris, Lecointe et Pougin*, 1833-1834.

> PREMIÈRE SUITE et PREMIER TIRAGE, rare.
> Belles épreuves avec la lettre sur CHINE, à toutes marges. Plus 1 figure en
> double et la table des gravures.

838. **Thiers** (Ad.). 26 figures in-8 en travers, par Raffet et Alfred Johannot, pour l'*Histoire de la Révolution française*.

Superbes épreuves AVANT LA LETTRE SUR CHINE, tirées GRAND IN-FOLIO.

839. — Suite de 47 figures gr. in-8, (22 portraits et 25 figures) de Ary et Henri Scheffer, Alfred et Tony Johannot, Raffet, Bellangé, pour l'*Histoire de la Révolution française*. *Paris, Furne.*

Epreuves avec la lettre grise sur chine, à toutes marges. Les portraits sont sur papier vélin gr. in-8. On y a ajouté 1 EAU-FORTE (Adieux de Louis XVI à sa famille).

840. — 32 figures in-8 en travers, par Raffet, Alfred Johannot, Bellangé, Ary Scheffer, Horace Vernet, pour l'*Histoire de la Révolution française*.

Belles épreuves sur CHINE, dont 2 AVANT LA LETTRE.

841. — Suite de 30 portraits et de 30 figures gr. in-8, de Raffet, Gros, etc., pour l'*Histoire du Consulat et de l'Empire*. *Paris, Furne (Impr. Chardon aîné)*.

Belles épreuves avec la lettre, tirées à part sur CHINE, à toutes marges.

842. — Suite de 75 figures et portraits sur acier, par Girardet, Charpentier, Sandoz, etc., en 15 livraisons pour l'*Histoire du Consulat et de l'Empire*. *Paris, Paulin*, 1845-1862.

Epreuves avec la lettre sur CHINE.

843. **Thomas.** 7 figures in-8, de Colin, pour divers ouvrages.

1 figure pour l'*Essai sur les femmes*, épreuve AVANT LA LETTRE SUR CHINE; 1 figure pour *Thomas mourant visité par Ducis*, épreuve en 2 états : AVANT LA LETTRE SUR CHINE et EAU-FORTE; 4 figures pour les *Odes à la Liberté*, dont 3 AVANT LA LETTRE et 1 DESSIN non signé. Pièces à toutes marges.

844. **Thompson.** Suite de 1 frontispice et 4 figures in-8, d'Eisen, gravés par Baquoy, pour les *Saisons*. *Paris*, 1759. — Suite de 4 figures in-8, de Le Barbier pour les *Saisons*. *Paris, Didot*, 1796.

Parmi les figures d'Eisen, celle du *Printemps* est en double, celle de l'*Automne* est gravée une 2e fois en sens contraire. On a ajouté à la suite de Le Barbier : 2 EAUX-FORTES de l'*Été*, et une épreuve AVANT LA LETTRE de l'*Automne* et une de l'*Hiver*. Les figures de Le Barbier sont à toutes marges.

845. — 18 figures in-18, par Jury, pour les *Saisons et les Mois*.

Très jolies figures finement gravées et en superbes épreuves AVANT LA LETTRE, tirées à 2 et à 4 sur la même feuille, sur beau PAPIER VÉLIN, à toutes marges.

846. — Suite de 6 figures in-12, dont 1 titre gravé avec fleuron, de Westall, gravées par Heath, pour les *Seasons*. *London, Sharpe*, 1819.

Très jolie suite; épreuves avec marges.

847. — La même suite de Westall, gravée sur acier par Rolls et Romney pour les *Seasons*. *London, Sharpe*, 1825.

Belles épreuves AVANT LA LETTRE SUR CHINE, tirées à part, gr. in-8, à toutes marges. Suite belle et rare.

848. THOMPSON. 14 figures (sur 16) de la suite de Westall, gravées par
Pye, pour les *Saisons et les mois* (seasons). *London, Sharpe*, 1823-1824.

Épreuves à toutes marges. Suite incomplète de l'*Automne* et de *Février*.

849. — Réunion de 25 figures de Westall, Hamilton, Singleton, Uwins,
Stothard, Pyne, etc., pour les *Saisons*.

Figures tirées des bonnes suites anglaises ; la plupart des épreuves sont AVANT
LA LETTRE ; 4 figures in-4 en travers sont COLORIÉES avec soin.

850. TIBULLE. Suite de 12 figures in-8, dont 11 par Borel, gravées par
Elluin et 1 par Marillier, 1 portrait de Mirabeau par Borel, gravé
par Voysard et de 1 portrait de Sophie par Morel, gravé par Delignon pour les *Elégies. Paris, an III* (1795).

Épreuves à toutes marges. Plus 1 frontispice non signé.

851. TRESSAN (comte de). Suite de 20 figures in-8, de Marilier, pour les
Œuvres choisies. Paris, Basan, 1787-1789.

Épreuves à toutes marges. On y a joint 3 figures diverses de Marillier.

852. — Suite de 13 figures in-8, dont 1 portrait, de Colin, pour les
Œuvres. Paris, Nepveu, 1823.

Épreuves AVANT LA LETTRE, tirées à part sur GRAND PAPIER VÉLIN, à toutes
marges.

853. — Suite de 4 figures in-12 de Moreau, pour l'*Histoire de Gérard
de Nevers. Paris, Didot*, 1792.

Épreuves AVANT LA LETTRE, avec marges.

854. — Suite de 4 figures in-12, de Moreau, pour l'*Histoire du petit
Jehan de Saintré. Paris, Didot*, 1791.

Épreuves en deux états : AVANT LA LETTRE à toutes marges, et avec la lettre,
coupées au cadre et remontées sur beau papier vélin, gr. in-8.

855. — Suite de 2 vignettes in-32, dont 1 titre avec fleurons, de Desenne, pour l'*Histoire du petit Jehan de Saintré. Paris, Lequien*, 1830.

Épreuves tirées à part sur CHINE en 2 états : AVANT LA LETTRE et avec la lettre,
à toutes marges.

856. — Suite de 5 figures in-18, de Berthon pour l'*Histoire de Tristan
de Léonois. Paris, Didot*, 1799 (an *VII*).

Épreuves AVANT LA LETTRE, à toutes marges ; deux sont sur chine.

857. — Réunion de 89 figures de Marillier, Chodowiecki, Desenne,
Girodet, Chasselat, Chaillou, Devéria, Choquet, Revoil, Colin, etc.

Pièces pour l'illustration des divers ouvrages et romans de chevalerie du
comte de Tressan.
La plupart des figures sont AVANT LA LETTRE, quelques-unes à l'état d'EAUX-
FORTES et 3 DESSINS à l'encre de Chine par Chaillou.

858. VADÉ. 5 figures et vignettes d'Eisen et de Cochin pour la *Pipe
cassée*.

859. VIGNY (Alfred de). 8 figures in-4, par A. Devéria, Alfred Johannot, Doussault, Vidal et Branwhite.

1 superbe lithographie in-4 par Kœnig d'après A. Johannot, pour le *Docteur noir* (Mme de Saint-Aignan), tirée de l'*Artiste*, épreuves en 3 états : AVANT LA LETTRE SUR PAPIER VÉLIN FORT IN-FOLIO, AVANT LA LETTRE SUR CHINE, tirée IN-FOLIO LES NOMS DES ARTISTES A LA POINTE et avec la lettre sur CHINE ; 1 lithographie in-4 de Ratier d'après A. Devéria, pour la *Maréchale d'Ancre* (Stockholm et Fontainebleau); 1 lithographie in-4, d'après Alfred Johannot, *Louis XIII signant l'arrêt de mort de Cinq-Mars*, tirée de l'*Artiste ;* 1 lithographie in-4, par Frey, d'après Doussault, *Souvenirs de Chatterton*, tirée de l'*Artiste ;* portrait in-8 de Chatterton, par Branwhite, gravé par Woodman ; l'*Ange déchu*, photographie par Goupil, d'après Vidal, épreuve sur CHINE, in-fol. Pièces à toutes marges.

860. VIRGILE. Suite de 1 portrait par Dupréel, et de 17 figures in-8, de Moreau et Zocchi, pour les *Œuvres. Paris, Plassan,* 1796.

Superbes épreuves AVANT LA LETTRE sur PAPIER VÉLIN, tirées à part grand in-4, à toutes marges.

861. — 9 figures gr. in-8, de Moreau, tirées de plusieurs suites, entre autres de celle (avec Zocchi) gravée pour les *Œuvres. Paris, Plassan,* 1796.

8 figures sont AVANT LA LETTRE à toutes marges, et 1 remontée.

862. — Suite de 14 figures gr. in-8, gravées par Bartolozzi, Sharpe, Fittler, Neagle (d'après Gérard et Girodet), pour *Bucolica, Georgica et Æneis. Londini, Dulau,* 1800.

Plus 1 figure de la même suite et 2 figures pour l'édition de *London, Werner and Hood,* 1802.
Pièces avec marges.

863. — Suite de 4 figures in-8, de Moreau, gravées par Baquoy, Thomas, Simonet et Delignon, pour l'*Enéide, traduite en vers par Delille. Paris, Giguet et Michaud,* 1804 (an *XII*).

Les 3 premières figures sont avec la lettre à toutes marges, la 4e est AVANT LA LETTRE SUR PAPIER VÉLIN avec marges. On y a ajouté la réduction petit in-8 de ces mêmes figures gravées par Ba..., Bovinet, Delignon, épreuves à toutes marges.

864. — Suite de 4 figures gr. in-8, de Gérard, gravées par Lemaître, pour les *Œuvres (impr. Salmon).*

Superbes épreuves en 4 états : avec la lettre (manque 1 figure), AVANT LA LETTRE SANS LE CADRE SUR GRAND PAPIER VÉLIN, AVANT LA LETTRE SUR CHINE avec le cadre, et EAUX-FORTES. Ces 3 derniers états sont des tirages à part gr. in-4. On y a ajouté 3 figures de la même suite, AVANT LA LETTRE.

865. — Réunion de 82 figures, vignettes et paysages, par Cochin, Eisen, Martini, Marillier, Borel, Moitte, Barocchio, les vues gravées par Lemaître, d'après Claude Lorrain, etc.

Nombreuses figures des suites de Cochin, etc., belles figures d'Eisen et de Marillier. Vues d'après les tableaux de Claude Lorrain, et photographies; 1 joli DESSIN à la sépia, etc.

866. — Réunion de 52 figures de Gérard, Girodet, Guérin, Bouillon, Catel, Westall, Desenne, Devéria, Uwins, Stothard, etc.

Belles pièces pouvant servir à l'illustration des Œuvres de Virgile.
Nombreuses épreuves AVANT LA LETTRE et quelques EAUX-FORTES.

867. Voisenon. Suite de 1 portrait par Vigié, gravé par de Launay et
de 4 figures in-18, de Quéverdo et Defraine, pour les *Romans et Contes*.
Paris, Bleuet, an VI (1798).

> On y a ajouté de la même suite 2 figures AVANT LA LETTRE.
> Belles épreuves à toutes marges.

868. — Suite de 6 figures in-8, dessinées et gravées à l'eau-forte par
Géry-Bichard, pour les *Contes*. *Paris, Quantin*, 1880, dans un carton.

> Triple suite en épreuves AVANT LA LETTRE : en NOIR, BISTRE ET SANGUINE, tirée
> à part sur PAPIER DU JAPON BLANC gr. in-4.
> Tirée à 40 exemplaires. De la collection des *Petits Conteurs du XVIIIᵉ siècle*.

869. — 7 figures et frontispices de Chasselat, Lalauze, Chauvet. —

> 1 eau-forte de Lalauze, pour les *Anecdotes littéraires*, *Paris, Jouaust*, épreuve
> AVANT LA LETTRE en 2 états: sur CHINE VOLANT et sur PAPIER WHATMAN, à toutes
> marges ; 2 frontispices de Chauvet, DESSINS à la sanguine; 3 figures AVANT
> LA LETTRE.

870. Voltaire. Suite de 26 figures, in-12, d'Eisen, pour les *Œuvres*.
S. l. (Paris), 1751.

> Bonnes épreuves avec marges.
> Le frontispice pour la *Henriade* est en double.

871. — 16 figures in-4, de la suite de Gravelot pour les *Œuvres*. *Genève*, 1768, et 24 figures petit in-8, réduction de celles de Gravelot
pour les *Œuvres. Genève*, 1775. — Ens. 40 pièces.

872. — 118 figures in-8, de la suite de Moreau, pour les *Œuvres*. —
Kehl, 1784-1789.

> *La Pucelle*, 11 figures : 3 avec la lettre, 6 AVANT LA LETTRE (dont 1 remontée
> et 1 allongée), 1 EAU-FORTE pour le chant II, remontée, et 1 figure doublé
> avec grattage à la tablette; — *Théâtre* : Suite de 44 figures avec la lettre, à
> toutes marges, et 1 figure double (Le Temple de la Gloire), plus 23 figures
> AVANT LA LETTRE, dont 6 remontées, quelques-unes courtes de marges; — *La
> Henriade* : Suite de 10 figures avec la lettre et 1 figure (Chant III) AVANT LA
> LETTRE, pièces à toutes marges; — *Romans*, 17 figures : 13 avec la lettre, dont
> 2 remontées, 2 AVANT LA LETTRE, courtes de marges et 2 figures doubles, cou-
> pées au cadre et remontées; — *Contes*, 7 figures : 3 avec la lettre, 2 AVANT LA
> LETTRE, courtes de marges, et 2 figures doubles, découpées et remontées; —
> 3 portraits : Dunois, Charles VII et Agnès Sorel, pièces à toutes marges; — 1 por-
> trait de Voltaire : *Il ôte aux Nations le bandeau de l'erreur*.

873. — Suite de 113 figures in-8, de Moreau et de 32 portraits gravés par Aug. de Saint-Aubin, pour les *Œuvres. Paris, Renouard*,
1802. — Ens. 145 pièces.

> *Théâtre* : 44 figures; *Pucelle* : 21; *Romans et Contes* : 33; *Pièces Historiques* :
> 5; *Henriade* : 10. Ces dernières sont tirées sur papier GRAND IN-8.
> Grattage sur la tablette de 2 portraits; 2 figures des *Romans et Contes* sont sur
> chine.
> Épreuves avec marges.

874. — Suite de 93 figures et de 16 portraits in-8, de Moreau, pour
les *Œuvres. Kehl*, 1784-1789, réimpression par Mangeon, à Paris (pour
Garnier frères).

> Première suite de Moreau, tirées à part sur papier vergé teinté.
> Pièces à toutes marges.

6 — 875. VOLTAIRE. Suite de 1 portrait, d'après Delatour, gravé par Eymar et de 14 figures in-12, de Devéria, pour les *Chefs-d'œuvre dramatiques. Paris, Ménard et Desenne*, 1822 (de la Bibliothèque française).

Épreuves en deux états : AVANT LA LETTRE (la plupart sur chine) et EAUX-FORTES, tirées à part, à toutes marges.

26 — 876. — Suite de 80 figures in-8, de Desenne, pour les *Œuvres, édition Beuchot. Paris, Lefèvre (impr. Didot)*, 1834.

10 portraits ; Henriade, 10 figures ; Pucelle, 21 ; Théâtre, 19 ; Romans et Contes, 20. Épreuves avec la lettre sur CHINE à toutes marges. La figure du Chant V de la *Pucelle* est en double.

26 — 877. — La même suite.

Épreuves AVANT LA LETTRE SUR CHINE, la lettre sur papier de soie, à toutes marges.
Le portrait de Jeanne d'Arc est en double.
Les figures I, III, VII et X de la *Pucelle* sont sur blanc.
On y a joint pour la *Pucelle* de la même suite : la figure II sur blanc, la figure V SUR CHINE et sur vergé ; la figure VI sur CHINE et sur blanc ; la figure XX sur blanc, toutes AVANT LA LETTRE.

12 — 878. — 43 figures de la même suite.

Épreuves à l'état d'EAUX-FORTES, avec marges.
Henriade, 8 figures, dont 2 pour le Chant I, en 2 états ; Théâtre, 8 ; *Romans et Contes*, 17, dont le *Dimanche* et *Memnon* en 2 états ; *la Pucelle*, 10, dont 3 pour le Chant X, en 3 états différents.

1 — 10 879. — 18 figures in-8, de la suite de Moreau, gravées par Lefèvre, pour les *Œuvres. Paris, Furne*.

On y a joint 4 figures AVANT LA LETTRE, avec marges.

6 — 880. — Suite de 90 figures in-8, de Staal, Philippoteaux, etc., pour les *Œuvres, édition Louis Moland. Paris, Garnier frères*.

Publiée en 30 livraisons.

29 — 881. — La même suite.

Épreuves AVANT LA LETTRE, en 30 livraisons.

1 — 882. — Suite de 10 figures in-8, de de Troy et Vleughels, gravées par Bernigerotte, 1748, pour la *Henriade*.

Reproduction des figures de l'édition de 1728.

1 — 883. — Suite de 1 frontispice et 10 figures in-8, de de Troy, Vleughels, F. M. L. F. gravées par Duflos et Lacave (plusieurs non signées), pour la *Henriade. Amsterdam*, 1772.

Épreuves avec marges.
Reproduction des figures de l'édition de 1728.

155 — 884. — Suite de 1 frontispice, 10 figures in-8 et 10 vignettes en-têtes de pages d'Eisen, gravés par de Longueil, pour la *Henriade. Paris, veuve Duchesne*, 1769-1770.

Très belles épreuves AVANT LA LETTRE SUR PAPIER DE HOLLANDE. Les vignettes TIRÉES A PART HORS TEXTE.
Pièces à toutes marges.

885. **Voltaire**. Suite de 1 portrait de Voltaire, gravé par Martinet, — d'après de La Tour et de 10 figures in-8, par Martinet pour la *Henriade* faisant partie des *Œuvres*, Genève, 1775.

> Épreuves avec marges.

886. — 7 figures in-8, de Devéria, gravées par Belin, Kœnig, T. Johan not et Lefèvre (1825-1828), pour la *Henriade*.

> Épreuves AVANT LA LETTRE sur CHINE.
> On y a joint 1 figure AVANT LA LETTRE sur blanc et 4 EAUX-FORTES de la même suite. Pièces à toutes marges.
> Collection non terminée, dont les figures sont devenues rares.

887. — 7 figures in-18, de Desenne, gravées par Janet, Bovi net, Baquoy, pour la *Henriade*.

> Belles épreuves AVANT LA LETTRE dont 4 sur PAPIER VÉLIN, gr. in-8.
> On y a joint 2 EAUX-FORTES et 4 figures avec la lettre de la même suite.
> pièces avec marges.

888. — Suite de 10 figures in-8, de Leprince, gravées par Pauquet, pour la *Henriade*.

> Belles épreuves en deux états : AVANT LA LETTRE SUR CHINE et EAUX-FORTES, à toutes marges.

889. — 1 titre de Marillier, gravé par De Launay, 1 frontispice et 14 vignettes en-têtes, de la suite de Duplessis-Bertaux, pour la *Pucelle*. *Édition Cazin*, 1780.

> Belles épreuves TIRÉES A PART HORS TEXTE sur papier de Hollande, à toutes marges.
> Les figures manquant sont celles des chants I, VI, VIII à X, XII, XIII.

890. — Suite de 1 joli frontispice à compartiments et de 21 vignettes de Duplessis-Bertaux (non signées), pour la *Pucelle*. *Édition Cazin*, 1780 (*Paris, Leclère*, 1865.)

> Épreuves tirées à part sur CHINE avec marges.

891. — Réunion de 20 figures in-8 et in-12, par divers artistes pour la *Pucelle*.

> 1 frontispice avec portrait in-8, non signé, épreuve AVANT LA LETTRE ; 1 figure et 2 culs-de-lampe (par Harrewyn) non signés ; 2 figures (de Marillier), non signées, belles épreuves AVANT LA LETTRE ; 4 figures in-8, de Gravelot ; 1 figure in-8, de Desrais, AVANT LA LETTRE ; 1 figure non signée (toutes ces pièces sont à toutes marges) ; et 7 figures in-12, non signées, belles épreuves, montées in-8 ; 1 titre gravé in-8, à toutes marges.

892. — Suite de 11 figures (de Duplessis-Bertaux), pour les *Contes*.

> Ces 11 vignettes sont de la Réimpression des *Petits Conteurs. Paris, Leclerc*, 1862.
> Belles épreuves AVANT LA LETTRE, tirées à part sur GRAND PAPIER VÉLIN, gr. in-8, à toutes marges.
> On y a joint la vignette de l'*Origine des métiers*, sur CHINE.

893. — Suite de 12 figures in-12, dont 1 portrait, dessinées et gravées à l'eau-forte, par Laguillermie, pour les *Romans. Paris, Jouaust*, dans un carton.

> Épreuves AVANT LA LETTRE sur papier vergé.

894. Voltaire. 12 figures in-12, de Chodowiecki, pour les divers ouvrages de Voltaire. — 4 figures in-8, de la suite de Chodowiecki,
pour *Candide. Berlin*, 1778. — Ens. 16 pièces.

> Les 12 figures sont coupées au cadre et montées gr. in-8.

895. — Suite de 23 portraits in-8 (ovales) pour le *Siècle de Louis XIV.
Paris, de l'impr. Didot*, 1829, gr. in-8, demi-rel. mar. r.

> Galerie de portraits, gravés par Roger. Le titre est orné d'un beau fleuron de
> Desenne, gravé par Roger.

896. — 7 figures non signées, pour la *Henriade*, et 1 figure de Desenne pour *Zaïre* (Théâtre).

> Jolis DESSINS, la plupart à l'encre de Chine.

897. — Réunion de 39 figures d'Eisen, Cochin, Choffard, Marillier,
Desenne, Uwins.

> 6 figures d'Eisen, dont 1 frontispice in-8, gravé par Rousseau (1765) pour
> la *Henriade*, épreuve en 2 états : AVANT LA LETTRE ét AVANT TOUTE LETTRE
> avec marges ; 2 beaux frontispices in-8, de Cochin ; 1 beau cul-de-lampe in-8,
> de Choffard, 1788, pour la *Henriade* ; 1 figure in-8, de Desenne (*le Tombeau de
> Voltaire*), belle épreuve AVANT LA LETTRE à toutes marges ; 1 fleuron de Desenne
> pour le titre du *Siècle de Louis XIV. Paris, Didot*, 1829, épreuve en 2 états :
> AVANT LA LETTRE SUR CHINE et EAU-FORTE, tirage à part, gr. in-8. à
> toutes marges ; 1 frontispice et 1 figure in-12 d'Uwins gravés par Engeheart,
> pour la traduction anglaise de l'*Histoire de Charles XII*, belles épreuves tirées à
> deux sur la même feuille, à toutes marges ; 1 figure à compartiments, non si-
> gnée, pour la *Henriade* (assassinat de Henri III), belle épreuve AVANT LA LETTRE
> à toutes marges ; 1 figure in-12, non signée (Jeanne d'Albret et Henri IV en-
> fant), épreuve AVANT LA LETTRE SUR CHINE ; 1 frontispice in-8, pour la *Pucelle
> par Chapelain*, EAU-FORTE SUR CHINE volant ; 22 figures diverses dont
> 1 EAU-FORTE et 6 AVANT LA LETTRE.

898. — Réunion de 39 figures de Léonard Gautier, Eisen, Monnet,
Marillier, Monsiau, Devéria, Choquet, Chasselat.

> Bon lot, renfermant un certain nombre d'épreuves AVANT LA LETTRE et 3 jolies
> vignettes de Léonard Gautier pour la *Henriade*.

899. — Réunion de 12 figures gr. in-8 en travers, par De Non, Cochin, Moreau, Gérard, Couché et Lafitte.

> *Déjeuné de Ferney*, par de Non, gravé par Née et Masquelier ; *Entrée de
> Henri IV dans Paris*, par Cochin, gravé par Chedel ; *Accord de Henri III avec
> le roi de Navarre*, par Cochin, gravé par Chedel ; *Mort de l'amiral de Coligny*,
> par Cochin, gravé par Aveline ; *Couronnement de Voltaire sur le Théâtre 'Fran-
> çais*, par Moreau, gravé par Couché, épreuve AVANT LA LETTRE SUR CHINE : *Entrée
> de Henri IV dans Paris*, par Gérard, gravé par Pfitzer, épreuve en 2 états :
> AVANT LA LETTRE et EAU-FORTE ; réduction de la figure précédente, gravée
> par Adam, publiée par Janet, épreuve en 2 états : avec la lettre et EAU-FORTE ;
> *Translation des cendres de Voltaire au Panthéon*, gravée par Couché fils, épreuve
> AVANT LA LETTRE SUR CHINE et sur blanc ; *Naissance de Henri IV*, par Laffitte,
> gravé par Pfitzer, épreuve AVANT LA LETTRE SUR CHINE.
> Très belles épreuves à toutes marges, sauf pour la première figure.

900. Voyage ou il vous plaira. 78 figures gr. in-8, de Tony Johannot,
gravées sur bois par Brugnot, Dujardin, Best, Leloir, etc., pour
le *Voyage où il vous plaira. Paris. Hetzel*, 1843.

> Sur ces 78 figures, 19 sont en double.
> Epreuves mélangées du premier et du second tirage, à toutes marges.

901. VOYAGES IMAGINAIRES. Suite de 76 figures de Marillier, pour les *Voyages imaginaires et Histoire des Naufrages. Amsterdam et Paris,* 1787-1789.

Belles épreuves tirées à part sur PAPIER DE HOLLANDE, à toutes marges. La troisième figure de l'*Histoire des Naufrages* est en 2 etats.

902. YOUNG (Edouard). Suite de 2 frontispices gr. in-8 de Marillier gravés par Mercier, pour les *Nuits. Paris, Lejay,* 1769. — 2 frontispices in-8 de Tavenard et 23 figures diverses par des artistes français et anglais.

Les frontispices sont remontés avec soin. On y a ajouté 3 épreuves des frontispices de Marillier, dont 1 gravé par Templer, l'autre par Mercier, le troisième non signé. Dans le lot de 23 figures se trouvent 2 belles lithographies, l'une in-fol. d'après Devéria, 1832, les *Tombeaux;* l'autre, in-8, d'après Westall par Villain, *Young et sa fille.*

903. — Suite de 1 figure gravée avec vignettes et de 9 figures gr. in-8, dont 1 portrait, par Stothard pour les (Nuits) *Night Thoughts. London, Vernor and Hood,* 1797-1802.

Belle suite, montée très gr. in-8 sur beau papier vélin.

904. — Suite de 11 figures in-12, dont 1 frontispice, par Westall, gravées par Smith, Robinson, Rhodes, Corbould, etc., pour *The Complaint or Night Thoughts. London, Sharpe,* 1817.

Figures accompagnées du texte gravé. 9 sur 11 de ces épreuves sont sur PAPIER FORT, in-8, à toutes marges. On y a ajouté 1 figure en double et 1 AVANT LA LETTRE SUR CHINE, à toutes marges.

905. — Suite de 2 figures in-8 de Devéria, gravées par Burdet et Lefèvre aîné, pour les *Nuits. Paris, Ledoux,* 1824.

Triple épreuve de la première figure : 2 sur papier vélin gr. in-8 et in-4, et sur CHINE; la même figure, 2 épreuves AVANT LA LETTRE dont 1 SUR CHINE, et l'autre sur BLANC. La deuxième figure est en 2 états : AVANT LA LETTRE SUR CHINE et avec la lettre.
Belles pièces à toutes marges.

906. ZACHARIE. Suite de 4 figures gr. in-8 d'Eisen, pour les *Quatre Parties du jour. Paris, Musier,* 1769.

Epreuves avec marges. On y a ajouté 1 figure de la même suite pour l'édition de 1773.

907. ZOLA (Emile). Suite de 62 figures in-4 de André Gill, Clairin, Bellenger, Vierge, etc., gravé sur bois par Méaulle, Kemplen, etc., pour l'*Assommoir. Paris, Marpon et Flammarion, s. d.* (1878).

Epreuves TIRÉES A PART, AVANT LA LETTRE SUR CHINE VOLANT, à toutes marges.

908. — Suite de 67 figures in-4 d'André Gill, Bertall, Bellenger, Bigot, etc., pour *Nana. Paris, Marpon et Flammarion,* 1882.

Epreuves TIRÉES A PART, AVANT LA LETTRE SUR CHINE VOLANT, à toutes marges.

II

VIGNETTES TIRÉES DES SUITES

DESSINS

LITHOGRAPHIES, EAUX-FORTES

MODES & COSTUMES

GRAVURES DIVERSES

909. ALBUM. Recueil de 146 figures et portraits in-8, gravés d'après les tableaux de Raphaël, le Titien, Guide, Léonard de Vinci, Lebrun, Gérard, Girodet, Horace Vernet et autres. Gr. in-8, demi-rel. mar. r.

Superbes épreuves AVANT LA LETTRE SUR CHINE OU sur PAPIER VÉLIN, à toutes marges.

910. — Recueil de 89 figures et portraits in-4 et in-fol. d'après Horace Vernet, David Wilkie, Guérin, et figures de suites de Gérard, Prudhon, Hersent, pour *Phrosine et Mélidor, Psyché, Daphnis et Chloé*, lithographies de Vallou de Villeneuve et Grenier. In-fol. demi-rel. mar. r.

Très jolies pièce s, la plupart en épreuves AVANT LA LETTRE, à toutes marges.

911. ARTISTES ANGLAIS. 50 figures et vues in-fol. d'après les tableaux des peintres français et anglais, publiées à *Paris, par Mandeville*.

Jolies figures, parmi lesquelles quelques épreuves AVANT LA LETTRE. Pièces avec marges.

912. — Réunion de 284 figures par les principaux artistes anglais, pour les meilleurs ouvrages des auteurs anglais.

913. — 26 figures et vues in-8 et petit in-4, d'après les artistes anglais, publiées à *London, Whittacker*, 1835.

Jolies épreuves, la plupart AVANT LA LETTRE SUR CHINE, TIRÉES IN-FOLIO, à toutes marges.

914. Artistes contemporains. *Paris, Alex. Menier*, 1833, gr. in-8, front. et 9 fig. cart.

> 1 beau frontispice, par Chenavard, et 9 figures : Cromwell, par P. Delaroche, gravé par Dupont; Peveril du Pic, par A. Johannot; Giotto, par Ziegler; chef maure à Meknez, par Eug. Delacroix; Marguerite, par Scheffer aîné, etc.

915. Chauvet. Réunion de 8 frontispices in-8, dessinés et gravés à l'eau-forte, par Chauvet.

> 1 frontispice pour la *Morale des sens*, DESSIN ORIGINAL, accompagné de la gravure en 2 états : AVANT LA LETTRE SUR PAPIER DE HOLLANDE, en noir, et avec la lettre sur CHINE VOLANT; 1 frontispice pour l'*Histoire d'une comédienne qui a quitté le spectacle*, DESSIN ORIGINAL, avec la gravure en 2 états : AVANT LA LETTRE SUR PAPIER DE HOLLANDE et avec la lettre sur CHINE VOLANT; 2 frontispices pour l'*Étourdi*, DESSINS ORIGINAUX avec les gravures AVANT LA LETTRE en noir sur PAPIER VÉLIN FORT et en bistre sur CHINE VOLANT; 1 frontispice pour les *Mémoires de Bachaumont*, DESSIN ORIGINAL et gravure en bistre sur PAPIER DE HOLLANDE; 2 frontispices pour les *Sonnettes*, DESSINS ORIGINAUX et gravures en 2 états : AVANT LA LETTRE SUR PAPIER DE HOLLANDE et avec la lettre sur CHINE VOLANT OU SUR JAPON; 2 frontispices différents pour les *Aventures de l'abbé de Choisy*, 1 DESSIN à la mine de plomb, non gravé, l'autre frontispice gravé en QUATRE ÉTATS DIFFÉRENTS SUR PAPIER DE HOLLANDE.
> Belles pièces en superbes épreuves de choix, la plupart annotées et signées de l'artiste, à toutes marges.

916. — 8 figures in-8, par Chauvet, pour *Diverses Facéties de Caresme prenant*, et autres.

> La Barbe au menton, Origines des c... sauvages, Caresme prenant devant ses juges, Procès entre 4 hommes, Sermon d'un dévirgineur, Traité de mariage, le Bail d'une femme, le Gros Fessier des nourrices.
> DESSINS à la sanguine, inédits, signés par l'artiste.

917. — Suite de 4 frontispices in-8, dessinés et gravés à l'eau-forte, par Chauvet, pour *Ma tante Geneviève*.

> Pièces très curieuses; épreuves en 2 états : avec la lettre et AVANT LA LETTRE, en bistre et en noir, tirées à part, in-4, sur CHINE, JAPON OU PAPIER DE HOLLANDE, à toutes marges.

918. — Suite de 5 frontispices dont 1 avec portrait, in-8, dessinés et gravés à l'eau-forte, par Chauvet, pour le *Poète, par Desforges.* (*Bruxelles*) *Gay et Doucé*, 1881.

> Épreuves en 2 états : en NOIR SUR PAPIER DE HOLLANDE et en BISTRE SUR PAPIER DU JAPON OU CHINE, in-4, à toutes marges.

919. — Réunion de 13 frontispices ou figures in-8, dessinés et gravés à l'eau-forte, par Chauvet, pour divers ouvrages.

> 1 frontispice avec portraits en médaillons, pour les *Vignettistes du XVIIIe siècle par de Goncourt*, 1871; 1 frontispice pour le *Pornographe de Restif de La Bretonne*, épreuve en PREMIER ÉTAT SUR CHINE VOLANT; 1 frontispice pour les *Contes pour rire*, par Collier, épreuve en PREMIER ÉTAT SUR papier vergé et sur JAPON in-4; 1 frontispice pour l'*Index librorum prohibitorum*, sur CHINE; 1 frontispice pour l'*Errotika Biblion, par Mirabeau*, épreuves du PREMIER ÉTAT; 1 frontispice pour les *Fanfreluches*, publiées par Gay et Doucé, épreuve sur CHINE VOLANT IN-FOLIO; 1 frontispice pour les *Nonnes galantes*, épreuve en 2 états : avec la lettre sur papier Whatman, et AVANT LA LETTRE SUR PAPIER DE HOLLANDE IN-4; 1 frontispice pour les *Lauriers ecclésiastiques*, épreuve sur PAPIER VÉLIN FORT IN-4; 1 frontispice pour l'*Abbé en belle humeur* publié par *Gay et Doucé*, 1881, épreuve en

2 états; en noir sur PAPIER DE HOLLANDE et en BISTRE sur CHINE VOLANT, IN-4 ;
1 eau-forte pour la *Toilette des femmes*, remontée.

Choix de jolies pièces rares, et superbes épreuves signées ou annotées par l'artiste, tirées à part, à toutes marges.

920. CHODOWIECKI. Réunion de 260 figures de Chodowiecki, tirées des suites françaises et allemandes.

Nombreuses gravures AVANT LA LETTRE.

921. COCHIN. Réunion de 87 figures, vignettes, frontispices, etc., par Cochin.

922. CRUIKSHANK (George). 27 figures in-8, de George Cruikshank, pour divers romans anglais (*Roderik, Random, Pickle, Peregrine, Pickwick,* etc.).

Figures humoristiques très curieuses.
Belles épreuves sur CHINE, montées gr. in-8.

923. — 16 figures de Cruiskshank gravées par Thompson, Slader, Byfield, Landell, Gray, etc., pour des *Scènes humoristiques*.

Figures curieuses et amusantes.

924. DESRAIS. Réunion de 17 figures par Desrais, pour divers ouvrages.

Belles pièces avec marges.

925. DESSINS. Réunion de 7 figures de Moreau, Eisen et Marillier.

2 DESSINS in-8, de Moreau à l'encre de Chine; 4 vignettes d'Eisen, jolis DESSINS à l'aquarelle ; 1 fleuron, DESSIN à la mine de plomb, par Marillier.

926. DESSINS. Réunion de 46 figures in-8 (1 in-4), par Bergeret, Desenne, Bornet, Chaillou, Quéverdo, Chasselat, Choquet, etc.) pour les *Œuvres de MM^{mes} de Graffigny, Riccoboni, de Genlis, Cottin, de Tencin, de Souza, de Duras,* des ouvrages historiques, etc.

Choix de jolis DESSINS à la mine de plomb, à la sépia, à l'encre de Chine, quelques-uns sont accompagnés de l'épreuve gravée.

927. DESENNE. Réunion de 61 figures par Desenne.

La plupart de ces pièces sont AVANT LA LETTRE SUR CHINE OU SUR PAPIER VÉLIN ;
5 sont à l'état d'EAUX-FORTES.
Jolies pièces à toutes marges.

928. DÉVÉRIA. Réunion de 41 figures par Devéria, dont quelques lithographies pour les *Contes de Perrault*.

Presque toutes ces pièces sont AVANT LA LETTRE SUR CHINE, à toutes marges.

929. DUPLESSIS-BERTAUX (Jean). Suite de 12 figures dessinées et gravées à l'eau-forte par Duplessis-Bertaux, pour la *Vie de l'Enfant prodigue tirée du Nouveau Testament. Paris, Auber,* 1815, in-4.

Figures suivies du texte gravé écrit par Sauvé.
Exemplaire tiré à part sur PEAU DE VÉLIN.

930. — Réunion de 17 figures par Duplessis-Bertaux, pour les *Métiers, l'Abbé de l'Épée, les Trois Sultanes, Contes des fées,* etc.

Épreuves AVANT LA LETTRE avec marges; 8 pièces sont tirées à 4 sur la même feuille.

931. **Dura** (Gaëtan). 18 planches in-8 en travers, de Gaëtan Dura, lithographiées en couleur par Gatti et Dura de Naples, pour le *Souvenir de la Tarantella napolitaine dirigée par Louis Puccinelli, maître de danse*. Album in-8, 15 planches et musique gravée, demi-rel. avec coins.

18 planches en couleur représentant les diverses positions de cette danse, avec des légendes explicatives.

932. **EAUX-FORTES.** Réunion de 16 figures par Moreau, Marillier, Eisen, Le Prince, Le Febvre, Bouillon, Bornet, Vafflard.

Pièces à l'état d'EAUX-FORTES, accompagnées de l'épreuve terminée, avec marges.

933. **EAUX-FORTES.** Réunion de 77 figures par Moreau, Eisen, Cochin, Marillier, Duclos, Moitte, Peyron, Devéria, etc.

Pièces à l'état d'EAUX-FORTES, la plupart à toutes marges.

934. **Eisen.** Réunion de 139 figures, vignettes, en-têtes et culs-de-lampe par Eisen.

Un certain nombre de ces pièces sont AVANT LA LETTRE.

935. **Girodet.** Réunion de 10 figures in-8, de Girodet pour la *Grèce*, Saint-Victor : *Le Voyage du poète*, etc.

Jolies pièces dont 5 sont AVANT LA LETTRE, à toutes marges.

936. **Gravelot.** Réunion de 51 figures, frontispices et portraits par Gravelot.

Lot contenant des épreuves AVANT LA LETTRE, pièces avec marges.

937. **Gravures a l'eau-forte.** Réunion de 14 figures in-8 et in-fol. dessinées et gravées à l'eau-forte par Staal, David, Nargeot, Morin, Petit, Gilli, Feyen-Perrin, La Guillermie, Clanence, Henriquel.

Belles pièces AVANT LA LETTRE SUR CHINE OU sur GRAND PAPIER VÉLIN FORT tirées à part in-folio à toutes marges.

938. **Gravures a l'eau-forte.** Réunion de 37 figures in-8 et in-4, dessinées et gravées à l'eau-forte, par E. Champollion, Flameng, Marius Perret, Alès, Ulm, Guérard, Régamey, Morin, Lalanne, Benassit, Carolus Duran, Jacque.

Choix de très jolies pièces, en superbes épreuves, la plupart AVANT LA LETTRE, en divers états, à toutes marges.

939. **Harrewyn.** Réunion de 44 figures in-8 et in-4, dessinées et gravées par Harrewyn.

Très jolies pièces exécutées vers la fin du xviie et au commencement du xviiie siècle.

940. **Holbein.** Suite de 16 figures petit in-8 carré, dont 1 titre-frontispice gravé d'après les dessins originaux de Jean Holbein, par Chr. de Mechel, graveur à Basle, pour le *Triomphe de la mort*, 1780.

Bonnes épreuves. On y a ajouté l'*Alphabet de la mort* sur une feuille volante et 1 figure sur bois in-8, l'*Astrologue de Holbein*.

32-, 941. JOHANNOT (Alfred et Tony). Réunion de 64 figures et vignettes de titres par Tony Johannot, quelques-unes par Alfred Johannot pour les *Éditions originales des Romantiques.*

> Illustrations pour les ouvrages d'Arlincourt, d'Anglemont, Balzac, Roger de Beauvoir, Berthoud, Philarète Chasles, Byron, Chateaubriand, Delescluze, Drouineau, Eymery, Forneret, Hoffmann, Victor Hugo, Jal, Alphonse Karr, Paul Lacroix, Lamartine, Michel Raymond, Mery, Eusèbe de Salle, George Sand, Eugène Sue, Alfred de Vigny, Mélanie Walder, les Contes bruns par une tête à l'envers, le Chansonnier du Gastronome, frontispice du journal l'*Artiste* et l'*Entracte*; Jean Goujon sculptant la statue de Diane de Poitiers; etc, etc.
> Pièces rares, la plupart sur CHINE VOLANT AVANT LA LETTRE, à toutes marges.

19-« 942. — Réunion de 45 vignettes et figures à l'eau-forte par Alfred et Tony Johannot, pour les *Chansonniers, Roland furieux, Waterloo, le Pont d'Arcole, l'Histoire d'Angleterre,* etc. etc.

> Très jolies pièces la plupart en épreuves AVANT LA LÈTTRE SUR CHINE, tirées à part et 1 EAU-FORTE, à toutes marges.

25-« 943. — Réunion de 14 figures in-4 (1 gravée sur bois et 13 à l'eauforte) par Alfred et Tony Johannot, tirées de l'*Artiste.*

> Soirée d'artiste chez Charles Nodier à l'Arsenal, Scène de la Vendée, Scène de 93, Charles VI, François de Lorraine après la bataille de Dreux, Arrestation etc., etc.
> Choix de jolies pièces dont 3 sont AVANT LA LETTRE, 6 avec la lettre, 4 en deux états : avec la lettre et AVANT LA LETTRE SUR CHINE plus 1 pièce en double, 1 en 3 états : avec la lettre, AVANT LA LETTRE SUR CHINE et EAU-FORTE.
> On y a ajouté 1 jolie lithographie d'après nature par Gigoux : *Portrait de Tony et Alfred Johannot* tiré de l'*Artiste.* Pièces à toutes marges.

5-, 944. — Réunion de 38 eaux-fortes et lithographies in-8 in-4 et in-fol. de Alfred et Tony Johannot, tirées de divers ouvrages ou pièces isolées.

> Choix de très jolies pièces la plupart en épreuves AVANT LA LETTRE SUR CHINE, à toutes marges.

1-« 945. JOHANNOT (Charles). Suite de 12 figures in-4, gravées au trait par Charles Johannot, pour l'*Histoire de Geneviève de Brabant. Paris,* 1813.

> Belles épreuves AVANT LA LETTRE, avec couverture, à toutes marges.

12-, 946. JURY (W.). Réunion de 400 figures in-12, in-8 et in-4, dessinées et gravées par Jury pour illustrer les *Romans et contes de Kotzebue, August La Fontaine, Rosegarten, Langbein,* etc, et les *Almanachs allemands* du commencement de ce siècle.

> Presque toutes ces pièces sont AVANT LA LETTRE sur PAPIER VÉLIN, NON ROGNÉES.
> Ces charmantes figures, très rares en France, sont fort curieuses pour les costumes et l'ameublement de l'époque.

16-« 947. — Réunion de 237 figures in-12 et in-8, dessinées et gravées sur cuivre par W. Jury de 1796 à 1802 pour des *Romans et contes* en allemand (*de Aug. Fr. Ern. Langbein, Chr. Aug. Fischer, G. Freier, Aug. La Fontaine, Johann Richter* et autres.)

> Très belles épreuves dont 193 sont AVANT LA LETTRE. Pièces à toutes marges, dont beaucoup sont tirées à deux sur la même feuille.
> On y a joint 18 titres gravés ornés de beaux fleurons.

948. Jury (W.). Réunion de 39 figures in-8 et in-4, d'après W. Jury, Catel, Rosmäster, Selimaker, Wyck, etc., gravées par W. Jury.

> Épreuves AVANT LA LETTRE, à toutes marges.
> Paysages, sujets historiques, vues de monuments, scènes de mœurs, etc.

949. Jury et Chodowiecki. Réunion de 39 figures in-8, de Chodowiecki, gravées par Jury, pour *Luise, ein laendliches Gedicht in drei Idyllen von J. H. Voss. Kœnigsberg*, 1812, et des *Almanachs allemands* de l'époque.

> Belles pièces finement gravées, en épreuves AVANT LA LETTRE sur PAPIER VÉLIN, NON ROGNÉES.

950. Jury et Radl. Réunion de 6 figures in-fol. de Radl, gravées par Jury.

> Vues de la ville de Francfort-sur-Mein et paysages.
> Superbes épreuves AVANT LA LETTRE sur PAPIER VÉLIN, à toutes marges.

951. Jury (W.) et Ramberg (J.-H.). Réunion de 164 figures dessinées et gravées sur cuivre par W. Jury et J.-H. Ramberg, pour illustrer des *Almanachs allemands* du commencement de ce siècle.

> Charmantes vignettes très intéressantes pour les costumes de l'époque.
> Belles épreuves dont 120 sont AVANT LA LETTRE.
> Pièces à toutes marges tirées à 2, 4, 6 et 12 sur la même feuille.

952. — Réunion de 72 figures in-18 en travers, dessinées par Ramberg, gravées sur cuivre par W. Jury pour illustrer des petits *Almanachs allemands* de 1818 à 1823.

> Figures AVANT LA LETTRE, sur beau PAPIER VÉLIN à toutes marges, tirées à quatre sur la même feuille.

953. — Suite de 10 figures in-4, dessinées par J.-H. Ramberg, gravées par W. Jury, pour l'*Amour et Psyché*.

> Figures au trait AVANT LA LETTRE, à toutes marges, destinées à être coloriées.

954. — Réunion de 102 figures in-8, de Ramberg gravées par Jury, pour *Die Jobsiade, ein grotesk-komisches Heldengedicht von D. E. A. K. Hamm*, 1824, etc.

> Jolies illustrations finement gravées; épreuves AVANT LA LETTRE sur PAPIER VÉLIN tirées à deux sur la même feuille, NON ROGNÉES.

955. — Réunion de 67 figures in-8, dessinées par J.-H. Ramberg, gravées sur cuivre par W. Jury, pour illustrer les *Classiques allemands, gravures humoristiques, scènes de Comédies, Romans*, etc.

> Superbes épreuves, dont 51 sont AVANT LA LETTRE, presque toutes sur GRAND PAPIER VÉLIN, à toutes marges.

956. — 8 figures in-4, dessinées par J.-H. Ramberg, gravées par W. Jury, pour une *Histoire naturelle des animaux*.

> Épreuves AVANT LA LETTRE, à toutes marges.

957. Jury et Wolf. Réunion de 14 figures in-12, par Wolf, gravées par Jury, pour la *Vie de Frédéric II, roi de Prusse.*

Épreuves AVANT LA LETTRE sur PAPIER VÉLIN, tirées à deux sur la même feuille, NON ROGNÉES.

958. Krafft. Réunion de 8 planches in-fol. oblong, dessinées par Krafft, gravées Johannot pour les 7ᵉ et 8ᵉ *Cahiers d'Ornements. A Paris, chez Jean, Rue Saint-Jean-de-Beauvais.*

959. Lalauze (A.). Réunion de 11 frontispices et figures in-8, dessinés et gravés à l'eau-forte par A. Lalauze, pour les éditions de Jouaust et de Quantin.

Contes de Mᵐᵉ d'Aulnoy, Voyage à Paphos par Montesquieu, le Faux Chevalier de Warwick, Louise et Thérèse par Restif de La Bretonne, la Petite Maison par De Bastide, Mᵐᵉ de Lespinasse, Contes et poésies par La Chaussée, le Bric à Brac de l'Amour par Octave Uzanne, cette dernière pièce est en 2 états : en noir et en bistre.
Épreuves AVANT LA LETTRE à toutes marges.

960. Lanté. Costumes des femmes de Hambourg, du Tyrol, de la Hollande, de Suisse, de la Franconie, de l'Espagne, du Royaume de Naples, etc. dessinés la plupart par M. Lanté, gravés par M. Gatine, et coloriés, avec une explication pour chaque planche (par de Lamésangère). *Paris, chez l'auteur,* 1827, gr. in-4, demi-rel. mar. vert.

41 pp. de texte et 100 planches coloriées, montées sur onglets.

960 bis. — Cent cinq Costumes des départements de la Seine-Inférieure, du Calvados, de la Manche et de l'Orne. *Paris, Durand aîné; Caen, Mancel, s. d.* in-4, fig. demi-rel. v. vert avec coins.

105 planches en couleur par Lanté, gravées par Gatine.

961. Le Barbier. Réunion de 12 figures, de Le Barbier.

Quelques épreuves AVANT LA LETTRE à toutes marges.

962. Le Clerc (Séb.). 3 jolies pièces avec marges.

963. Lithographies. Réunion de 21 lithographies et gravures sur bois in-8 et in-4, par A. de Lemud, Gavarni, Henry Monnier, Grandville et Français.

Moines se préparant à la confession, la Bourse, Légende des frères Van Eyck, Mathieu Lænsberg, le Champagne, Jardin antique, Grisettes, pièces en couleur de Henry Monnier, etc. etc.
Jolies pièces dont plusieurs sont tirées de l'*Artiste.*

964. Marillier. Réunion de 167 figures in-8, par Marillier, tirées du *Cabinet des fées, des Voyages imaginaires, Songes, Visions et Roman Cabalistique,* etc.

Pièces inégales de marges; quelques-unes sont remmargées.

965. — Réunion de 91 figures, frontispices, en-têtes, culs-de-lampe, par Marillier.

Jolies pièces; nombreuses épreuves AVANT LA LETTRE.

966. **Meunier** (Antoine). Suite de 20 eaux-fortes grand in-8, par Antoine Meunier, pour *Eaux-fortes et Rêves creux, sonnets excentriques*.
Paris, impr. Houiste, rue Hautefeuille, 5.

   Eaux-fortes très curieuses.
   Epreuves tirées en bistre, AVANT LA LETTRE SUR CHINE VOLANT.

967. **Mittelli** (G.-M.). 6 figures in-fol. dessinées et gravées à l'eau-forte,
par G.-M. Mittelli, pour l'*Onorata vita del poltrone. S. l. n. d.* (1683),
petit in-fol. cart.

   6 belles estampes avec des vers au bas de chacune. Pièces doublées avec soin.

968. — 1 grande planche in-4 obl. pour la *Compagnia di molti mise-
rabili ragazzi... Bologna,* 1699, cart.

   Très curieuse pièce gravée sur bois, accompagnée du portrait de Mittelli.

969. **Modes et Costumes**. Suite de 1 titre, 1 table des planches et de
96 figures coloriées grand in-4, dessinées et gravées par Pauquet
frères, d'après les meilleurs maîtres de chaque époque et les documents les plus authentiques, pour les *Modes et Costumes historiques.*
Paris, aux bureaux des Modes et costumes historiques, 1863-1864, avec
3 couvertures de livraisons.

   Exemplaire de souscription en parfait état.

970. **Monnet**. Réunion de 24 figures de Monnet, dont une partie pour
les *Fables de La Fontaine.*

   Lot renfermant un certain nombre d'épreuves AVANT LA LETTRE, à toutes marges.

971. **Moreau**. Réunion de 62 figures, frontispices, en-têtes, culs-de-
lampe.

   Belles pièces dont un certain nombre sont AVANT LA LETTRE ou en deux états.

972. **Morel** (Pierre). Suite de 11 eaux-fortes in-8, dont 1 frontispice
de Pierre Morel, pour *Sur la scène* avec couverture.

   Eaux-fortes très curieuses, dont 1 seule est signée, représentant des mœurs et
et des scènes de théâtre. Épreuves AVANT LA LETTRE sur papier teinté de Hollande,
à toutes marges.

973. **Nanteuil** (Célestin). Réunion de 23 eaux-fortes et lithographies,
par Célestin Nanteuil.

   1 frontispice avec encadrement gr. in-8 pour *Angèle, par Alex. Dumas. Paris,
Charpentier,* 1834 ; 1 frontispice in-8 pour *Samuel, par Paul de Musset. Paris,
Renduel,* 1833, épreuve sur CHINE ; 6 frontispices : pour la *Bibliothèque romantique. Paris, Pincebourde,* 1866, pour le *Monde dramatique,* pour la *Revue des
Peintres,* pour l'*Histoire de France* ; 4 jolies eaux-fortes tirées du *Monde dramatique* ; 1 superbe lithographie in-fol. pour la *Tourterelle* ; 10 eaux-fortes et lithographies diverses : pour *Catherine Horvard,* un *Clair de lune* d'Albitte, le *Bédouin*
de Poujoulat, *la Cour des miracles,* l'*Aveu,* le *Val d'Andore,* etc.
   Choix de jolies pièces.

974. **Paris a l'eau-forte**. Suite de 20 eaux-fortes originales in-8, de
Regamey, Charbonnel, Beaumont, Gaucherel, pour l'*Album* du
Journal : Paris à l'eau-forte pour 1875, avec couverture et table.

   Épreuves AVANT LA LETTRE SUR CHINE VOLANT, in-4, tirées à 100 exemplaires,
numérotés et signés par l'éditeur Richard Lesclide.

975. PHOTOGRAPHIES. Réunion de 9 photographies in-8, et in-fol. d'après les tableaux de Ingres, Guérard, André, Vidal, Pellet, Gervex, publiées par *Goupil*.

Le Hatchich, Fleurette, Mariette, Olympia, la Source, Nana, la Coupe de Mariette-Antoinette, pièce en couleur, etc,
Belles épreuves sur CHINE, montées in-fol. et gr. in-fol.

976. RAFFET. 7 dessins in-12, de Raffet, représentant des scènes militaires.

Jolis DESSINS à l'encre de Chine, signés par Raffet, montés gr. in-8.

977. REMBRANDT. La Fuite en Egypte. La Nativité. Faustus. La Femme au bain. La femme qui p.... La Sainte Famille. — Ens. 6 pièces dont 4 de tirage ancien, coupées au cadre.

978. RETZSCH (Moritz). Suite de 15 figures in-4 oblong, dessinées et gravées au trait par Moritz Retzsch, pour *Buerger's Balladen* (*Leonore, das Lied vom braven Mann, Des Pfarrer's Tochter von Taubenhayn*). *Leipzig*, 1840.

Ballades de Burger, texte allemand, accompagné d'une traduction anglaise, par Schoberl. On y a ajouté des illustrations de Neureuther, pour *Léonore*, la *Mère à la veillée de Noël* (par Hebel) et l'*Apprenti sorcier* (par Goethe).

979. ROPS (Félicien). Réunion de 33 eaux-fortes par Félicien Rops.

1 frontispice in-8 pour les *Œuvres d'Alfred de Musset*, épreuve AVANT LA LETTRE sur papier teinté gr. in-8, à toutes marges; 1 curieux frontispice in-4, pour les *Bas fonds de la société d'Henry Monnier*, épreuve sur CHINE VOLANT en 3 ÉTATS OU TEINTES DIFFÉRENTES; 18 figures très originales pour les *Cythères parisiennes d'Alfred Delvau*, tirées sur la même feuille de CHINE VOLANT; 11 frontispices et figures diverses pour *le Parnasse satyrique du sieur Théophile*, la *Belle Cauchoise*, la *Messe de Gnide*, *Rimes de joie*, la *Petite Dame à la fourrure*, *Marguerite Joliet*, *Six morceaux de Littérature de Cladel*, la *Dame au Carol*, *Histoire de la Sainte Chandelle d'Arras*, les *Fleurs du mal*.
Toutes ces pièces sont dans des états particuliers et portent des annotations de la main de l'artiste.

980. SUJETS HISTORIQUES. 25 portraits in-8, d'après Rigaud, Nattier, Mignard, Nanteuil, Van der Werf, etc. et 13 figures in-8, de Desénne, Fragonard, Albrier, H. Vernet, Hersent, Devéria (pour les orateurs sacrés, oraisons funèbres, etc).

Epreuves AVANT LA LETTRE SUR CHINE, plus 13 EAUX-FORTES dans des états différents.
Pièces à toutes marges.

981. SUJETS SATIRIQUES. — Réunion de 4 figures in-4, non signées, gravées à la manière du lavis.

Les *Torts de M. Necker envers la France*. — *Derniers Efforts du Parlement auprès de la justice*. — La *Confession* (Mlle *de Fontanges*). — Le *Châtiment* (Mme *de Maintenon*).
Pièces très curieuses et *d'un genre tout à fait particulier*, en belles épreuves; les deux premières sont à toutes marges.

982. WATTIER (Émile). Suite de 6 belles photographies des peintures exécutées par Emile Wattier pour la décoration du salon de M. le

comte de C*** représentant l'*Histoire de Psyché*. *Paris, Furne et Tournier, s. d.* dans un carton.

Épreuves sur CHINE, montées grand in-8.
Très belles pièces.

---

983. Lot d'environ 290 figures par des artistes du XVIIIᵉ siècle.

Pièces tirées des suites; nombreuses épreuves AVANT LA LETTRE.

984. Lot d'environ 140 figures par des artistes modernes.

Nombreuses pièces en épreuves AVANT LA LETTRE SUR CHINE, à toutes marges.

985. Lot d'environ 116 figures et vues d'après les maîtres, gravées par des artistes modernes.

Illustrations pour albums; nombreuses pièces AVANT LA LETTRE, à toutes marges.

III

PORTRAITS

986. ABRANTÈS (la duchesse d'), 2 portraits in-4, lithographiés d'après Gavarni.

Pièces avec marges, tirées de l'*Artiste* et du *Voleur*.

987. ACTEURS et ACTRICES de la Comédie-Française, du théâtre du Vaudeville, de l'Opéra etc. 27 portraits in-8.

1 joli portrait de Mme Du Gazon, par Le Beau. *A Paris chez Enauts et Rappilly;* 22 portraits, la plupart lithographiés, tirés du *Monde dramatique;* et 4 divers. Choix de jolies pièces.

988. AFFAIRE DU COLLIER. Réunion de 14 portraits in-8, des personnages impliqués dans l'affaire du Collier.

La comtesse de Cagliostro, le comte de Cagliostro, la comtesse de la Motte, Mlle Leguet d'Esigny d'Osliva, Mme Mella de Courville Sulbak, la femme de chambre de Mme la comtesse de la Motte, le cardinal de Rohan, grand aumônier de France, M. de la Motte. Portraits exécutés par des artistes du xviiie siècle.

989. AMYOT (Jacques), in-8, par Marchand, 1784, gravé par Ponce.

990. ANDRIEUX (F.-G.-J.-S.). 4 portraits in-8 : par Devéria, gravé par Blanchard; par le même, gravé par Potrel; d'après nature, gravé par Tardieu; par Deltil, gravé par Delvaux.

Le dernier portrait est AVANT LA LETTRE. Pièces à toutes marges.

991. ANQUETIL. 2 portraits : in-8, *dessin* par Frilley; in-12, par Clerget publié par *Danlos.*

992. ARIOSTE, in-8, par Ficquet.

Superbe épreuve AVANT TOUTE LETTRE, avec le cadre, à toutes marges.

993. ARIOSTE, in-12, par Ermini, gravé par Lapi, à toutes marges.

994. AUTEURS GRECS ET LATINS. 78 portraits et frontispices avec portraits, par Thomassin, Bleyswick, Ficquet, B. Picart, Moreau, Marillier, Cochin, Le Barbier, Saint-Aubin, Cipriani, Delvaux, Bouillon, Devéria, Salmon, Garnercy, Tardieu, etc.

Choix de belles pièces dont un certain nombre sont AVANT LA LETTRE.

995. BACON (Fr.), in-8, gravé par Delvaux, avec marges.

996. BALZAC (Honoré de), in-8, à l'eau-forte par Hédouin, 1858, *publié par Poulet-Malassis et De Broise*.

Épreuve AVANT LA LETTRE SUR CHINE, à toutes marges.

997. BARTHÉLEMY (J.-J.), in-8, dessiné d'après nature et gravé par Aug. Saint-Aubin.

Épreuves en 2 états : avec la lettre et EAU-FORTE, à toutes marges.

998. — Le même, in-8 par Dequevauviller.

Épreuve en 2 états : avec la lettre sur CHINE et EAU-FORTE, à toutes marges.

999. — Le même, in-8 ovale, par Chazal, gravé par Lorichon.

Épreuve en 3 états différents, avec marges.

1000. — Le même, 6 portraits : in-12, par Saint-Aubin, gravé par Bertonnier ; in-8, par Hocquart jeune ; de la *Collection Ménard et Desenne* (3 épreuves) ; par Devéria, gravé par Dequevauviller ; 2 non signés.

5 pièces AVANT LA LETTRE et 1 EAU-FORTE.
Pièces à toutes marges.

1001. BEAUMARCHAIS. 6 portraits in-8 : de la *Collection Ménard et Desenne* (2 épreuves) ; par Devéria, gravé par Guyard ; par Desenne, gravé par Ethiou ; par Hopwood ; d'après Saint-Aubin, par Tardieu ; par Geoffroy ; par Meurillon sur acier.

Le premier est AVANT LA LETTRE en 2 états : sur CHINE et sur PAPIER VÉLIN.
Pièces à toutes marges.

1002. BÉRANGER. 2 portraits, in-8 : par Aug. Sandoz, gravé par Massard ; — par De Moraine, gravé par Ferdinand.

Le premier est AVANT LA LETTRE SUR CHINE.
Pièces avec marges.

1003. BERNIS (cardinal de). 2 portraits : en-têtes de pages en médaillon, par Moreau, 1771 ; petit ovale, gravé par Le Mire, d'après Callet, 1796.

Épreuves AVANT LA LETTRE sur GRAND PAPIER, à toutes marges.

1004. BOILEAU. 13 portraits : in-8, d'après Rigaud, gravé par Savart, 1769, en médaillon avec sujets allégoriques au bas ; par le même ; dans un cul-de-lampe de Garnier ; gravé par Choffard, 1808 ; d'après

Rigaud, gravé par Lignon ; d'après le même, gravé par Jacquemin ; d'après le même, gravé par Dien ; par Hopwood *publié par Furne ;* en pied par Desenne, dans la *Collection Jannet ;* in-32, gravé sur acier, par Hopwood ; 4 par divers artistes.

Le portrait par Desenne est en 2 états : AVANT LA LETTRE et EAU-FORTE.
Pièces à toutes marges.

1005. BOREL (Petrus). Eau-forte, gr. in-8, par Célestin Nanteuil, 1839, d'après le tableau de Louis Boulanger (Salon de 1839).

Belle pièce avec marges, tirée de l'*Artiste.*

1006. BOSSUET. 3 portraits in-8 : par Aug. Saint-Aubin, *publié par Renouard ;* par Dequevauvillers ; gravé au trait non signé, remonté.

Les deux premiers sont à toutes marges ; le second AVANT LA LETTRE.

1007. BOUFFLERS. 2 portraits in-12 : par Hilaire Le Dru, gravé par Delvaux ; par le même, gravé par Gaucher avec encadrements.

Le premier est sur PAPIER VÉLIN, grand in-8 : le second remonté.

1008. BOURDALOUE. 3 portraits in-12 : par Aug. Saint-Aubin, *publié par Renouard ;* non signé ; gravé au trait non signé, remonté.

Les deux premiers sont à toutes marges ; le second est AVANT LA LETTRE.

1009. BUFFON. 3 portraits in-8 : gravé par Roger, d'après Drouais, *publié par Verdière et Ladrange ;* gravé par Conché ; non signé (par Scriven).

Le dernier est en 2 états : en noir sur CHINE VOLANT et en bistre.
Pièces à toutes marges.

1010. — Le même, 3 portraits : in-12, gravé par Gaucher *an VII,* d'après Drouais ; in-12, en pied, par Desenne, 1823, gravé à l'eau-forte, par Tony Johannot ; in-8, par Devéria, 1822, gravé par Massard.

Pièces AVANT LA LETTRE, plus 1 EAU-FORTE du portrait en pied, par Desenne, à toutes marges.

1011. — Le même, in-8, par Choquet, 1822, avec sujets allégoriques.

Joli DESSIN à l'encre de Chine, signé par Choquet, à toutes marges.

1012. BYRON. 8 portraits d'après West, Saunders, etc., gravés par Engleheart, Blanchard, Dequevauvillers, etc.

Celui par Dequevauvillers est AVANT LA LETTRE SUR CHINE.
Pièces à toutes marges.

1013. CAZOTTE. 2 portraits : in-8 par Édouard de Beaumont ; non signé, remonté.

1014. CERVANTES. 3 portraits : in-8, par Quéverdo, gravé par Gaucher ; in-32, par Desenne gravé par Hopwood ; in-32, par Dutillois.

Belles pièces à toutes marges.
La première et la dernière sont AVANT LA LETTRE.

1015. Champfleury, in-8 à compartiments et ornementé, gravée à l'eau-
forte, par Bracquemond d'après Courtiet.

> Jolie pièce avant la lettre, avec marges.

1016. Chateaubriand. 4 portraits in-8 : par Laugier 1817, d'après Giro-
det-Trioson; en pied par Devéria gravé par Alfred Johannot; 2 par
Hopwood.

> Jolies pièces, à toutes marges, la première est avant la lettre; la seconde
> en 2 états : avant la lettre et EAU-FORTE.

1017. Chennevière, in-8, gravé à Paris en 1770 par Ficquet.

> Belle épreuve avec marges.

1018. Chénier (André). 2 portraits : in-8, litrograhié par Delpech;
1 photographie in-8, d'après Muller, et 1 fac-similé d'écriture.

1019. Choderlos de Laclos, in-8, par Coquantin, 1831.

> DESSIN à la sépia.

1020. Colardeau. 3 portraits in-8 : gravé par C. V. D. d'après Voiriot;
par Trenquesse en 1775, gravé par Lingée en 1777; par le même
gravé par Pruneau, A Paris, chez Esnauts et Rapilly.

> Pièces à toutes marges, plus 1 épreuve du dernier portrait, remontée.

1021. Collection de 37 portraits en pied, in-8, des écrivains célèbres,
par Desenne et Devéria, gravés par Alfred et Tony Johannot,
Frilley, Guyard, Prourvoyeur, Burdet, Simonet, etc., *publiée par
Louis Janet*, 1822-1824.

> Superbes épreuves tirées à part grand in-8, à toutes marges, en 2 états : avant
> la lettre sur chine et EAUX-FORTES sur chine. On y a ajouté 6 portraits en
> pied de : Héloïse et Abailard, Molé et du Cardinal Fleury, épreuves avant la lettre
> sur chine, à toutes marges.

1022. Collection de portraits de personnages célèbres, publiée par
Lami-Denozan : Suite de 30 portraits in-32, gravés sur acier par
Hopwood, 1827.

> Jolie suite; épreuves à toutes marges, plusieurs sont avant la lettre sur chine.

1023. Corneille (Pierre). 6 portraits in-8 : gravé par Droyer d'après
Le Brun; gravé par Gaucher d'après le même; gravé par Ingouf
d'après le même; gravé par Cars; par Aug. Saint-Aubin; non signé.

> Belles pièces avec marges.

1024. — Le même 4 portraits in-12 : par B. Picart, 1715; gravé par
Delvaux d'après Le Brun; par Aug. Saint-Aubin, *publié par Renouard;* par Voyez le jeune.

1025. — Le même, 3 portraits in-8 : par Devéria gravé par Dequevauviller; par Markl gravé par Mme Ethiou, *publié par Pourrat;* par
Hopwood gravé par Wedgwood ornementé (très beau).

> Pièces à toutes marges; dont de la dernière 3 épreuves avant la lettre sur
> chine ou sur papier vélin.

1026. CORNEILLE (Pierre). Le même, 5 portraits : in-32, gravé sur acier par Hopwood, *publié par Lami-Denozan;* in-12, par Taurel, 1829, ovale ; gravé par Devrits sous la direction de Baratte publié par Curmer dans les *Normands illustrés;* en pied par Devéria ; petit ovale en fleuron non signé.

Pièces à toutes marges ; celle par Devéria est AVANT LA LETTRE PAPIER VÉLIN ; et celle par Hopwood est sur CHINE.

1027. CORNEILLE (Thomas). 5 portraits : in-8, non signé ; in-18, gravé par C. Dup. d'après Mignard ; petit ovale gravé par Pourvoyeur d'après le même ; in-8 par Devéria gravé par Ensom ; in-8 par Hopwood ornementé.

Les portraits par Pourvoyeur et par Devéria sont AVANT LA LETTRE ; celui de Hopwood est à l'état d'EAU-FORTE (2 épreuves) ; pièces à toutes marges.

1028. CRÉBILLON père, in-8, par Ficquet d'après Aved.

Belle épreuve grande de marges.

1029. — Le même, in-8, par Ficquet d'après Aved.

Epreuve avec marges.

1030. — Le même, 6 portraits : in-8, *A Paris, chez Petit;* par Desenne, gravé par Ethiou ; in-32, gravé sur acier par Hopwood ; in-18, gravé par Bertonnier ; in-8, par Devéria gravé par Hopwood ornementé ; de la *Collection Ménard et Desenne.*

Ces trois dernières pièces sont AVANT LA LETTRE, avec marges ; on a ajouté Crébillon fils.

1031. DAUDET (Alphonse). 2 portaits in-12 : à l'eau-forte par Guillaumot fils ; par le même publié par Bertault.

2 épreuves de la première pièce.
Pièces tirées à part sur papier de Hollande, gr. in-8.

1032. DELAVIGNE (Casimir). 7 portraits in-8 : par Monvoisin, gravé par Bernardi ; gravé par Torlet ; lithographié par Julien, tiré de la *Galerie du Voleur;* non signé avec encadrement tiré du *Monde dramatique;* par Riffaut, tiré de l'*Artiste;* 2 non signés.

Les deux derniers sont AVANT LA LETTRE.
Belles pièces à toutes marges.

1033. DELILLE (Jacques). 8 portraits : in-32, gravé sur acier, par Hopwood d'après Delaroche ; ovale gravé par Roger ; in-8 en pied, par Desenne gravé par Coupé ; en médaillon avec encadrement par A. St-Aubin d'après Monnier ; in-32, par Dutillois ; in-8, gravé par Pelée ; in-4 non signé ; — M Delille, in-4 non signé.

Toutes ces pièces, sauf la première, sont AVANT LA LETTRE. On y a ajouté le *Tombeau de Jacques Delille,* 2 épreuves AVANT LA LETTRE et 1 avec la lettre.
Belles pièces à toutes marges.

1034. DELVAU (Alfred), in-8, à l'eau-forte, par Le Rat.

Belle épreuve sur PAPIER DE HOLLANDE in-4, à toutes marges.

1035. DEMOUSTIER. 2 portraits in-8 : par Pajou fils, gravé par Tardieu ; en pied par Devéria, gravé par Ch. Johannot.

Piècés à toutes marges ; la seconde est AVANT LA LETTRE SUR PAPIES VÉLIN.

1036. DESAUGIERS, in-8, par Devéria, gravé sur acier par Fontaine.

Superbe épreuve AVANT LE NOM SUR LA DRAPERIE à toutes marges.

1037. DESCHAMPS (Émile). 2 portraits grand in-8 : lithographié par Frey, d'après une miniature de Mlle de la Morinière ; lithographié par Alophe.

Belles pièces tirées de l'*Artiste* et de la *Galerie de la Presse*, à toutes marges.

1038. DESHOULIÈRES (Mme). 4 portraits in-8 : par Van Schuppen 1695, d'après Sophie Chéron, *A Paris, chés Villette ;* par Ingouf, d'après la même ; par Tardieu d'après la même ; par Saint-Aubin.

Jolies pièces grandes de marges.

1039. — La même, 4 portraits : in-8, par Van Schuppen 1695, d'après Sophie Chéron, *A Paris, chés Villette ;* par Ingouf, d'après la même (2 épreuves) ; par Saint-Aubin ; in-18 ovale tiré des *Emaux de Petitot*.

La première pièce est courte ; les autres sont de belles épreuves à toutes marges.

1040. DORAT, 3 portraits : in-8, par Denon, gravés par Aug. de St-Aubin ; gr. in-8, par Hoin, gravé par Fessard, avec attributs ; in-18, non signé.

Pièces avec marges.

1041. DUCIS, in-8, gravé par Forssell, 1814, d'après Gérard.

Belles pièces en 3 états : avec la lettre sur CHINE, AVANT LA LETTRE SUR CHINE et AVANT LA LETTRE SUR CHINE DOUBLE, à toutes marges.

1042. — Le même, 7 portraits : in-32, gravé sur acier par Hopwood ; in-8, gravé par Pauquet, d'après Gérard ; par Corbould 1827, dans une guirlande de feuillage ; in-32 dans un cadre, non signé ; in-8, en pied non signé ; en pied par Desenne, gravé par Lecomte ; gravé par Mme Florensa.

Pièces à toutes marges ; les quatre dernières sont AVANT LA LETTRE.

1043. DU DEFFAND (Mme). 2 portraits : in-8, en pied par Devéria 1822, gravé par Ruhierre ; in-12 *Madame Du Deffand et Pont de Vesle* (Idée des Liaisons de Paris).

La première pièce est AVANT LA LETTRE SUR CHINE, à toutes marges.

1044. DUMAS père (Alexandre). 2 portraits : gr. in-8, lithographié d'après nature par Léon Noël, tiré de l'*Artiste ;* in-8, non signé, tiré de la *Galerie des Contemporains illustres*.

1045. DUMAS fils (Alexandre), in-4, gravé à l'eau-forte par Mongin d'après Meissonier.

Superbe ÉPREUVE D'ARTISTE AVANT LA LETTRE SUR CHINE, montée in-folio.
Jolie pièce.

1046. ÉCRIVAINS ANGLAIS. Réunion de 19 portraits par Johannot, Hopwood, Pourvoyeur, Cook, Pujos, Ridley, Hicks, Greatbatch, miss Adams, Aug. de Saint-Aubin, Granger, etc.

Portraits de : Cooper, Fielding, Hamilton, Longfellow, Moore, Richardson, Christophe Schmid, Sheridan, Mrs Trollope, Young.

1047. Ecrivains français. Réunion de 15 portraits in-8, lithographiés par Lacouchie, Alophe, Gavarni, Julien, Leleux, Lassalle, publiés dans le *Magasin Théâtral, le Monde dramatique, la Galerie du voleur, la Galerie du cabinet de lecture*.

> Portraits de : Ancel, Anicet Bourgeois, Cogniard, Du Mersan, Dupaty, Fontan, Madame Émile de Girardin, Amo (Jaime), Reboul de Nismes, de Rougemont, Frédéric Soulié, Augustin Thierry, Alfred de Vigny.

1048. Écrivains et Personnages historiques français et étrangers. Réunion de 73 portraits par des artistes anciens et modernes.

> Portraits de : Antoine Arnauld, Brueys, Chapelle, Chaulieu, Paul-Louis Courier, Crébillon fils, Dante, Defauconpret, Philippe Desportes, Destouches, Diderot, Dupaty, Alex. Duval, Fabre d'Églantine, Fagan, Favart, Grécourt, Grimm, Mme Guizot (DESSIN à la mine de plomb par Devéria d'après Scheffer), de Jouy avec une LETTRE AUTOGRAPHE de E. de Jouy; Alphonse Karr, Houdart de La Mothe, Mme de La Mothe Guion, D. Le Brun, Le Franc de Pompignan, Le Tourneur, Clément Marot, Mieris, Millevoye, Moncrif, M. et Mme Necker, Palissot, Picard, Piis, Ponsard, Raynal, Ronsard (DESSIN à la mine de plomb), Saint-Evremont, Scarron, Scribe, Ségur, Sterne, Tassoni, Mme Amable Tastu, avec une LETTRE AUTOGRAPHE adressée à Mme *Desbordes-Valmore*, Vaugelas (DESSIN à la sépia), Villemain, etc.
> Un certain nombre de ces pièces sont AVANT LA LETTRE; et la plupart à toutes marges.

1049. Femmes célébres de France. Suite de 36 portraits in-32, gravés par Delvaux d'après Mme Vigée, Lebrun, Boilly, De La Tour, Heim, Isabey, Ingres, Gavarni, Devéria, Gigoux, etc.

> Belles épreuves à toutes marges; plusieurs sont AVANT LA LETTRE.

1050. Fénelon. 5 portraits : petit in-8, par Gaucher d'après Vivien; par Delvaux d'après le même; ovale par Roger; non signé; par Bertonnier.

> Le premier est à l'état d'EAU-FORTE; les autres sont AVANT LA LETTRE.
> Pièces à toutes marges.

1051. — Le même, 5 portraits : in-8 par Le Beau, *à Paris, chez Esnauts et Rapilly;* par Lefèbvre *publié par Bourdin;* ovale par Roger; in-32, gravé sur acier par Hopwood; *Fénelon au catéchisme.*

1052. Fléchier, in-8 par Edelinck d'après Rigaud.

> Épreuve AVANT TOUTE LETTRE, un peu courte.

1053. Florian, in-8, en pied par Desenne, gravé par Alfred Johannot. *A Paris, chez Janet.*

> Épreuve en 3 états : avec la lettre, AVANT LA LETTRE SUR CHINE et EAU-FORTE SUR CHINE, à toutes marges.

1054. — Le même, 9 portraits : petit ovale ornementé par T. Johannot, gravé sur acier par Revel 1829; in-4 par Devéria gravé par Lefèvre; par le même gravé par Éthiou; in-4, en couleur, non signé, ornementé; in-4, par Isnard Desjardins publié par le *Magasin des Demoiselles;* petit ovale avec bas-relief par Villers gravé par Gaucher 1793; 1 portrait-frontispice par Monnet gravé par Delaunay; gravé par Villerey ; 1 non signé ; plus 2 lithographies pour le *Tombeau de Florian.*

Le premier portrait est en deux états ; avec la lettre et AVANT LA LETTRE SUR CHINE ; le second est AVANT LA LETTRE SUR CHINE.
Presque toutes ces pièces sont à toutes marges.

1055. FONTENELLE, 6 portraits : in-8, gravé par Dossier d'après Rigaud ; par Bacheley ; par Ingouf d'après Voiriot ; par Saint-Aubin ; petit ovale par Collas (avec celui de Pierre Bayle par Scriven sur la même feuille) ; d'après Ficquet, non terminé.

Belles pièces avec marges ; la dernière par Ficquet, ou d'après Ficquet, a le bas du cadre non terminé, épreuve sur CHINE.

1056. GAUTIER (Théophile). 2 portraits : in-8, gravé par Wolff d'après une photographie de Nadar ; gravé par Thérond en médaillon ornementé.

Le dernier portrait est AVANT LA LETTRE SUR CHINE, monté IN-FOLIO.

1057. GENLIS (Mme de). 4 portraits : in-8, par Fath gravé par Ballin *publié par Dufour, Mulat et Boulanger* ; à 25 ans par Devéria, gravé par Mlle Coignet ; à 80 ans par Devéria, gravé par Coupé ; le comte de Genlis par Jules Porreau 1847 publié par Vignères.

Pièces à toutes marges ; on y a ajouté un fac-similé d'écriture.

1058. GERSON (Jean), in-4, par B. Picart, 1712, gravé par Surugue ; et Thomas A. Kempis, *à Paris, chez Desrochers,* remonté.

1059. GESSNER. 4 portraits : in-8, par Lips, d'après Graff ; in-12 par les mêmes (2 épreuves) ; in-12, non signé.

Belles pièces avec marges.

1060. GILBERT (N.-J.-L.). 5 portraits : in-8 par Le Beau ; par Desenne gravé par Leroux ; in-4, ovale lithographié par Grevedon d'après Lefèvre ; in-8 par T. Johannot gravé par Gérard (?) ; in-32 par Berger.

Pièces à toutes marges ; les dix dernières sont AVANT LA LETTRE.

1061. GŒTHE. 8 portraits : in-8 par Lips à *Zullichau bey Darnman* ; lithographié par Nap. Thomas tiré du *Monde dramatique* ; par Hopwood ; in-4 par Giraldon Bovinet, d'après Schwerdgeburth ; in-4 par Sichling d'après Sebbers, *publié à Leipzig par Breitkopf et Härtel* ; non signé ; gr. in-8 avec médaillons représentant des scènes de ses ouvrages, gravé par Geoffroy, *publié par Baudry* ; in-8 ovale par Devéria d'après David, gravé par Blanchard, 1831.

Ces deux derniers sont AVANT LA LETTRE SUR CHINE. Jolies pièces avec marges.

1062. GRAFFIGNY (Mme de). 4 portraits : in-8 gravé par Gaucher ; in-4 ovale par Maurin, lithographié par Villain ; in-18 par Frilley (2 épreuves).

Le portrait par Frilley est AVANT LA LETTRE en 2 états : sur CHINE et sur blanc.
Pièces avec marges.

1063. GRESSET. 11 portraits : in-32 ovale non signé; in-12 non signé; in-8 ovale par Roger; gravé au trait par Landon d'après Nattier; in-8 ovale par Tardieu d'après Nattier (2 épreuves); in-8 du diagraphe et pantographe-Gavard; gr. in-8 par Devéria, gravé par Lefèvre; le même sur chine; in-8 lithographié par Delpech; gr. in-8 ovale par Grevedon lithographié par Demanne.

Pièces à toutes marges; 2 sont AVANT LA LETTRE.

1064. HENRI IV roi de France. 6 portraits : in-8 par Marcenay de Ghuy 1764, d'après Jannet, *A Paris, chez l'auteur et chez M. Wille;* par Aug. Saint-Aubin; par Gérard, gravé par Géraut, 1825; in-8 en médaillon non signé (Rubis d'Orient); in-18 par Janet d'après Pourbus; *Gabrielle d'Estrées,* in-8 par Dumoustier, gravé par Ficquet, *A Paris, chez Odieuvre.*

Le portrait par Gerard est en 2 états : AVANT LA LETTRE SUR CHINE (2 épreuves) et EAU-FORTE sur CHINE VOLANT; le portrait par Janet est AVANT LA LETTRE. Belles pièces à toutes marges.

1065. HISTOIRE DE FRANCE. Réunion de 34 portraits de personnages célèbres dans l'histoire de France.

Maréchal de Villars, Jeanne d'Arc, Agnès Sorel, Mazarin, Richelieu, Robespierre, le général Bonaparte, Mirabeau, Custine, Cathelineau, Pichegru, Sieyès, Necker, Rouget de l'Isle, Charlotte Corday, etc., etc. Belles épreuves, la plupart à toutes marges.

1066. HOFFMANN. 3 portraits : in-12, gravé par Hopwood; par Dupont, gravé par Pelée *publié par Renduel;* in-4, litographié par Devéria, tiré de l'*Artiste* (2 épreuves).

Le portrait par Hopwood est AVANT LA LETTRE SUR CHINE; celui par Dupont est avec la lettre et à l'état d'EAU-FORTE. Belles pièces avec marges.

1067. HOUSSAYE (Arsène). 2 portraits : in-4 gravé par Riffaut, d'après Widal; in-4, en pied, gravé par Riffaut d'après Varnier.

Belles pièces avec marges tirées de l'*Artiste.*

1068. HUBER, in-8 gravé par Tardieu d'après Graff.

Belle épreuve à toutes marges.

1069. HUGO (Victor). 13 portraits : in-8 à l'eau-forte par Champollion; à l'eau-forte par Régamey avec encadrements en fleurs; par Régamey tiré de *Paris à l'eau-forte;* in-4 en pied par Buland; in-4 en pied lithographié par Benjamin, d'après de Chastillon; in-4 lithographié tiré de la *Galerie du cabinet de Lecture;* in-4 lithographié d'après nature par Léon Noël, tiré de l'*Artiste;* in-4 par Masson; in-8 par Pollet; in-8 par Paul Chenay; 2 photographies, dont une in-4 par Pierre Petit; *Mme Victor Hugo,* in-4 lithographié par Célestin Nanteuil d'après Louis Boulanger. 2 épreuves tirées de l'*Artiste* et du *Magasin des familles.*

Choix de jolies pièces; la première est AVANT LA LETTRE SUR PAPIER DU JAPON; la seconde AVANT LA LETTRE en 2 états; sur PAPIER DU JAPON et sur CHINE VOLANT in-4.

1070. Janin (Jules). 8 portraits : in-8 par Challamel tiré du *Journal des femmes;* in-4 par Bouquet *publié par Ambroise Dupont;* in-4 gravé par Revel d'après Tony Johannot; in-8 non signé *publié par Suireau à Nantes;* in-4 par Paul Chenay *publié par Marchant;* in-8 à l'eau-forte ornementé par Staal, *publié par Pincebourde;* 2 charges du *Charivari.*

Le portrait par Staal est en 2 états : en noir sur CHINE et en bistre sur CHINE VOLANT.

1071. Johannot (Alfred et Tony), in-4, lithographiés d'après nature par Gigoux, tiré de l'*Artiste.*

Superbe épreuve avec marges.

1072. La Bruyère, 3 portraits : in-8 par Folkema, 1742, d'après de Saint-Jean; gravé par Leroux; ovale, non signé, remonté.

1073. La Chaussée (Nivelle de), in-8, par Ingouf d'après de La Tour.

Superbe épreuve à toutes marges.

1074. La Fontaine, in-8, par Ficquet d'après Rigault, portrait dit au *Ruisseau blanc.*

Belle épreuve montée comme chine.

1075. — Le même, par Ficquet d'après Rigault, pour les *Contes* (édition Barraud).

Épreuve sur CHINE.

1076. — Le même, in-8, par Savart, 1769, d'après Rigaud.

Belle épreuve; petite marge.

1077. — Le même, 14 portraits in-18 et in-8 : par B. Picart, 1727, d'après Rigault; par Delvaux 1780; par Saint-Aubin; par Dequevauviller; par David gravé par Choubard, *publié par Armand Aubrée;* par Delvaux d'après Rigault pour les *Fables;* par Bertonnier d'après Rigaud; petit ovale non signé; ovale par Roger; ovale avec guirlande par Tardieu d'après Rigaut; non signé; avec *M*me *de la Sablière* par Devéria gravé par Géraut 1825 (2 épreuves); par Dequevauvillier; gravé sur acier par Hopwood ornementé.

Belles épreuves la plupart à toutes marges, les neuf derniers portraits sont AVANT LA LETTRE. On y a ajouté un fac-similé d'écriture et la *Maison de La Fontaine à Château-Thierry,* gravé par Lemaître, 1820, d'après Guenepin, épreuve sur CHINE, in-folio.

1078. La Harpe. 2 portraits in-8 : par Markl gravé par Bertonnier, *publié par Pourrat;* gravé sur acier par Hopwood, ornementé.

Pièces à toutes marges; la seconde est AVANT LA LETTRE.

1079. Lamartine. 4 portraits in-8 : par Devéria gravé par West (2 épreuves); non signé historié (2 épreuves); ovale à l'eau-forte par Léopold Flameng; par Pye.

Belles épreuves sur CHINE, ou CHINE VOLANT; le portrait par Pye est en 2 états : AVANT LA LETTRE SUR CHINE et EAU-FORTE.
Pièces à toutes marges.

1080. La Mothe Le Vayer (de), in-8 par Ficquet, 1775, d'après Nanteuil.

Bonne épreuve avec marges.
On y a ajouté une seconde épreuve remmargée.

1081. La Rochefoucauld (François duc de). 3 portraits in-8 : par Choffard en 1779 d'après Petitot (2 épreuves); ovale par Devéria gravé par Fauchery ; par Bertonnier d'après Petitot.

Épreuves avec marges ; le dernier portrait est avant la lettre.

1082. La Sablière (Mlle de), in-8 par Tony Johannot, 1823, d'après Colin.

Belle épreuve en 2 états : avant la lettre et EAU-FORTE, à toutes marges.

1083. La Vallière (Mme de). 22 portraits par Chaulet, Saint-Aubin, Heath, Devéria, Porreau, Ruhierre, Frere, Delpech, Flameng, Croizier, Français, Beni, etc.

Quelques pièces sont avant la lettre.

1084. Le Sage. 7 portraits in-8 : par Guélard; par Aug. Saint-Aubin, *publié par Renouard*; lithographié d'après Hesse par Motte; par Nap. Thomas gravé par Ferdinand; par Staal gravé par Delaunay; par Roger; par Dupréel.

Le dernier portrait est en 2 états : avant la lettre monté comme chine et avant la lettre.

1085. Louis XVI, Marie-Antoinette, et la famille royale : 18 portraits par Le Beau, Ruotte, Hubert, Bartolozzi, Fiesinger, Schiavonetti, Roger, Lattour, T. Johannot, Sixdeniers, etc.

1086. Maintenon (Mme de), in-8 gravé par Ficquet en 1759 d'après Mignard.

Belle épreuve, remontée. On y a ajouté 2 portraits avant la lettre, dont 1 tiré des *Émaux de Petitot*.

1087. Malfilatre. 5 portraits : in-4 lithographie par Lemoine, tiré de l'*Artiste*; in-8 par Lecler, 1825, gravé par Bertonnier (2 épreuves); in-32 par Lecomte; petit ovale par Pourvoyeur; in-32 non signé.

Les 4 derniers portraits sont avant la lettre sur chine.
Pièces à toutes marges.

1088. Malherbe. 4 portraits in-8 : par Desrochers; par Du Moustier gravé par Dequevauviller; 2 non signés.

Un de ces derniers est avant la lettre avec marges, celui de Du Moustier est à toutes marges.

1089. Marie-Thérèse, impératrice d'Autriche, gr. in-8 gravé par Jacob Adam à Vienne 1792, d'après Joseph Kreutzinger *ad vivum pinx*, *Viennæ*, 1792.

Belle pièce avec marges.

1090. **MARMONTEL.** 2 portraits in-8 : par Gaucher, en 1786 (2 épreuves) ; en pied, par Devéria, gravé par Lecomte, *A Paris, chez Janet.*

Le portrait par Devéria est en trois états : avec la lettre, AVANT LA LETTRE SUR CHINE et EAU-FORTE sur CHINE, à toutes marges.

1091. **MASSILLON.** 4 portraits : in-8, par Aug. Saint-Aubin ; petit ovale, par Delvaux ; in-8, ovale, par Delvaux ; gravé sur acier, par Pollet.

Épreuves à toutes marges.

1092. **MEISSONIER** (E.), d'après lui-même, par Regnault.

Belles pièces à toutes marges.

1093. **MILTON.** 9 portraits : in-4, par Reynould avec bas-relief, représentant Adam et Ève, *publié à Londres par Watson,* 1786 ; par Cornelius Jansen, gravé par Edwards ; par Vertue, gravé par Edwards ; par Markl, gravé par Mme Ethiou ; gravé par Allard ; 1 photographie de Bisson, d'après Chatinière ; 2 non signés ; par Boutrois, d'après Reynolds.

Choix de belles pièces à toutes marges ; les 2 dernières sont AVANT LA LETTRE.

1094. **MOLIÈRE,** in-8, par Cathelin, d'après Mignard.

Belle pièce grande de marges.

1095. — Le même, 19 portraits de divers formats : par Aug. Saint-Aubin ; par Taurel, 1824 ; par Tony Johannot, gravé sur bois, par Porret, ornementé ; ovale par Tardieu, d'après Mignard ; ovale par Desenne, d'après Tardieu, gravé par Migneret ; de la *Collection Ménard et Desenne;* par Chenavard, gravé par Hopwood et Olivier, ornementé ; in-32, gravé sur acier, par Hopwood ; par Dequevauviller ; petit médaillon non signé ; par Thevenon ; 2 en pied à l'eau-forte, par Damman ; par Devéria, gravé par Pelée ; par Devéria, gravé par Larcher, 1823 ; non signé ; d'après Coypel, par Pourvoyeur ; par Bertonnier, d'après Mignard (2 épreuves d'état différent) ; par Fragonard, d'après Lignon.

Jolies pièces, à toutes marges, dont les 11 dernières sont AVANT LA LETTRE.

1096. **MONTAIGNE,** in-8, par Ficquet, 1772, d'après Dumoustier.

Superbe épreuve très grande de marges.

1097. — Le même, 7 portraits : 3 in-8 non signés (anciens) ; par Pollet, 1834 ; ovale, par Dupont ; par Revel, *publié par Furne* ; 1 ovale, non signé.

1098. **MONTESQUIEU.** 9 portraits : in-8, par Dupuis, d'après Dassier ; par Benoist, d'après Dassier, *A Paris, chez Bligny* ; in-4, par Chaudet, 1796, gravé par Tardieu ; le même in-8 (2 épreuves en deux états différents) ; par Devilliers (2 épreuves) ; petit médaillon, par Aug. Saint-Aubin ; par Devéria, gravé par Muller ; ovale, par Roger, d'après Dassier ; non signé.

La plupart de ces pièces sont à toutes marges. On y a ajouté un fac-similé d'écriture.

2 -. **1099.** Motteville (Mme de), in-8 non signé.

Joli DESSIN à l'aquarelle.

22 - **1100.** Musiciens de l'École allemande. Réunion de 42 portraits :

Bach (Joh. Séb.), 2 portraits : in-4, gravé par Sichling d'après Hausmann, *Leipzig, Breitkopf et Härtel*; in-folio photographié par Bisson d'après Haussmann.

Beethoven, 3 portraits : in-4 par Letronne, gravé par Höfel, 1814, *à Vienne, Artaria;* in-4 par Sichling d'après Waldmuller, *Leipzig, Breitkopf et Härtel;* in-folio, photographié par Bisson d'après Hamman.

Chopin, in-folio photographié d'après un portrait inachevé d'Ary Scheffer.

Corelly, in-8, (ancien) non signé, épreuve avant la lettre.

Ernst (H. W.), in-4 lithographié par Danel d'après Widal.

Gluck, 5 portraits : in-4 par Miger d'après Joseph Duplessis. *A Paris chez Miger graveur;* in-4 dessiné au physionotrace et gravé par Queneday; in-8 par Krafft; in-4 par Sichling d'après Duplessis, *Leipzig, Breitkopf et Härtel;* in-folio photographié par Bisson d'après Hamman.

Gusikow, in-8, lithographié par Gavarni, tiré du *Monde dramatique*.

Haendel, 2 portraits : in-4 par Sichling d'après Hudson *Leipzig, Breitkopf et Härtel;* in-folio photographié par Bisson d'après Hamman.

Hauman (Th.), in-4, lithographié par Frey d'après Léon Noël 1834, tiré de l'*Artiste*.

Haydn (Joseph), 6 portraits : in-4, ovale, *A Paris, chez Aug. Le Duc*; in-4, gravé d'après le buste de Grassi de Vienne, *Feuillet Dumas, éditeur*; in-4, ovale gravé par Bartolozzi d'après Ott, *London, Humphrey, 1791*; in-4, par Sichling d'après Rösler, *Leipzig, Breitkopf et Härtel;* in-folio en pied photographié par Bisson d'après Hamman 1858; in-folio en pied photographié par Bisson d'après Hamman 1860.

Himmel, in-4, ovale par Bott, 1803, d'après Lauer.

Kalkbrenner (Fred.), in-4, non signé. *Vienna, presso Artaria*.

Kreutzer, in-4, ovale, par Vincent, gravé par Bourgeois de la Richardière.

Liszt, in-4, en pied lithographié par Villain d'après Leprince, 1824.

Mayseder (Joseph), in-4, ovale par Letronne, gravé par Höfel, 1815, *à Vienne chez Artaria*.

Mendelssohn (Moïse), 2 portraits : in-8 par Löwe; in-folio en pied, photographié par Bisson d'après Hamman.

Meyerbeer, 3 portraits : in-4, lithographié par Delpech; in-4 par Heinrich, gravé par Krepp, *Vienna presso Artaria;* in-4, ovale photographié, non signé.

Moscheles (I.), in-4, gravé par Boyer d'après Liedor, *Vienna presso Artaria*.

Mozart, 3 portraits : in-8 par Posch, gravé par Mansfeld le jeune, *Viennæ, apud Artaria;* in-4 par Sichling d'après Tischbein, *Leipzig, Brietkopf et Härtel;* in-folio en pied photographié par Bisson d'après Hamman, 1856.

Steibelt, en médaillon sur un frontispice, *Étude pour le Piano-Forte*, dessiné par Guérin gravé par Queneday, *Paris, chez Mme Duhan*.

Thalberg (Sigismond), in-folio lithographié par Grevedon, 1856, épreuve sur chine (très joli).

Weber, 2 portraits : in-8 par Fleischmann, *Zwickau, Schumann;* in-folio en pied, photographié par Bisson d'après Hamman, 1860.

Zimmermann (J.-G..), in-8, ovale par Ridley, *London, Werner and Hood, 1797*.
Choix de belles pièces, en bon état, presque toutes à toutes marges.

13 - **1101.** Musiciens de l'École française. Réunion de 39 portraits :

Auber, 3 portraits : in-8 lithographié d'après Julien par Delorne, tiré de la *Galerie du Voleur;* in-8 lithographié par Ligny frères, *A Paris chez Rosselin;* in-4 à l'eau-forte par Hédouin, 1858, d'après Paul Delaroche, superbe épreuve avant la lettre sur chine, tirée in-folio.

Berlioz (Hector), in-folio par Metzmacher d'après Nadar.

Berton, 3 portraits : in-8 lithographié par Julien, tiré de la *Galerie du Voleur;* in-8 lithographié par Garnier tiré de la *Galerie universelle publiée par Blaisot;* in-4 non signé, épreuve avant la lettre.

Boieldieu, in-8 par Dien, *publié par Blaisot*.

Dalayrac (Nic.), 2 portraits : in-4 dessiné au physionotrace et gravé par Quenedey 1809 ; in-folio par Cézarine de C*** gravé par Ruotte.

David (Félicien), 2 portraits in-4 : à l'eau-forte par Metzmacher, 1858, d'après Widal, tiré de l'*Artiste*, superbe épreuve sur chine (très jolie) ; photographié par Bayard et Bertall, épreuve avant la lettre sur chine in-folio.

Daquin (Louis-Claude), in-8 gravé par Petit d'après Descombes, de la *Suite de Desrochers*.

Dussek, in-4 dessiné et gravé par Godefroy, *publié par Blaisot*.

Favart, in-4 par Méhu, gravé par Lejeune.

Grétry, 4 portraits : in-8 par Gottschick d'après Le Brun ; in-4 dessiné au physionotrace et gravé par Quenedey, 1808 ; in-8 ovale par Simon d'après Isabey ; in-folio par Forget d'après Mellier, *A Paris, chez Noël*, avec encadrement en guirlande contenant les titres de ses compositions. Plus une figure in-folio en travers, par Joly gravée par Jean Duplessis-Bertaux, *Grétry traversant l'Achéron*.

Halévy, 2 portraits in-8 : lithographié par Jullien d'après Lepaulle, tiré de la *Galerie du Voleur;* ovale par Geoffroy d'après Zoller tiré de l'*Artiste*, épreuve en 2 états : avec la lettre et avant la lettre sur chine.

Hérold, 2 portraits : in-8 par Dequevauviller *publié par Blaisot;* in-4 par Geoffroy d'après le buste de Duvernay, tiré de l'*Artiste*.

Lalande (Richard de), in-8 par Mathey d'après Santerre.

Lully (J.-B. de), 7 portraits : in-8 gravé par Desrochers ; in-folio gravé par Edelinck ; in-4 dessiné par Cochin d'après le buste de Colignon et gravé par Aug. de Saint-Aubin en 1770 ; Le même *se vend à Paris chez Joullain et chez l'auteur;* in-4 par Rousseau d'après Edelinck, *Publié par Cadart*, belle épreuve sur chine tirée in-folio ; in-4 en pied non signé, épreuve avant la lettre sur chine ; en médaillon tête de page par Masquelier avec les portraits de *Rameau* et *Piccini* sur la même feuille.

Méhul, in-4 dessiné au physionotrace et gravé par Quenedey, 1808.

Monsigny, in-4 dessiné au physionotrace et gravé par Quenedey.

Rameau, in-folio par Restout gravé par Benoist.

Solié, in-4 par Cardon d'après Riesener.

Choix de jolies pièces, la plupart à toutes marges.

1102. Musiciens de l'École italienne. Réunion de 30 portraits : —

Bellini, in-8, avec encadrement par Danois, tiré du *Monde dramatique*.

Bruni, in-8, par Lambert.

Carafa, in-8, lithographié par Ramelet, d'après Dantan jeune, *chez Susse, place de la Bourse*. Pièce curieuse.

Castellacci, in-4, lithographié par Langlumé, d'après Gabriel.

Cherubini, 4 portraits : in-4, dessiné au physionotrace et gravé par Quenedey, 1809 ; in-8, lithographié par Julien, tiré de la *Galerie du Voleur;* in-4, lithographié par Vigneron, 1832, *A Paris, chez Maurice Schlesinger;* in-4, photographié d'après Ingres, épreuve avant la lettre sur chine montée in-folio.

Crescentini (Jérôme), in-8, par Lambert.

Donizetti, in-8, lithographié par Julien, tiré de la *Galerie du Voleur*.

Lablache (L.), in-4, par Beyer, d'après Lieder, *A Vienna presso Artaria*.

Lantara, in-4, à l'eau-forte, par Bracquemond, tiré de l'*Artiste* (jolie pièce).

Marcello, in-folio, photographié par Bisson, d'après Hamman.

Martini, in-4, ovale par Vincent, gravé par Bourgeois de la Richardière.

Mercadante, in-4 ovale, non signé, à *Vienna presso Artaria*.

Paganini, in-8, lithographié par Julien, tiré de la *Galerie du Voleur.*

Paisiello (G), 2 portraits : in-8, ovale, par Bollinger à Berlin, 1802, à *Leipzic, Breittop et Härtel;* in-folio, dessiné par Lefort, d'après Mme Lebrun, gravé par Beïsson, *A Paris, chez l'auteur* (jolie pièce).

Piccini, in-8, par Bergeret, gravé par Pauquet, épreuve avant la lettre sur chine.

Rossini, 5 portraits : in-8, tiré du *Monde dramatique* ; in-8, par Bertonnier, épreuve en 2 états : avec la lettre et avant la lettre ; in-folio d'après Ary Scheffer, superbe épreuve avant la lettre sur chine (très jolie) ; in-4, photographié par Nadar ; in-4, lithographié par Lemoine, d'après le buste de Chevalier (salon de 1865), tiré de l'*Artiste* (2 épreuves).

Sacchini (Ant.), in-folio, ornementé par Jay, gravé par Cathelin, *A Paris, chés la Vᶜ la Gardette*.

SPONTINI, 2 portraits : in-folio, entouré de médaillons contenant les titres de ses compositions, par Vincent, gravé par Bourgeois de la Richardière ; in-8, lithographié par Julien, tiré de la *Galerie du Voleur*.
VERDI, in-4, par Geoffroy, tiré de l'*Artiste*.
Choix de jolies pièces en bon état.

1103. MUSSET (Alfred de). 3 portraits : in-8 par Nargeot ; in-4 par Pollet d'après Landelle, 1854, tiré de l'*Artiste* ; in-folio en pied à la sanguine par Lami d'après Legenisel.

Le dernier portrait est sur GRAND PAPIER DE HOLLANDE.
Belles pièces à toutes marges.

1104. MUSSET (Paul de), in-12 à l'eau-forte par Martinez Ricard.

Epreuve AVANT LA LETTRE SUR CHINE VOLANT, grand in-8.

1105. PASCAL (Blaise). 9 portraits in-8 et in-12 : d'après Quesnel ; par Aug. Saint-Aubin ; non signé (ancien) ; par Tardieu d'après Edelinck ; par Goulu ; non signé ; par Dequevauviller ; par Leroux 1819 ; in-4, par Foulquier pour l'*Edition Mame*.

Le portrait par Foulquier est AVANT LA LETTRE SUR CHINE VOLANT.

1106. PERRAULT (Charles), in-8 par Ingouf d'après Torlebat.

2 superbes épreuves grandes de marges, dont une avec les NOMS A LA POINTE et la TABLETTE NON OMBRÉE.

1107. PIRON (Alexis), 5 portraits : in-8 par Lépicié gravé par Le Mire 1773 ; in-32 gravé sur acier par Scriven d'après Hamilton *publié par Lami-Denozan* ; in-8 non signé en buste ; in-18 non signé (par Devéria) ; in-8 en médaillon dans un joli frontispice à la sanguine ornementé.

Les deux dernières pièces sont AVANT LA LETTRE, à toutes marges.

1108. POPE (Alex.). 2 portraits : in-8, non signé ; in-18 par Frussotte d'après Kneller (*Edition Cazin*).

Le premier portrait est en 2 états : AVANT LA LETTRE avec marges et avec la lettre.

1109. PRÉVOST (l'abbé Antoine-François). 3 portraits : in-4 gravé par Schley 1746 ; in-8, par Schmidt, gravé par Ficquet ; in-8 de la *Suite de Desrochers. A Paris, chez Petit*.

Belles pièces avec marges.

1110. RABELAIS. 3 portraits : gr. in-8 en pied à l'eau-forte par Célestin Nanteuil 1834 ; non signé, avec bas-relief ; en médaillon ornementé par Normand fils dans les *Grands Hommes français*.

L'eau-forte de Célestin Nanteuil est en superbe épreuve AVANT LA LETTRE SUR CHINE TIRÉE IN-FOLIO.

1111. RACHEL (Mlle). 6 portraits : in-4, dessiné d'après nature par Lehmann 1851, gravé par Henriquel 1852, publié par l'*Artiste* ; in-8 par Nargeot ; 3 photographies in-4 en pied ; 1 photographie in-4, d'après un dessin de O'Connel : *Rachel sur son lit de mort*.

Choix de belles pièces.
La première est en superbe épreuve SUR CHINE TIRÉE A PART IN-FOLIO.

1112. RACINE (Jean), in-8, par Savart 1772, d'après Santerre, *A Paris, chez l'auteur rue et près le petit Saint-Antoine au coin de la Rue Percée.*

Belle épreuve avec marges

1113. — Le même, 9 portraits in-8 : par Gaucher d'après Santerre ; par Devéria, gravé par Bertonnier ; ovale par Desenne gravé par Bonvoisin ; par C. G*** d'après Santerre, *publié par Blaise* ; par Desenne, gravé par Éthiou ; par le même avec cadre ; in-32 par Devéria, gravé par Bertonnier ; in-32 gravé par Hopwood ; gravé par Pannier d'après Edelinck, ornementé.

Les trois premiers sont AVANT LA LETTRE. Belles pièces à toutes marges.

1114. RACINE (Louis). 5 portraits : in-4 par Miger ; in-8 par Aug. Saint-Aubin d'après Aved ; in-32 gravé par Hopwood ; petit ovale par Pourvoyeur d'après Aved ; in-18 non signé.

Les deux derniers portraits sont AVANT LA LETTRE à toutes marges.

1115. REGNARD (J.-F.), in-8 gravé par Ficquet, 1776, d'après Rigaud.

Belle épreuve avec marges.

1116. — Le même, 2 portraits in-8 : par Ingouf d'après Rigaud ; gravé par Leroux, 1820, d'après Rigaud.

Le portrait par Ingouf a la tablette NON OMBRÉE et les NOMS A LA POINTE, monté comme chine ; l'autre pièce est à toutes marges.

1117. RÉVOLUTION FRANÇAISE. Suite de 16 portraits in-8 des principaux Jacobins, dessinés d'après nature par Gabriel et Bonneville, gravés par Porreau, Perrot, etc. *Paris, Vignères*, 1846-1847.

Suite curieuse. Épreuves à toutes marges.

1118. — Suite de 20 portraits in-8 en médaillons dessinés par Guérin, gravés par Fiesinger, pour le *Recueil de portraits de quelques députés célèbres à l'Assemblée Nationale de France, en* 1789, avec la couverture imprimée.

Jolie suite. Belles épreuves sur PAPIER DE HOLLANDE à toutes marges.

1119. — Suite de 10 portraits in-8 en médaillons, dessinés par Guérin, gravés par Herhan, Cardon, Fiesinger, représentant les généraux de la première République. *A Paris, chez Renouard.*

Belle suite. Épreuves sur PAPIER DE HOLLANDE à toutes marges.

1120. ROHAN (cardinal de), in-4 dessiné et gravé par F. D. à Paris.

Belle pièce sur papier fort, grande de marges.

1121. ROIS, REINES ET PRINCES français. Réunion de 28 portraits, par des artistes anciens et modernes.

1122. ROIS, REINES ET PRINCES d'Angleterre, d'Allemagne, d'Autriche, d'Espagne, etc. Réunion de 31 portraits, la plupart par des artistes modernes.

1123. Rollin (Charles). 4 portraits in-8 : par Desrochers ; par Maria Miou ; par Delvaux d'après Coypel ; par Langlois l'*An IV*, d'après Delyen.

La dernière pièce est AVANT LA LETTRE, à toutes marges.

1124. Rousseau (J.-B.), in-8 par Ficquet 1763, d'après Aved.

Belle épreuve ; petite marge.

1125. — Le même, par le même artiste, même état que le précédent.

1126. — Le même, par le même artiste.

Epreuve coupée au cadre ; les noms enlevés.

1127. — Le même, 5 portraits : in-8, par Anselin d'après Aved ; in-8, par Delvaux d'après Aved ; in-8, non signé ; in-8, par Dequevauviller d'après Aved ; en médaillon dans un cul-de-lampe.

Les 3 premières pièces sont AVANT LA LETTRE, à toutes marges.

1128. Rousseau (J.-J.), in-8, par Ficquet d'après de La Tour.

Bonne épreuve, remontée.

1129. — Le même, 4 portraits : in-8, par Cathelin 1763, d'après de La Tour ; in-4, historié, dessiné et gravé à l'eau-forte par Quéverdo, terminé par Massol, *A Paris, chez le C*^en *Quéverdo ;* in-4, *dédié aux citoyens de Genève* gravé par Ingouf le jeune d'après le buste, *A Paris, maison de M*^me *Duchesne, librairé rue Saint-Jacques* ; in-8, en médaillon avec son tombeau en bas-relief par Barbier, *A Genève, chez Cassin et à Paris chez Isabey.*

La première pièce est remontée ; les trois autres sont à toutes marges.

1130. — Le même, in-18, en médaillon, dessiné par Querodey avec le Physionotrace inventé par Ch.

Pièce curieuse, remmargée grand in-8.

1131. — Le même, 8 portraits : in-8, gravé sur acier par Hopwood, ornementé ; en pied par Desenne, gravé par Frilley ; en pied par Devéria, gravé par Chollet ; ovale avec guirlande non signé ; gravé par Massard, 1822, *A Paris, chez Ménard et Desenne* ; par Hopwood, *publié par Furne ;* par Frilley, gravé par Soliman ; in-32, gravé sur acier par Hopwood, d'après Houdon.

Les 5 premières pièces sont AVANT LA LETTRE.
Pièces à toutes marges.

1132. — 8 portraits de dames célèbres dans la vie de Jean-Jacques Rousseau.

Louise de Warrens, in-8, par Le Beau, d'après Batoni ; la même, ovale par Leroux, épreuve AVANT LA LETTRE SUR CHINE ; *Madame du Boccage*, ovale par Hopwood ; *Madame du Chatelet*, in-8, par Delvaux, d'après Loir, épreuve AVANT LA LETTRE ; *Mademoiselle de La Tour*, à Paris, chez Basset ; *Madame d'Epinay*, ovale par Bonvoisin, d'après Latour ; *Madame d'Houdelot*, non signé ; 1 portrait historié du maréchal Catinat, par Leroux, d'après Largilliers, épreuve AVANT LA LETTRE.

Presque toutes ces pièces sont à toutes marges.

1133. Saint-Pierre (B. de). 3 portraits : in-32, gravé sur acier par Hopwood ; in-8, par Bertonnier ; ovale par Lafitte, gravé par Roger.

> Les deux dernières pièces sont AVANT LA LETTRE.
> Pièces à toutes marges.

1134. Sand (George). 4 portraits : in-4, gravé par Desmadryl d'après Charpentier (salon de 1839) tiré de l'*Artiste* ; in-8, par Nargeot ; in-4, par Gilbert, gravé sur bois par Robert ; in-8, à l'eau-forte par Forlet, 1843, tiré de la *Galerie des Contemporains illustres*.

> Choix de jolies pièces, à toutes marges. La première est en superbe épreuve sur CHINE TIRÉE IN-FOLIO.

1135. Schiller. 4 portraits : in-8, ovale par Blanchard ; le même dans un ornement gothique ; in-8, lithographié par Nap. Thomas, tiré du *Monde dramatique ;* in-4, par Schultheiss, d'après Simanovicz, *publié à Leipzig chez Breitkopf et Härtel.*

> La première pièce est AVANT LA LETTRE ; la dernière est sur PAPIER VÉLIN TIRÉE IN-FOLIO.

1136. Scott (Walter). 3 portraits, in-8 : gravé par Hopwood, d'après Leslie ; le même gravé par Danforth, *London, Longman,* 1829 ; photographié par Bisson, d'après Chatinière. *London, Delarue.*

> La première pièce est en 3 états : avec la lettre, AVANT LA LETTRE SUR PAPIER VÉLIN IN-FOLIO, et EAU-FORTE sur CHINE ; la photographie est sur CHINE montée sur bristol in-folio.
> Pièces à toutes marges. On y a ajouté 2 fac-similés d'écriture.

1137. Sévigné (Mme de). 7 portraits, in-8 : par Chéreau (2 épreuves) ; par Schmidt, d'après Ferdinand, *Paris, chez Odieuvre ;* par Dherbez ; par Pelletier, d'après Le Fèvre ; par Fittler (2 épreuves) ; par Aug. Saint-Aubin ; non signé (ancien).

> Jolies pièces.

1138. — Madame de Grignan, Pauline de Sévigné, comte de Bussy, Charles de Sévigné, Henri de Sévigné, Mlle de Montpensier, Mlle de Fontanges : 26 portraits par Pinssio, Chasselat, Devéria, Ducis, Masquelier, Dien, et 1 vue du château de Grignan par Dewint, gravée par Allen.

> Choix de jolies pièces, dont 11 sont AVANT LA LETTRE et 1 à l'état d'EAU-FORTE, la plupart à toutes marges. On y a ajouté des fac-similés d'écriture.

1139. Shakespeare. 10 portraits par Hopwood, Massol, Bennett, Robinson, Bourgeois, Lacour, Chatinière, etc.

1140. Siècle de Louis XIV, sa famille, ses principaux ministres et ses amours. Galerie de portraits. *Paris, de l'impr. de A. Firmin-Didot,* 1829, 1 fleuron de titre par Desenne, gravé par Roger et 23 portraits in-8, gravés par Roger, demi-rel. mar. r. dos fleurdelisé.

1141. Stael (Mme de). 3 portraits in-8 : par Müller (3 épreuves) ;

par Markl, gravé par Mme Fournier, *publié par Pourrat ;* en pied par Desenne, gravé par Larcher ; gravé au trait par Phillips, 1814.

Pièces à toutes marges ; le portrait par Desenne est en deux états : AVANT LA LETTRE et EAU-FORTE.

1142. TASSO (Torquato), in-8, par Savart.

Belle épreuve AVANT L'ADRESSE ; marges.

1143. — Le même, 3 portraits : in-8, par Savart, *A Vienne, chez Artaria ;* par Lapi, d'après Ermini ; par Ermini, gravé par Cathelin.

Pièces grandes de marges ; la dernière est AVANT LA LETTRE SUR CHINE.

1144. TRESSAN (comte de). 3 portraits in-8 : par Borel, gravé par Fittler, ornementé (2 épreuves) ; par Colin, gravé par Pauquet (3 épreuves) ; le même mais sans les ornements, *A Paris chez Ménard et Desenne.*

Le dernier portrait et l'une des 3 épreuves du portrait, par Colin, sont AVANT LA LETTRE.
Pièces à toutes marges.

1145. VADÉ, in-8, par Ficquet, d'après Richard.

Superbe épreuve très grande de marges.

1146. — Le même, par le même artiste.

Épreuve avec marges.

1147. VOLTAIRE. 3 portraits in-8 : par Ficquet, 1762, d'après de La Tour (*tirage moderne*) ; d'après le même avec attributs ; en médaillon avec un sujet de la *Henriade* en bas-relief, par Barbié.

La seconde pièce est coupée au cadre et remontée.

1148. — Le même, 5 portraits : in-8, par Dupont, gravé par Hopwood ; gravé par Scriven (2 épreuves en états différents) ; in-32, gravé sur acier, par Hopwood ; in-8, par Frilley, gravé par Soliman ; en pied, par Desenne, gravé par Touzé.

Les 4 dernières pièces sont AVANT LA LETTRE.
Pièces à toutes marges.

1149. ZOLA (Émile), in-8, à l'eau-forte, par Guillaumot fils, avec un fac-similé de la signature.

Belle pièce sur papier vélin fort.

IV

LIVRES ILLUSTRÉS DES XVIIIᵉ ET XIXᵉ SIÈCLES

ET

OUVRAGES DIVERS

1150. Aʙᴀɪʟᴀʀᴅ. Lettres d'Abailard et d'Héloïse, traduites par E. Oddoul précédées d'un essai historique par M. et Mᵐᵉ Guizot. Edition illustrée par J. Gigoux. *Paris, E. Houdaille,* 1839, 2 vol. gr. in-8, fig. br. couvertures.

1151. Æꜱᴄʜʏʟᴇ. Théâtre traduit en françois (avec le texte en regard), avec des notes philologiques et deux discours critiques, par De la Porte du Theil. Première partie comprenant sept tragédies entières. *Paris, De l'imprimerie de la République, An III,* 2 vol. in-8, fig. demi-rel. mar. r. avec coins, non rog.

> Édition ornée de 8 figures dont 6 non signées et 2 par Petrus Angletti et Gauffier, gravées par Aloy Cunego à Rome, 1785 et Jourdan.
> On y a ajouté 2 figures, par Monnet, gravées par Halbou, 1785, et Masquelier et 1 figure au trait.

1152. Æꜱᴏᴘᴜꜱ. Fabulæ ëlëgantissimis ecconibus veras animalium species ad vivum adumbrantes, etc. (græce et latine). *Lugduni apud Joan. Tornæsium,* 1551, in-16, à 2 col. fig. sur bois, mar. vert, tr. dor. (*Koehler.*)

1153. — Fables with upwards of one hundred and fifty emblematical devices. *London, Printed for J. Booker,* 1821, in-18, vign. sur bois, mar. brun, dor orné, fil. tr. dor. (*Héring.*)

1154. Aʟᴄɪᴀᴛᴜꜱ (And.). Emblematum libellus, nuper in lucem editus. *Venetiis, Aldus,* 1546, in-8, fig. sur bois, cart. recouvert en soie violette, tr. dor.

> Raccommodages au titre. Les feuillets 4, 5, 21 et 46 ont été refaits à la plume.

1155. — Emblemata... *Lugduni, apud hæredes Gulielmi Rouilly,* 1614, in-8, fig. sur bois, v. f. dos orné, fil. dent. int. tr. dor.

1156. ALEMAN (Matteo). Les Aventures plaisantes de Gusman d'Alfarache, tirées de l'histoire de sa vie, et revues sur l'ancienne traduction de l'original espagnol (par Le Sage). *Londres*, 1783, 2 vol. pet. in-12, 2 fig. mar. r. dos orné, fil. tr. dor. (*Rel. anc.*)

1157. ALMANACH des spectacles, continuant l'ancien Almanach des spectacles publié de 1752 à 1815. Années 1874 à 1884. *Paris, Librairie des bibliophiles*, 1874-84, 11 vol. pet. in-12, portr. br.

1158. AMERVAL (Eloy d'). La Grande Diablerie, poème du XVe siècle. *Paris. G. Hurtrel*, 1884, in-16, papier vélin, fig. hors texte et vignettes, br.couverture illustrée.

1159. AMOURS (les) d'Anne d'Autriche, épouse de Louis XIII avec Monsieur le C. D. R. le véritable père de Louis XIV, aujourd'hui roi de France. *Cologne, chez Pierre Marteau*, 1693, pet. in-12, mar. citr. dos orné, comp. dent. tr. dor. (*Purgold.*)

1160. AMOURS (les) de Mirtil (attribué à Fontenelle). *Constantinople*, 1761, in-8, titre gravé, fig. de Gravelot, v. f. fil. dent. int.

1161. ANACRÉON. Traduction en vers par Charles-Louis Mollevant. *Paris, de l'Imprimerie de Didot le jeune*, 1825, in-12, texte et traduction, mar. viol. à longs grains, dos orné, fil. comp. milieux dor. dent. int. tr. dor. (*Simier.*)

Envoi du traducteur à M. Walckenaer.

1162. — SAPHO, BION et MOSCHUS. Traduction nouvelle en prose, suivie de la Veillée des Fêtes de Vénus, et d'un choix de pièces de différents auteurs par M. M*** C*** (Moutonnet-Clairfond). *A Paphos, et se trouve à Paris chez Le Boucher*, 1773, in-8, frontispice, figures et vignettes par Eisen, v. ant. éc. fil. tr. dor.

Bel exemplaire du PREMIER TIRAGE.

1163. ANTHOLOGIE SATYRIQUE. Répertoire des meilleures poésies et chansons joyeuses parues en français, depuis Clément Marot jusqu'à nos jours, publié par et pour la société des Bibliophiles cosmopolites. *Luxembourg*, 1876-1877, 4 vol. in-12, br.

Tiré à petit nombre, sur papier de Hollande.

1164. APULÉE. L'Ane d'or ou la Métamorphose. Traduction de Lavalète, préface de J. Andrieux, avec nombreuses gravures, dessinées par A. Racinet et P. Benard. *Paris, A. Firmin-Didot*, 1872, in-8, papier vélin, 85 fig. br.

1165. ARIOSTE. Roland furieux, traduit par le comte de Tressan. Edition revue... ornée de gravures d'après les dessins de M. Colin. *Paris, Nepveu*, 1822, 3 vol. in-8, portr. fig. br.

Exemplaire sur GRAND PAPIER VÉLIN avec les figures AVANT LA LETTRE.

1166. AUBERT (Ch.). Les Nouvelles amoureuses, 22 fasc.; Les Frileuses, 2 fasc.; Péchés roses, 5 fasc. *Paris*, 1882-84, in-8, fig. ens. 29 fasc. — Les Joyeuses Histoires de nos Pères. *Paris*, 1884, 8 fasc. in-12, fig. — Maizeroy. Les Amours défendues. *Paris*, 1884, 5 fasc. in-12 fig. — Arm. Silvestre. Contes pantagruéliques et galants. *Paris, Arnould*, 3 fasc. in-32, fig. — Ens. 48 fascicules.

1167. AUCASSIN et Nicolette, chantefable du XIIe siècle, traduite par A. Bida. Révision du texte original et préface par Gaston Pâris. *Paris, Hachette*, 1878, in-8, papier vélin, fig. br.

1168. — Le même ouvrage, in-8, fig. br. —
Exemplaire sur PAPIER DE CHINE.

1169. AUGUSTINI Confessionum libri tredecim. *Parisiis, typis Philippi Dionysii Pierres*, 1776, in-24, papier de Hollande, frontispice, mar. vert, dos orné, fil. tr. dor. (*Rel. anc.*)

1170. BALZAC. Œuvres complètes. *Paris, Furne, Houssiaux*, 1846-55, 20 vol. in-8, fig. demi-rel. v. bleu, ébarbé.
Les tomes XVIII à XX de l'édition Houssiaux publiées en 1855, sont brochés.

1171. — Les Contes drolatiques, colligez ez abbayes de Touraine, pour l'esbattement des Pantagruelistes et non aultres, cinquième édition, illustrée de 425 dessins par Gustave Doré. *Paris, bureau de la Société générale de librairie*, 1855, in-8, front. fig. br. avec couverture.
PREMIÈRE ÉDITION illustrée par Gustave Doré.

1172. — La Peau de chagrin. Études sociales. *Paris, H. Delloye, Victor Lecou*, 1838, gr. in-8, figures sur acier par Janet Lange, Baron, etc., demi-rel. chag. r. avec coins (*Kœhler.*)
PREMIER TIRAGE.

1173. — La Peau de chagrin, édition illustrée par cent gravures en taille-douce. *Paris, chez Abel Ledoux, s. d.* gr. in-8, vign. d'après Gavarni, Baron, Janet Lange, demi-rel. chag. viol.

1174. — Petites Misères de la vie conjugale. Illustrées par Bertall. *Paris, Chlendowski, s. d.* gr. in-8, fig. et vign. demi-rel. chag. r.

PREMIER TIRAGE.

1175. BARTHÉLEMY (A). Douze Journées de la Révolution, poèmes. *Paris, Perrotin*, 1832, in-8, eaux-fortes de Raffet, en 12 livraisons.
Épreuves sur CHINE.

1176. BARTHÉLEMY (J.-J.). Voyage d'Anacharsis en Grèce. *Paris, Bossange*, 1829, in-8 à 2 col. portr. et cartes, v. bleu, comp. à fr. tr. marb.
Édition compacte.

24 — 1177. BAUDELAIRE (Ch.). Les Épaves, avec eau-forte, frontispice de Felicien Rops. *Amsterdam,* 1866, pet. in-8, papier de Hollande, frontispice sur chine de Rops, br.

> Tiré à petit nombre.

1 — 1178. BEATTIE (James). The Minstrel, with thirty-three designs by Birket Foster engraved by the brothers Dalziel. *London, George Routledge,* 1858, pet. in-4, fig. cart. anglais.

6 — 1179. BEAUFORT D'AUBERVAL. Contes érotico-philosophiques. Illustrations d'Amédée Lynen. *Bruxelles, Kistemaeckers,* 1882, in-8, papier vélin teinté, frontispice et vignettes, br.

6 — 1180. BEAUMARCHAIS. Œuvres complètes précédées d'une notice sur sa vie et ses ouvrages par M. Saint-Marc Girardin. *Paris, Furne,* 1835, in-8 à 2 col. portr. fig. de Tony Johannot, v. viol. dos orné, fil. comp. à froid, tr. dor.

> Épreuves AVANT LA LETTRE. On a ajouté un portrait de Beaumarchais gravé par Hopwood.

29 — 1181. — Théâtre complet. Réimpression des éditions princeps avec les variantes des manuscrits originaux publiés par G. D'Heylli et F. de Marescot. *Paris, Académie des bibliophiles (impr. de Jouaust),* 1869-1871, 4 vol. in-8, papier vergé, br.

1-fo 1182. — Théâtre accompagné d'une notice par F. de Marescot. Illustrations de M. Adrien Marie. *Paris, Librairie illustrée (G. Decaux),* s. d. gr. in-8, fig. br. couverture illustrée.

25 — 1183. — Le Barbier de Séville. Le Mariage de Figaro. Dessins de S. Arcos gravés à l'eau-forte par Monziès. *Paris, Librairie des bibliophiles,* 1882, 2 vol. pet. in-8, fig. br. couvertures.

> Exemplaire numéroté SUR GRAND PAPIER DE HOLLANDE.

73 — 1184. — La Folle Journée ou le Mariage de Figaro, comédie en cinq actes. *De l'imprimerie de la société littéraire typographique et se trouve à Paris, chez Ruault,* 1785, in-8, fig. br.

> Exemplaire en PAPIER VÉLIN avec l'*errata* et la suite des 5 figures de Saint-Quentin gravées par Malapeau, en PREMIÈRES ÉPREUVES.

2-fo 1185. BEAUREPAIRE (E. de). Les Fanfreluches, contes et gauloiseries, par Epiphane Sidredoulx, président d'honneur de l'académie de Sotteville-lez-Rouen. *Bruxelles, Gay et Douée,* 1879, pet. in-8, papier de Hollande, frontispice et vignettes tirées à la sanguine, br.

1-fo 1186. BEAUVESET (Robbé de). Œuvres badines. *Bruxelles, J.-J. Gay,* 1883, 2 tomes en 1 vol. pet. in-8, frontispice sur chine, gravé par Chauvet, br.

> Le frontispice est tiré en six teintes différentes.

6-fo 1187. BÉQUET (Et.). Marie ou le Mouchoir bleu. Notice littéraire, par Adolphe Racot, six compositions, par de Sta, gravées par Abot.

Paris, L. Conquet (Impr. A. Lahure), 1884, in-18, papier fin de Hollande, fig. br. couverture.

1188. Béranger. Chansons morales et autres, avec gravures et musiques. *Paris, à la librairie d'Alexis Eymery,* 1816, in-12, frontispice et titre gravés d'après Carle et Horace Vernet, musique gravée, v. jaspé, dent. tr. dor.

Édition originale, rare. Hauteur: 132 mill.

1189. — Chansons nouvelles. A *Paris, chez les marchands de nouveautés,* 1825, in-18, demi-rel. v. vert, ébarbé, *couverture.*

Édition originale de 53 chansons nouvelles.
Bel exemplaire grand de marges, auquel on a ajouté : 16 figures à la suite in-18, de l'*Édition de Perrotin,* 1829 ; 4 figures de la même suite terminées en carré : 2 figures coloriées de la suite de Henry Monnier de l'*Edition de Baudouin frères,* 1828, et 1 portrait, par Cousin, d'après Ary Scheffer, épreuve sur chine.

1190. —Chansons. *Paris, Baudouin frères,* 1826, 5 vol. in-32, demi-rel. v. bleu, non rog.

Le tome V imprimé à Bruxelles en 1827, renferme les chansons er***; il a été ajouté au présent exemplaire dont il est le complément.
Jolie édition en caractères microscopiques, rare.

1191. —Chansons anciennes, nouvelles et inédites, avec des vignettes de Devéria et des dessins coloriés d'Henry Monnier. *Paris, Baudouin frères,* 1828, 2 vol. in-8, fig. mar. vert avec coins, tête dor. non rog.

Édition ornée de 97 vignettes, gravées sur bois dans le texte et de 38 (sur 40) lithographies d'après les dessins de Henry Monnier, 25 de ces figures sont coloriées et 13 sont en noir.
Bel exemplaire auquel on a ajouté :
1° 10 lithographies en noir de la suite de Henry Monnier.
2° La suite de 1 portrait, par Cousin, et de 105 figures in-18, gravées sur acier, d'après Alfred et Tony Johannot, Charlet, Grenier, Grandville, Henry Monnier, etc. de l'*Edition de Perrotin,* 1829, épreuves du premier tirage dont 5 sont sur chine ; plus 2 figures du second tirage, les *Gaulois et les Francs,* par Raffet et le *Bedeau,* celle-ci sur chine.
3° 53 figures de la suite précédente, épreuves avant la lettre, dont 3 sur chine.
4° 1 portrait par Blanchard et 1 figure non signée (*Napoléon*).
Ensemble, 207 figures.

1192. —Chansons, précédées d'une notice sur l'auteur et d'un essai sur ses poésies par M. P.-F. Tissot. *Paris, Perrotin, Guillaumin et Bigot,* 1829, 4 vol. in-12, figures sur chine, d'après Fragonard, Isabey, Decamps, Scheffer, Charlet, Alfr. et Tony Johannot, etc. cuir de Russie, dos orné, fil. or, dent. à froid, tr. dor. (*Bibolet.*)

Bel exemplaire, figures sur chine en premier tirage.

1193. — Œuvres complètes, contenant les dix chansons nouvelles. Édition elzevirienne. *Paris, Perrotin,* 1853, 1 tome en 2 vol. in-32, demi-rel. v. vert avec coins, tête dor. ébarbé, couverture.

Exemplaire auquel on a ajouté :
1° La couverture, le titre avec vignette et la suite de 84 vignettes gravées sur bois, par Thompson d'après Devéria, épreuves tirées a part à toutes marges,

plus 7 (sur 14) vignettes du même genre, sur papier vert découpées, de l'*Edition de Baudouin frères*, 1827, in-32.

2° 1 portrait par Cousin et 71 figures in-18 (sur 103) de la suite de l'*Edition Perrotin* de 1829, épreuves du PREMIER TIRAGE dont plusieurs sont sur CHINE; plus 3 figures du second tirage : les *Gaulois et les Francs*, par Raffet, gravée par Fontaine, la même terminée en carré, par Lafon ; et le *Dieu des bonnes gens* également en carré.

3° 7 figures dont 1 double, de la suite précédente, épreuves AVANT LA LETTRE, dont 2 sur CHINE.

4° 31 figures de la même suite terminées en carré.

5° 10 figures coloriées de la suite de Henry Monnier de l'*Edition de Baudouin frères*, 1828.

6° 15 photographies in-18, dont 1 portrait en pied, d'après les dessins de Charlet, Lemud, Johannot, etc. (*Edition Perrotin*, 1847).

Ensemble 229 figures.

1194. — Les Gaietés. Quarante-quatre chansons de ce poète, suivies de chansons politiques et satiriques non recueillies dans ses œuvres. *Amsterdam, aux dépens de la Compagnie*, 1864, in-12, frontispice de Rops, br.

1195. — Chansons anciennes et posthumes. Nouvelle édition populaire ornée de 161 dessins inédits et de vignettes nombreuses, par MM. Andrieux, Bayard, Crepon, Claveric, Darjon, G. Durand, Ferat, Giacomelli, etc. *Paris, Perrotin et Le Chevalier*, 1866, in-4, fig. demi-rel. mar. vert avec coins, tête dor. ébarbé.

Exemplaire de SOUSCRIPTION auquel on a ajouté :
1° La suite des 52 figures de Lemud, Daubigny, Johannot, épreuves du PREMIER TIRAGE.
2° La suite des 120 figures de Grandville et Raffet (dont 53 sont sur CHINE VOLANT).
3° 18 figures in-4, d'Henry Monnier, en couleur.
Pièces diverses : Lithographie de Charlet pour le *Roi d'Yvetot*; figure en couleur de Maurin pour la *Bacchante* ; lithographie de Alophe pour *Ma grand'mère*; figure anglaise pour la *Mère aveugle* ; portrait de Mlle Judith la *Bonne vieille*; gravure pour le *Tailleur et la fée*; figure sur bois pour le *Grenier*; figure de Trimolet père pour le *Vieux vagabond*, épreuve sur CHINE AVANT LA LETTRE ; lithographies pour *Marie-Stuart, les Marionnelles, les Champs, Drennus, Mon carnaval, les Hirondelles, Maudit printemps, Ma gaieté, la Vivandière, la Prisonnière*; photographies pour le *Vieux célibataire, Mon habit, le Buste de Béranger*, et 2 portraits lithographiés de Béranger.
En tout 203 pièces ajoutées et montées sur onglets.

1196. — Chansons anciennes et posthumes. Nouvelle édition populaire ornée de 161 dessins inédits et de vignettes nombreuses. *Paris, Perrotin et Le Chevalier*, 1866, gr. in-8, fig. demi-rel. v. bleu, non rog.

PREMIER TIRAGE.

1197. — OEuvres anciennes. Chansons de Béranger, contenant cinquante-trois gravures sur acier d'après Charlet, A. de Lemud, Johannot, Grenier, Jacque, Pauquet, Penguilly, de Rudder, Raffet, Sandoz ; les dix chansons publiées en 1847 et le fac-similé d'une lettre de Béranger. *Paris, Garnier frères*, 1875, 2 vol. — Dernières Chansons de Béranger de 1834 à 1851, avec une préface de l'auteur, illustrées de 14 dessins de A. de Lemud, gravées sur acier. *Paris, Garnier frères*, s. d. 1 vol. — OEuvres posthumes de Béranger. Ma biographie écrite par Béranger avec un appendice et des notes, ornée d'un portrait en pied dessiné par Charlet, d'une photographie d'après le marbre de Geoffroy-Dechaume et de huit gravures, d'après Daubigny, Sandoz et Wattier. *Paris, Garnier frères*, 1875, 1 vol. — Ens. 4 vol. in-8, fig. demi-rel. mar. vert avec coins, tête dor. ébarbé.

Bel exemplaire en GRAND PAPIER, dans lequel le portrait et les 52 figures des *Œuvres anciennes*, les 14 figures des *Dernières Chansons* et le portrait et les 8 figures de *Ma biographie* de l'édition de Garnier frères, ont été remplacés par des épreuves du PREMIER TIRAGE AVANT LA LETTRE SUR CHINE.

On a ajouté à cet exemplaire :

Dans les 2 vol. des *Œuvres anciennes* :

1° La suite de 1 portrait par Cousin, épreuve à l'état d'EAU-FORTE sur CHINE et de 104 figures in-18, gravées sur acier sur les dessins d'Alfred et Tony Johannot, Charlet, Grenier, Grandville, Henry Monnier, etc., de l'*Édition Perrotin*, 1829, épreuves AVANT LA LETTRE SUR CHINE, sauf 2 figures qui sont sur blanc et 1 avec la lettre.

2° 35 figures de la suite précédente, épreuves à l'état d'EAUX-FORTES sur CHINE.

3° La suite de 40 lithographies à la plume, coloriées d'après les dessins de Henry Monnier de l'*Édition de Baudouin*, 1828.

4° La suite de 1 portrait, par Hopwood, AVANT LA LETTRE SUR CHINE, et de 120 figures in-8, par Grandville sur chine volant, de l'*Édition de Fournier*, 1836.

5° Pièces diverses : 1 portrait par Reynold, d'après Ary Scheffer ; 1 portrait ornementé à l'eau-forte, par Staal, *publié par Pincebourde*, épreuve AVANT LA LETTRE SUR CHINE ; le masque de Béranger photographié d'après le marbre de Geoffroy-Dechaume ; 2 figures de la suite de Lemud, épreuves AVANT LA LETTRE sur blanc ; 2 figures de la suite in-18 dont une en double AVANT LA LETTRE SUR CHINE, l'autre la nouvelle planche : les *Gaulois et les Francs*, d'après Raffet ; le *Roi d'Yvetot*, texte et vignettes gravés, tiré des *Chants et chansons populaires* ; 2 DESSINS pour la *Chatte* et le *Vieux sergent* ; 5 figures par Devéria, Levasseur, Desenne, Lecurieux et Lemaître, pour la *Sylphide, le Grenier, le Chasseur et la laitière, l'Education des demoiselles* et *Waterloo*.

Dans le volume des *Dernières chansons* on a ajouté : la suite des portraits de Béranger et de Henry Monnier entourés de vignettes et 24 lithographiés à la plume, coloriées d'après les dessins de Henry Monnier. Plus 1 portrait par Hopwood.

Dans *Ma biographie* on a ajouté : 1 portrait en pied de la *Lisette de Béranger*, par Staal, épreuve AVANT LA LETTRE SUR CHINE, tirée de la *Collection du Bibliophile français*.

Les 4 volumes contiennent environ 421 figures.

1198. — Musique des chansons, airs notés anciens et modernes. *Paris, Garnier, s. d.* in-8, fac-similé. br.

Exemplaire en GRAND PAPIER.

1199. BERNARD. L'Art d'aimer, et poésies diverses. *S. l. n. d.* front. fig. de Martini. — Phrosine et Mélidore. *S. l. n. d. (Paris, Lejay)*, fig. d'Eisen. — Ens. 2 ouvrages en 1 vol. in-8, fig. v. ant. granit.

1200. — L'Art d'aimer et poésies diverses, édition ornée de 7 figures. *Paris, de l'imprimerie de Didot jeune, l'an troisième*, in-8, papier vélin, fig. de Martini, demi-rel. v. bleu, dos orné, ébarbé.

Exemplaire avec les contre-épreuves des figures. On a ajouté une figure de Prudhon, gravée par B. Roger, pour *Phrosine et Mélidore* en 2 états, dont une AVANT LA LETTRE, tirage moderne.

1201. Béroalde de Verville. Le Moyen de parvenir. Nouvelle édition augmentée d'une table sommaire des chapitres. *A Londres (Cazin)*, 1786, 3 tomes en 1 vol. in-18, mar. r. fil. tr. dor. *(Tripon.)*

1202. — Le Moyen de parvenir, nouvelle édition, collationnée sur les textes anciens, avec notes, variantes, index, glossaire et notice bibliographique par un bibliophile campagnard. *Paris, L. Willem*, 1870-1872, 2 vol. — Notes et accessoires, 1 vol. — Ens. 3 vol. pet. in-8, papier vergé, vignettes gravées, br.

Édition tirée à petit nombre et qui n'a pas été mise en vente.

1203. Berquin. Romances. *Paris, Moutardier*, 1796, in-16, front. fig. musique gravée, br.

Bonnes épreuves des figures de Marillier.

1204. Bible (la Sainte), traduite sur le latin de la Vulgate par Lemaistre de Sacy pour l'Ancien Testament par le P. Lallemant et pour le Nouveau Testament, accompagnée des nombreuses notes explicatives par M. l'abbé Delaunay. *Paris, L. Curmer*, 1860, 5 vol. in-4, fig. br.

Exemplaire avec la suite des 50 figures de l'édition, épreuves AVANT LA LETTRE; le 5e volume forme le *Nouveau Testament*.

1205. — The Holy Bible, containing the Old Testament and New. *London, Printed for George Eyre*, 1816, in-32 à 2 col. mar. r. à long grain, tr. dor.

Imprimée sur 2 colonnes en caractères microscopiques.

1206. — Illustrations historiques de la Sainte Bible d'après les grands maîtres. Le texte en trois langues, Française, Anglaise et Allemande. *London et Paris, Fisher, s. d.* 4 tomes en 2 vol. in-4, fig. demi-rel. chag. noir avec coins, tr. dor.

124 gravures anglaises en PREMIER TIRAGE.

1207. Bibliothèque artistique et moderne. *Paris, Librairie des bibliophiles*, 1883-86, 10 vol. in-8, eaux-fortes, br.

Contes de A. Daudet. — Le Roi des montagnes, par About. — Th. Gautier. Le Capitaine Fracasse, 3 vol. — Zola. Une Page d'amour, 2 vol. — Lamartine. Jocelyn; Graziella. — Vigny. Servitude et Grandeur militaires.

1208. — des dames, publiée sous la direction de M. de Lescure, eaux-fortes de Lalauze. *Paris, Librairie des bibliophiles*, 1881-85, 16 vol. in-16, fig. br.

Le Mérite des femmes, par G. Legouvé. — La Princesse de Clèves, par M^m de La Fayette. — Les Contes des fées de Mme d'Aulnoy, 2 vol. — Œuvres de Mme Des Houlières. — La Vie de Marianne, par Marivaux, 3 vol. — Souvenirs de Mme de Caylus. — Lettres à Émilie sur la mythologie, par Demoustier, 3 vol. — Valérie, par Mme de Krudener. — Mémoires de Mme Roland, 2 vol. — Éducation des filles, de Fénelon.

1209. Bibliothèque dramatique. Choix des pièces nouvelles jouées sur tous les théâtres de Paris. *Paris, Michel Lévy frères,* 1849-1854, 69 vol. in-12, demi-rel. v. vert.

Collection depuis l'origine.

1210. — d'un curieux. *Paris, Lemerre,* 1876-78, 3 vol. in-12, br.

L'Élite des Contes du sieur d'Ouville. — Les Comptes du Monde aventureux, 2 vol.

1211. — gauloise. *Paris, Delahays,* 1857-60, 7 vol. in-16, demi-rel. cuir de Russie avec coins, dos orné, fil. tête dor. ébarbé.

Bussy-Rabutin. Histoire amoureuse des Gaules. — Les Cent Nouvelles Nouvelles. — Bon. Des Periers. — Tabarin. — La Fontaine. Contes et Nouvelles. Régnier. Œuvres complètes.

1212. — illustrée. *Paris, Lemerre,* 1874-80, 6 vol. pet. in-8, texte encadré de filets rouges, br.

Le Livre des Sonnets. — Le Livre des Ballades. — Voyage autour de ma chambre, par Xavier de Maistre. — B. de Saint-Pierre. Paul et Virginie. — Les Pastorales de Longus. — Contes de Charles Perrault.

1213. — illustrée des chefs-d'œuvre de l'Esprit humain. *Paris, L. Bonhoure,* 1879-1884, 3 vol. in-8, fig. br.

Œuvres choisies de Fénelon avec notices, analyses, notes et commentaires par M. Jules David. — Les Aventures de Télémaque, illustrées de 19 dessins de H. Dubouchet. — Francisco de Quevedo. Histoire de Pablo de Ségovie traduite de l'espagnol et annotée par A. Germond de Lavigne, illustrée de nombreux dessins par D. Vierge. — Beaumarchais. Le Barbier de Séville, le Mariage de Figaro, la Mère Coupable, illustrés par J. David de Sauzea et M. E. Mesplès.

1214. Boccace (J.). Les Dix Journées de Jean Boccace. Traduction de Le Maçon. Réimprimée par les soins de D. Jouaust, avec notice, notes et glossaire par M. Paul Lacroix. Onze eaux-fortes par Flameng. *Paris, Librairie des bibliophiles,* 1873, 10 fascicules petit in-8, fig. br. couvertures.

Exemplaire numéroté sur papier de Hollande.

1215. — Le Décaméron. Traduction complète par Antoine Le Maçon. *Paris, Isid. Liseux (Impr. Motteroz),* 1879, 6 vol. in-18, papier de Hollande, fig. sur bois, br.

1216. Boileau. Œuvres avec des éclaircissemens historiques donnez par lui-même, nouvelle édition revue, corrigée et augmentée, enrichie de figures gravées par Bernard Picart le Romain. *A La Haye, chez Isaac Vaillant,* 1722, 4 vol. in-12, fig. hors texte pour le Lutrin, vignettes et culs-de-lampe, v. f. ant. fil.

1217. — Œuvres avec des éclaircissemens historiques donnés par lui-même, et rédigés par M. Brossette ; avec des remarques par M. de Saint-Marc. *Paris, David,* 1747, 4 vol. in-8, vign. culs-de-lampe d'Eisen, mar. r. dos orné, dent. tr. dor. (*Rel. anc.*)

1218. BOILEAU. Le Lutrin, poème héroï-comique, édition conforme au texte original ornée de vignettes par Ern. et Fr. Hillemacher. *Lyon, Scheuring,* 1862, in-4, front. vign. cart.

1219. BOOK of Gems (the), The Poets and artists of Great Britain, edited by S. C. Hall. *London, Saunders,* 1836, in-8, fleuron, vign. fac-similé, cart.

1220. — OF GEMS (the). The Modern Poets and artists of Great Britain. Edited by S. C. Hall. *London, Whittaker,* 1838, in-8, fig. cart. non rog.

> 43 figures sur acier.

1221. BRANTOME. Les Vies des Dames Galantes augmentées de notes critiques et historiques et d'une notice sur Brantôme par Eug. Vignon, gravures d'après H. Pille par Champollion. *Paris, Armand et Labat,* 1879, 3 vol. in-16, papier de Hollande, fig. br.

1222. — Les Sept Discours touchant les dames galantes, publiés sur les manuscrits de la Bibliothèque nationale, par Henri Bouchot, dessins d'Edouard de Beaumont. *Paris, Librairie des bibliophiles,* 1882, 3 vol. in-16, portr. fig. br.

1223. BRILLAT-SAVARIN. Physiologie du goût précédée d'une notice par Alph. Karr, dessins de Bertall. *Paris, Furne,* 1864, gr. in-8, fig. hors texte sur chine et vig. br. couverture illustrée.

1224. — Physiologie du goût, avec une préface, par Ch. Monselet, eaux-fortes, par A. Lalauze. *Paris, Librairie des bibliophiles,* 1879, 2 vol. in-16, portr. vign. culs-de-lampe, br.

1225. — Le même ouvrage, même édition, 2 vol. in-8, portr. et vignettes, br. couvertures.

> Exemplaire numéroté sur GRAND PAPIER DE HOLLANDE.

1226. BRIVOIS (J.). Bibliographie de l'œuvre de P.-J. de Béranger. *Paris, L. Conquet,* 1876, in-8, br.

> Exemplaire numéroté sur GRAND PAPIER DE HOLLANDE.

1227. BRIZEUX (A.). Marie. *Paris, Masgana,* 1840, in-12, mar. viol. comp. dor. et à froid, tr. dor.

> Figures anglaises gravées sur acier, épreuves AVANT LA LETTRE ajoutées.
> Taches d'humidité.

1228. BYRON (lord). The Byron Gallery; a series of historical embellishments to illustrate the poetical works of lord Byron. *London, Published by Smith,* 1833, in-8, mar. viol. fers spéciaux sur les plats, tr. dor.

> Frontispice et 30 figures d'après Richter, Corbould, Stothard, Wood, Finden, Westall, etc.

1229. **Cabinet des fées** ou Collection choisie des contes des fées et autres contes merveilleux. *A Amsterdam et se trouve à Paris*, 1785-1786, 37 vol. (sur 41) in-8, fig. de Marillier, demi-rel. bas. r.

> Tomes i à xxxvii.

1230. **Cabinet satyrique** (Le) ou Recueil parfaict des vers piquans et gaillards de ce temps, tiré des secrets cabinets des sieurs de Sigognes, Regnier, Motin, Berthelot, Maynard et autres des plus signalez poètes du xviie siècle. Nouvelle édition complète, revue et corrigée, avec glossaire, variantes, notices biographiques, etc. *Gand et Paris*, 1859-1860, 3 vol. pct. in-8, papier vergé, br.

1231. **Cabrol** (Élie). La Première Absence, lettres en vers. — Comédies, *Paris, Librairie des bibliophiles*, 1872-73, 2 vol. in-16, dessins de d'Hurcelles, gravés à l'eau-forte, br.

1232. **Camoens** (L.). La Lusiade, poëme héroïque, en dix chants, nouvellement traduit du portugais, avec des notes et la vie de l'auteur (par J.-F. de La Harpe et Vaquette d'Hermilly). *A Paris, chez Nyon aîné*, 1776, 2 tomes en 1 vol. in-8, fig. de Gravelot, mar. r. à long grain, dent. tr. dor. (*Simier*.)

1233. **Campardon** (E.). La Cheminée de Mme de la Poupelinière. — H. **Bonhomme**. Mme de Pompadour, général d'armée. — Les Bijoux de Mme Du Barry, documents inédits, publiés par H. Welschinger. *Paris, Charavay frères (Impr. Ch. Motteroz)*, s. d. — Ens. 3 vol. in-24, papier de Hollande, fig. gravées à l'eau-forte, br.

1234. **Cantiques** et pots-pourris. *Londres, Cazin*, 1789, 2 parties en 1 vol. in-18, front. fig. non signés, v. f. dos orné, fil. dent. int. tr. dor.

> Judith et Holopherne. — La Chasteté de Joseph. — La Pucelle d'Orléans. — Chasteté de Suzanne. — David et Bethzabée. — Agnès Sorel.

1235. **Caricature** (la). *Paris, au bureau du journal à la Librairie illustrée*, 1880-1885, 6 vol. in-4, nombr. illustrations en noir et en couleur, br.

> Les six premières années.

1236. **Casanova de Seingalt** (J.). Mémoires, suivis de fragments des mémoires du prince de Ligne. Nouvelle édition collationnée sur l'édition originale de Leipsick. *Paris, Garnier frères*, s. d. (1882), 8 vol. in-8, papier vélin, br.

1237. **Cazotte** (J.). Le Diable amoureux, roman fantastique précédé de sa vie, de son procès, et de ses prophéties et révélations, par Gérard de Nerval, illustré de 200 dessins, par Édouard de Beaumont. *Paris, Léon Ganivet*, 1845, in-8, fig. demi-rel. chag. r. tr. dor.

> Reproduction des curieuses figures de la première édition.

1238. — Le Diable amoureux, avec la préface de Gérard de Nerval, 7 eaux-fortes, par Ad. Lalauze. *Paris, Librairie des bibliophiles*, 1883, in-16, portr. fig. br.

1239. Cent Nouvelles nouvelles. Suivent les cent nouvelles, contenant les cent histoires nouveaux.... Nouvelle édition ornée de cent figures en taille-douce et d'un frontispice. *A Cologne, chez Pierre Gaillard*, 1786, 4 tomes en 2 vol. in-12, figures de Romeyn de Hooghe, Vianen, etc. v. ant. marb.

1240. — Cent Nouvelles nouvelles. — Marguerite d'Angoulême. L'Heptameron des nouvelles. Nouvelles éditions publiées d'après le texte des manuscrits avec des notes et des notices par P. L. (Paul Lacroix). *Paris, Adolphe Delahays*, 1876, 2 vol. in-12, br.

Exemplaires numérotés sur papier vergé.

1241. — Cent Nouvelles nouvelles (les dix dizaines des) réimprimées par les soins de D. Jouaust, avec notice, notes et glossaire par M. Paul Lacroix, dessins gravés de Jules Garnier. *Paris, Librairie des bibliophiles*, 1874, 10 vol. in-16, fig. br.

1242. Cervantes. Les Principales Aventures de l'admirable Don Quichotte représentées en figures par Coypel, Picart le Romain et autres habiles maîtres avec les explications des XXXI planches. *A La Haie, chez Pierre de Hondt*, 1746, in-4, fig. mar. r. comp. dorés et à froid sur le dos et les plats, tr. dor.

Figures en premières épreuves.

1243. — L'Histoire de Don Quichotte de la Manche. Première traduction française par C. Oudin et F. de Rosset, avec une préface par E. Gebhart, dessins de J. Worms gravés à l'eau-forte par De Los Rios. *Paris, Librairie des bibliophiles*, 1884, 6 vol. pet. in-8, fig. br. couvertures.

Exemplaire numéroté sur grand papier de Hollande.

1244. Champfleury. Œuvres diverses. *Paris, J. Rothschild*, 1879-1883 et *Dentu*, 1877, 4 vol. in-8, br.

Les Chats, 2e édition illustrée de 52 dessins. — Les Enfants. Quatrième édition de luxe avec 90 gravures noires et en couleur. — Les Souffrances du professeur Delteil, vignettes par Crafty. — Le Violon de faïence, dessins en couleur par Em. Renard, eaux-fortes par J. Adeline.

1245. — Les Vignettes romantiques. Histoire de la littérature et de l'art 1825-1840, 150 vignettes par Célestin Nanteuil, Tony Johannot, Devéria, Jeanron, Ed. May, etc.; suivi d'un catalogue complet des romans, drames, poésies, ornés de vignettes, de 1825 à 1840. *Paris, E. Dentu*, 1883, in-4, fig. br. couverture illustrée.

Exemplaire sur papier vélin teinté, planches hors texte sur japon.

1246. — Le Violon de faïence. Nouvelle édition illustrée de 34 eaux-fortes de Jules Adeline. *Paris, L. Conquet (Impr. A. Lahure)*, 1885, pet. in-8, papier vélin du Marais, fig. br. couverture.

1247. CHAMPSAUR (Félicien). Entrée de clowns, dessins de Beauquesne, Blass, Cheret, Max Claude, Detaille, J. Garnier, Grévin, Lorin, Vierge, etc. *Paris, J. Lévy*, 1886, in-12, fig. br. couverture illustrée.

Un des 30 exemplaires numérotés sur PAPIER DU JAPON.

1248. CHATEAUBRIAND (Fr.-Aug. de). Atala, René. *Paris, chez Le Normant*, 1805, in-12, fig. de Garnier, v. ol. fil. tr. dor.

EDITION ORIGINALE, rare.

1249. CHAVETTE (Eug.) et Arm. SILVESTRE. Romans, illustrations de Kauffmann et de E. Benassit, etc. *Paris, C. Marpon et Flammarion*, 1882-1883, 7 vol. in-12, br.

Les Bêtises vraies. — Les Petites Comédies du vice. — Les Petits Drames de la vertu. — Pour faire rire. — Contes grassouillets. — Histoires belles et honnestes. — En pleine fantaisie.

1250. CHEFS-D'ŒUVRE (les) de la littérature française et étrangère. *Paris, Delarue, s. d.* 11 vol. in-12, pap. vergé, br.

La Fontaine : Fables, 2 vol.; Contes et nouvelles en vers, 2 vol. — Œuvres complètes de Math. Regnier. — Longus, Les Amours pastorales de Daphnis et Chloé. — Paul et Virginie, par J.-B. de Saint-Pierre. — Sterne. Voyage sentimental en France. — Candide par Voltaire. — Gœthe. Werther. — Beaumarchais. Le Mariage de Figaro.

1251. — du roman contemporain. *Paris, A. Quantin*, 1885-1886, 4 vol. in-8, fig. br.

H. de Balzac. Le Père Goriot. — Oct. Feuillet. M. de Camors. — G. Flaubert. Mme Bovary. — G. Sand. Mauprat.

1252. — inconnus, publiés par Paul Lacroix, avec eaux-fortes de Lalauze. *Paris, Librairie des bibliophiles*, 1884-85, 14 vol. in-16, fig. br.

On a ajouté à cette collection : Brindilles rabelaisiennes, par l'auteur de Trois dizains de contes gaulois. — Le Filleul de la mort, fabliau lorrain, mis en vers par Louis de Ronchaud.

1253. CHÉNIER. Quinze dessins d'Henri Regnault pour illustrer André Chénier photographiés par A. Liébert. *Paris, Dentu*, 1872, in-8, fig. en feuilles dans un carton.

1254. CHEVIGNÉ (le comte de). Contes rémois illustrés par M. Perlet. *Paris, Hetzel*, 1843, in-8, fig. demi-rel. mar. citron avec coins, dos orné, fil. tête dor. non rog. (*Allô.*)

PREMIÈRE ÉDITION, contenant 30 contes et ornée de 30 gravures hors texte; c'est dans cette édition que parut pour la première fois *Collin Maillard assis*, conte qui ne fut pas reproduit dans l'édition de 1858.

1255. — Les Contes rémois, dessins de E. Meissonier. Troisième édition. *Paris, Michel Lévy*, 1858, in-12, portr. vign. br. couverture.

PREMIÈRE ÉDITION; contenant les dessins de Meissonier.

1256. Chevigné (le comte de). Les Contes rémois, dessins de E. Meis-sonier. *Paris, Michel Lévy*, 1861, in-12, vign. br.

1257. — Les Contes remois, dessins de E. Meissonier, quatrième édi-tion. *Paris, Michel Lévy frères*, 1861, in-12, fig. br.

1258. — Les Contes rémois. Dessins de Meissonier. Sixième édition. *Paris, Michel Lévy*, 1864, in-12, portr. et fig. br.

Exemplaire sur PAPIER VERGÉ.

1259. — Le même ouvrage, même édition, in-12, portr. et fig. br.

Exemplaire sur PAPIER VÉLIN ROSE.

1260. — Les Contes rémois, dessins de E. Meissonier. *Paris, Aca-démie des bibliophiles (Impr. J. Claye)*, 1868, in-8, portrait et fig. br.

1261. — Les Comtes rémois. Édition miniature. *Epernay, Bonnedame père et fils*, 1875, in-32, papier de Hollande, portrait, br. couverture.

1262. — Les Contes rémois, précédés de la Muse champenoise, par Louis Lacour, dessins de Jules Worms, gravés à l'eau-forte par Paul Rajon. *Paris, Librairie des bibliophiles*, 1877, in-16, portr. br.

1263. Choix de Légendes populaires. *Paris, Martinon et G. de Gonet*, s. d. 3 vol. gr. in-8 à 2 col. fig. de C. Nanteuil, demi-rel. v. f. ébarbés.

1264. Choderlos de Laclos. Les Liaisons dangereuses. *Londres (Paris)*, 1796, 2 vol. in-8, fig. de Fragonard, Mlle Gerard et Monnet, cart. non rog.

Premier tirage.

1265. Choudard Desforges (P.-J.-Bap.). Le Poète, mémoires d'un homme de lettres écrits par lui-même, précédé d'une notice et de la clef des noms des principaux personnages. *Bruxelles, Gay et Doucé*, 1881, 5 vol. pet. in-8, portrait et front. de Chauvet sur chine, br.

1266. Cicero. De Amicitia dialogus ad T. P. Atticum. *Lutetiæ, Typis Jos. Barbou*, 1771, in-64, portrait, mar. r. fil. tr. dor. (*Rel. anc.*). — De officiis ad Marcum filium. *Lutetiæ, Typis Jos Barbou*, 1773, in-64 front. chag. vert, dent. tr. dor. — Ens. 2 vol.

1267. — Epistolæ ad Atticum, ad M. Brutum, ad Quintū fratrem. Pauli Mantii in easdem Epistolas scholia... *Venetiis, Paulus Mantius Aldi*, 1540, in-8, mar. r. dos orné, comp. dent. int. tr. dor. (*Corfmat.*)

1268. Clotilde de Surville. Poésies. Nouvelle édition publiée par C. Vanderbourg, ornée de gravures d'après Colin. — Poésies inédites, publiées par MM. de Roujoux et Ch. Nodier. *Paris, Nepveu*, 1825, 2 vol. in-12, front. fig. v. r. dos orné, fil. comp. à froid, dent. int. tr. dor.

Exemplaire avec les figures en deux états, dont un COLORIÉ.

1269. COCLES (Barthélemy). Les Enseignemens de physionomie et chiro-mancie, monstrans par le regard du visage, signes de la face et lignes de la main, les mœurs et complexions des hommes. *Paris, Denys Bechet, s. d.* — Chyromantia del Tricasso da Ceresari Man-tuano. *S. l.* 1546. — Ens. 2 ouvrages en 1 vol. in-8, fig. v. f. dos orné, comp. dent. int. tr. dor. (*Petit.*)

Réunion de 2 livres très rares.
Mouillures.

1270. COLARDEAU. Œuvres choisies. Nouvelle édition ornée d'une gra-vure. *A Paris, chez Janet et Cotelle*, 1825, in-8, demi-rel. v. f. ébarbé.

On a ajouté à cet exemplaire les portraits de Colardeau; Pope; d'Héloïse et d'Abailard; de Young; de Montesquieu; de Sapho; Louis XV; de Louis Dauphin et de l'abbé de Voisenon; 2 figures diverses et 7 figures de Monnet (*Temple de Gnide*), en tout 19 pièces ajoutées.

1271. COLLECTION-BIJOU. *Paris, Jouaust*, 1872-85, 6 vol. in-16, dessins d'Em. Lévy et Ranvier gravés à l'eau-forte, dessins de Giacomelli gravés sur bois, br.

Daphnis et Chloé. — Paul et Virginie. — Atala. — Psyché. — Aminte. — Poésies d'Anacréon.

1272. — des classiques français du Prince impérial. *Paris, Plon*, 1865-79, 54 vol. in-32, portr. fac-similé, br.

Boileau. Œuvres, 5 vol. — Bossuet. Discours sur l'histoire universelle, 3 vol.; Oraisons funèbres. — Corneille. Œuvres. 12 vol. — Fléchier. Oraisons funèbres. — La Bruyère. Œuvres, 3 vol. — La Fontaine. Fables, 2 vol. — La Rochefou-cauld. Œuvres morales. — Marivaux. Théâtre choisi. — Massillon. Grand Carême, 2 vol.; L'Avent; Petit Carême, — Molière. Œuvres, 8 vol. — Pascal. Pensées, 2 vol.; Lettres provinciales, 2 vol. — Racine. Œuvres, 4 vol. — Re-gnard. Chefs-d'œuvre, 2 vol. — Vauvenargues. Œuvres morales, 3 vol.

Exemplaires su PAPIER DE HOLLANDE.

1273. — des classiques latins et italiens publiés par G. Pickering. *Londini*, 1821-1824, 9 vol. in-48, cart.

Catullus, Tibullus et Propertius. — M. T. Ciceronis Libri de Officiis, de Senec-tute et de Amicitia. — Quintus Horatus Flaccus. — Publius Terentius. — Le Rime del Petrarca. — La Divina Comedia di Dante, 2 vol. — La Gerusalemme liberata di Torquato Tasso, 2 vol.

1274. CONTES EN VERS, imités du Moyen de parvenir par Autreau, Do-rat, Grécourt, La Fontaine, B. de La Monnoye, Plancher de Val-cour, Regnier, Vergier, etc. avec les imitations de M. le comte de Chevigné et celles d'Épiphane Sidredoulx (E. de Beaurepaire) pu-bliés par un membre de la Société des Bibliophiles gaulois. *Paris, L. Willem*, 1874, pet. in-8, vign. br.

Exemplaire sur PAPIER DE CHINE, avec les vignettes en double épreuve.

15-« **1275.** CONTES gaillards et Nouvelles parisiennes. *Paris, Ed. Rouveyre et G. Blond,* 1882-1883, 10 vol. in-12, fig. br. couvertures illustrées.

> Le Péché d'Ève par Arm. Silvestre. — Joyeux Devis par Th. Massiac. — Le Mal d'aimer par René Maizeroy. — Chair à plaisir par L.-V. Meunier. — Baisers tristés par L.-V. Meunier. — Mire lon la par René Maizeroy. — A huis clos par Carolus Brio. — Doux Larcins par Flirt. — Pour se damner par Jeanne Thilda. — Chattes par Carolus Brio.

16-« **1276.** CONTEURS français (les). *Paris, Librairie des bibliophiles,* 1874-80, 6 vol. in-8, br.

> Nouvelles Récréations et joyeux devis de B. des Periers, 2 vol. — Contes et discours d'Eutrapel de Noël du Fail, 2 vol. — L'Heptaméron des nouvelles, 2 vol.

6-fo **1277.** COPPÉE (François). Contes et récits en prose. Édition illustréc de cent cinquante dessins de Henri Pille gravés par Alfr. Prunaire. *Paris, Alph. Lemerre, s. d.* (1885), gr. in-8, fig. br. couverture illustrée.

35-« **1278.** — Poésies. 1864-1878. *Paris, Alph. Lemerre,* 1883-1885, 2 vol. in-4, eaux-fortes de Boilvin, br.

> Le Reliquaire; Poèmes divers; Intimités; Poèmes modernes; La Grève des Forgerons; Les Humbles; Écrit pendant le siège; Plus de sang; Promenades et Intérieurs; Le Cahier rouge; Olivier; Les Récits et les Élégies.
> Exemplaire sur GRAND PAPIER VERGÉ.

1-, **1279.** CRÉBILLON. OEuvres. Nouvelle édition, ornée de figures dessinées par Peyron et gravées sous sa direction. *De l'imprimerie de Didot jeune. A Paris, chez Desray, an VII,* 2 vol. in-8, fig. br.

> Exemplaire en PAPIER VÉLIN.

1-« **1280.** CRUCIO (Lud.). Interpretatio poetica latine in centum quinquaginta psalmos. *Lugduni, Rigaud,* 1608, in-16, v. f. fil. dent. int. (*Kœhler.*)

2-fo **1281.** CURIOSITÉS BIBLIOGRAPHIQUES : Vivant Denon. Point de lendemain, conte en prose. Réimpression textuelle sur l'édition originale de 1777, avec une jolie vignette en taille-douce. *Rouen, J. Lemonnyer,* 1879. — Vadé. La Pipe cassée, poème épitragipoissardiheroico-mique, nouvelle édition, enrichie de vignettes en taille-douce. *Rouen, chez J. Lemonnyer,* 1879. — Ens. 2 vol. pet. in-8, papier vélin teinté, fig. br.

5-« **1282.** DANTE. La Divine Comédie traduite en français et annotée par Alfred de Montor. Nouvelle édition, précédée d'une préface, par M. Louis Moland. Illustrations de Yan' Dargent. *Paris, Garnier frères,* 1879, gr. in-8, br.

> Un des 25 exemplaires numérotés sur PAPIER WHATMAN.

31-- **1283.** DAUDET (Alph.). Fromont jeune et Risler aîné, mœurs parisiennes. Notice littéraire, par Gustave Geffroy, douze compositions de Em. Bayard, gravées à l'eau-forte par J. Massard. *Paris, L. Con-*

quet (*Typ. G. Chamerot*), 1885, 2 vol. petit in-8, papier vélin du Marais, fig. br. — Tartarin sur les Alpes, nouveaux exploits du héros tarasconnais, illustré d'aquarelles. *Paris, Calmann Lévy*, 1885, in-8, fig. br. — Ens. 3 vol.

1284. DELILLE. Les Jardins ou l'art d'embellir les paysages, poème. — A *Paris, de l'Impr. de Ph. Denys Pierre*, 1782, in-18, papier de Hollande, vignette sur le titre et figure de Cochin, mar. r. fil. tr. dor. (*Bradel.*)

1285. DELVAU (Alfred). Les Heures parisiennes. 25 eaux-fortes d'Émile Benassit. *Paris, Librairie centrale*, 1866, in-12, fig. br. couverture.

> Exemplaire sur PAPIER DE HOLLANDE, figures sur chine, la planche de *Minuit* est en PREMIER ÉTAT.

1286. — Les Heures parisiennes, 25 eaux-fortes d'Émile Benassit. *Paris, C. Marpon et E. Flammarion*, 1882, in-12, papier de Hollande, fig. br. couverture contenant le portrait de l'auteur.

1287. — Histoire anecdotique des barrières de Paris, avec 10 eaux-fortes par Émile Thérond. *Paris, E. Dentu*, 1865, in-12, fig. br.

1288. DEMOUSTIER (C.-A.). Lettres à Émilie sur la mythologie. *A Paris, chez Ant. Aug. Renouard*, 1809, 6 parties en 2 vol. in-8, fig. de Moreau le jeune, demi-rel. v. f. ébarbé.

> Le titre de la première partie manque.

1289. — Lettres à Émilie sur la mythologie. *Paris, Ch. Froment*, 1826, 3 vol. in-4, titres gravés et fig. de Desenne, mar. r. à long grain, comp. tr. dor.

1290. — Lettres à Émilie sur la mythologie. *Paris, Furne*, 1868, in-8, portr. fig. de Moreau, br.

> Exemplaire sur GRAND PAPIER.

1291. DESBORDES-VALMORE. Poésies. *Paris, A. Boulland*, 1830, 2 vol. in-8, figures de Tony Johannot et Devéria, sur chine, vignettes sur bois, v. bleu, comp. à froid, style gothique, tr. dor.

1292. DESCHAMPS (Emile). Œuvres complètes. *Paris, Alph. Lemerre*, 1872, 6 vol. in-12, br.

1293. DESFONTAINES. Les Bains de Diane ou le Triomphe de l'amour, poëme. *Paris, Costard*, 1770, titre gravé et fig. de Marillier. — Le Jugement de Pâris, poëme en IV chants, par M. Imbert. *Amsterdam*, 1772, titre gravé, fig. de Moreau, vign. de Choffard. — Le Temple de Gnide mis en vers par M. Colardeau. *Paris, chez Le Jay, s. d.* (1773), titre gravé, fig. de Monnet. — Ens. 3 ouvrages en 1 vol. in-8, v. ant. éc. dos orné, fil. tr. dor.

5 — 1294. **Deslauriers.** Les Fantaisies de Bruscambille contenant plusieurs discours, paradoxes, harangues et prologues facétieux. 1 vol. — Les Nouvelles et plaisantes Imaginations de Bruscambille en suite de ses fantaisies. 1 vol. *Bruxelles, impr. de A. Mertens*, 1863-1864, ens. 2 vol. in-12, br.

Réimpression faite à très petit nombre.

7 — 1295. **Dorat.** Les Baisers précédés du Mois de mai, poème. *Rouen, J. Lemonnyer*, gr. in-8 raisin, papier vergé, fig. br. couverture illustrée.

Réimpression textuelle de l'édition de 1770 avec les gravures d'Eisen.

42 — 1296. **Droz (Gust.).** Monsieur, Madame et Bébé. Edition illustrée par Edmond Morin et ornée d'un portrait de l'auteur gravé par Léopold Flameng. *Paris, Victor Havard*, 1878, gr. in-8, fig. br.

Exemplaire numéroté sur GRAND PAPIER DE HOLLANDE.

2 — 1297. **Dubois (J.-A.).** Aventures du Gourou Paramarta, conte drolatique indien orné de nombreuses eaux-fortes, par Bernay et Cattelain. *Paris, A. Barraud*, 1877, in-8, fig. br. couverture illustrée.

7 — 1298. **Ducis (J.-F.).** OEuvres, ornées du portrait de l'auteur, d'après M. Gérard, et de gravures, d'après MM. Girodet et Desenne. *Paris, Nepveu*, 1818, 6 vol. in-12, portr. fig. mar. r. à long grain, dos orné, dent. tr. dor.

Épreuves AVANT LA LETTRE.

12 — 1299. **Dufour (L.-V.).** Le Vieux Paris, ses derniers vestiges, dessinés d'après nature et gravés à l'eau-forte par J. Chauvet et E. Champollion, notices par L.-V. Dufour, introduction par Paul Lacroix. *Paris, Detaille* (1878), pet. in-fol. fig. en 7 livraisons.

Livraisons 1 à 7.
Les eaux-fortes sont sur CHINE avec la lettre.

3 — 1300. **Dufour** (l'abbé Valentin). Recherches sur la Dance macabre peinte en 1425, au cimetière des Innocents. *Paris, Bureau du bibliophile français*, 1873, in-4 de 50 pp. pap. vergé, fig. br.

Ces recherches sont suivies de 18 figures fac-similées de l'édition de 1484, composées par Maistre Jehan Gerson.

19 — 1301. **Dumas (Alex.).** Romans illustrés par Lampsonius, Lancelot, J.-A. Beaucé, etc. *Paris, Marescq*, 1853-1857, 7 vol. gr. in-8, fig. demi-rel. bas. v.

La Reine Margot. — La Dame de Monsoreau. — Les Quarante-cinq. — Le Chevalier d'Harmental. — Les Trois Mousquetaires. — Vingt ans après. — Le Vicomte de Bragelonne.

15 — 1302. — Romans illustrés. *Paris*, 1857-1860, 8 vol. gr. in-8, fig. demi-rel. bas.

Mémoires d'un Médecin. — Joseph Balsamo. — Le Collier de la Reine. — Ange Pitou. — La Comtesse de Charny. — Les Louves de Machecoul. — Le Chevalier de Maison-Rouge.

1303. Dumas (Alex.). Œuvres illustrées. 25 vol. gr. in-8, fig. demi-rel. —
bas.

> Les Trois Mousquetaires. — Louis XIV et son siècle. — Les Compagnons de
> Jéhu. — Joseph Balsamo. — La Comtesse de Charny. — La San-Félice. —
> Théâtre. — Les Crimes célèbres. — Impressions de Voyages. — Mémoires, etc.

1304. — Angèle, drame en cinq actes. *Paris, Charpentier*, 1834, in-8,
front. de C. Nanteuil cart. toile verte, non rog. (Le frontispice est
est remonté). — Catherine Howard, drame en cinq actes et en huit
tableaux. *Paris, Charpentier*, 1834, in-8, frontispice de C. Nanteuil,
demi-rel. bas. — Ens. 2 vol.

> Éditions originales, rares.

1305. — Le Capitaine Pamphile. Édition illustrée de 103 vignettes
dont 26 hors texte par Bertall. *Paris, Calmann Lévy, s. d.* in-8, fig.
br. couverture illustrée.

1306. — Le Comte de Monte-Cristo. *Paris, au bureau de l'Écho des
feuilletons*, 1846, 2 vol. gr. in-8, fig. de T. Johannot et Gavarni,
demi-rel. chag. vert, dos orné, tête dor. ébarbé.

> Bel exemplaire du premier tirage auquel ou a ajouté la suite complète des
> figures de Staal et Beaucé de l'*édition Marescq*, 1852.

1307. — Le Comte de Monte-Cristo, illustré par G. Staal et J. A.
Beaucé. *Paris, Marescq*, 1852, 2 vol. gr. in-8, fig. demi-rel. bas. verte.

> On a ajouté à cet exemplaire un portrait de l'auteur et la suite des figures de
> T. Johannot, Gavarni, de l'édition de l'*Écho des feuilletons*.

1308. — Le Comte de Monte-Cristo, illustré par G. Staal J.-A.
Beaucé, etc. *Paris, Lecrivain et Toubon*, 1860, 2 vol. gr. in-8, fig.
demi-rel. bas. verte.

> On a ajouté à cet exemplaire : un portrait de l'auteur ; la suite des figures de
> Johannot et Gavarni ; et la suite des figures sur bois de Janet-Lange.

1309. — Les Mohicans de Paris. *Paris, Boulanger et Legrand, s. d.*
4 vol. gr. in-8, fig. de Philippoteaux, demi-rel. bas. verte, non rog.

> On a ajouté a cet exemplaire la suite des 116 figures sur bois de Desandré et
> autres du journal *Les Bons Romans*.

1310. Dumas fils (Alex.). La Dame aux Camélias, préface de J. Janin,
édition illustrée par Gavarni. *Paris, Gust. Havard*, 1858, gr. in-8,
fig. br. couverture illustrée.

1311. — La Dame aux Camélias. Préface de J. Janin. *Paris, Michel
Lévy frères*, 1872, gr. in-8, portr. br.

> Exemplaire numeroté sur papier de Hollande.

1312. Dumas (F. G.) Catalogue illustré d'après les dessins originaux
des artistes. Salon de 1879 à 1886, 8 vol. — Livret illustré du Salon,
1881 à 1885, 4 vol. *Paris, Baschet*, 1879 à 1886, 12 vol. in-8, fig. br.

1313. ECRIN du Bibliophile. *Paris, Ed. Rouveyre et G. Blond (Typ. Ch. Usinger)*, 1882-1884, 3 vol. in-12, papier vergé, fig. br. couvertures illustrées.

Trois Dizains de contes Gaulois. — Les Après-soupers. — Les Bijoux des neuf sœurs.

1314. ENAULT (Louis). Paris-Salon, 1881 à 1885, 9 vol. — Paris-Salon triennal, 1883, 1 vol. *Paris, Bernard*, 1881-85, 10 vol. in-8, fig. br.

1315. ERASME. Les Colloques nouvellement traduits par Victor Develay et ornés de vignettes gravées à l'eau-forte par J. Chauvet. *Paris, Libr. des bibliophiles*, 1875-1876, 3 vol. in-8, fig. br.

Exemplaire sur PAPIER DE HOLLANDE.

1316. — L'Eloge de la folie, composé en forme de déclamation avec quelques notes de Listrius et les belles figures de Holbenius, traduit par Monsieur Gueudeville. *Leide, Pierre Vander Aa*, 1713, in-12, portr. front. fig. demi-rel. mar. r. à long grain avec coins, non rog. (*Bauzonnet.*)

Exemplaire du PREMIER TIRAGE.

1317. — Parabolæ sive similia postremum ab autore recognita, cū accessione nonnulla, adjectis aliquot vocularum obscurarum interpretationibus. *Sebastianus Gryphius Germanus excudebat Lugduni*, 1528, in-8, v. olive, fil. dent. int. tr. dor. (*Closs.*)

1318. EUSEBII, Polychronii, Pselli, in canticum canticorum expositiones græce. Joannes Meursius primus nunc è tenebris eruit, et publicavit. *Lugduni Batavorum, ex officina Elzeviriana*, 1617. — Theophylacti, archiepiscopi Bulgariæ, Epistolæ. Joannes Meursius nunc primùm è tenebris erutas edidit. *Lugduni Batavorum, Godefridi Basson*, 1617. — Ens. 2 ouvrages en 1 vol. in-4, mar. viol. à long grain, dos orné, comp. tr. dor. (*Ginain.*)

Sur la garde du volume se trouve la note suivante de Ch. Nodier : « Volume précieux. Les Expositions d'Eusèbe sont marquées rares dans Bauer et rarissimès dans Harwood ; avant d'en avoir vu un exemplaire, je les ai indiquées comme extrémement rares dans ma bibliothèque sacrée. L'édition princeps des Lettres de Théophylacte n'est pas connue de Mauro Boni et Gamba. Elle est marquée rare dans Bauer. Ce qui fait le principal mérite de cet exemplaire, c'est qu'il a appartenu au savant Gilbert Gaulmin qui l'a chargé de notes. »

1319. FALCONER. The Shipwreck ; with a sketch of his life. *London, Jones*, 1825, in-32, frontispice. — HAYLEY (Will.). The Triumphs of Temper. *London, Jones*, 1825, in-32, portrait. — Ens. 2 ouvrages en 1 vol. mar. viol. fil. tr. dor. (*Héring.*)

1320. FAVRE (de). Les Quatre Heures de la toilette des dames, poème en quatre chants. *A Paris et se vend à Genève chez Em. Didier*, 1780, gr. in-8, frontispice et vignettes par Leclère, v. rac.

Mouillures.

1321. Feu Séraphin. Histoire de ce spectacle depuis son origine jusqu'à sa disparition, 1776-1870. *Lyon, N. Scheuring*, 1875, in-8, papier vergé teinté, portr. et vign. br. — Le Cirque Franconi, portraits gravés à l'eau-forte par Fr. Hillemacher. *Lyon, impr. L. Perrin*, 1875, in-8 de 69 pp. papier vergé teinté, port. br. — Ens. 2 vol.

1322. Féval (Paul). Romans illustrés, 7 vol. gr. in-8, fig. demi-rel. bas. r.

Le Fils du Diable, 3 vol. — Les Amours de Paris. — Les Nuits de Paris, 2 tomes en 1 vol.

1323. Fielding. Tom Jones, ou Histoire d'un Enfant trouvé, traduction nouvelle et complète, ornée de douze gravures en taille-douce. *Paris, imprimerie de Firmin-Didot frères*, 1833, 4 vol. in-8, fig. demi-rel. mar. bleu avec coins, tête dor. ébarbé.

Bel exemplaire en GRAND PAPIER VÉLIN, de cette édition ornée de la suite des 12 figures de Moreau dans des états différents : les 12 figures avec la lettre, 11 AVANT LA LETTRE SUR CHINE, 10 AVANT LA LETTRE sur blanc et 5 EAUX-FORTES. Nous avons en outre la 3e figure gravée une deuxième fois par Hulk, épreuve AVANT LA LETTRE, et la 11e figure, *Sophie tirant un mouchoir de sa poche*, gravée une deuxième fois par Hulk, épreuve AVANT LA LETTRE et une troisième fois par Mariage épreuve en deux états : AVANT LA LETTRE et EAU-FORTE. Dans cette gravure la main de Sophie repose sur ses genoux, tandis que dans la gravure originale elle est pendante.

On a ajouté à cette exemplaire :

1o La suite de 16 figures in-8, par Gravelot, pour l'édition d'*Amsterdam*, 1750, épreuves remontées ;

2o La même suite en épreuves avec marges ;

3o 10 figures in-8, de Borel, gravées par Dambrun, Marchand, Berthet, Giraud, Leroy, Hubert, Petit et Fosseyeux, tirées de la *Collection des Romans, traduits de l'anglais par Laplace. Paris*, 1788, épreuves AVANT LA LETTRE ;

4o 15 figures in-8, publiées par *Cooke à Londres*, 1792-1801, remontées ;

5o La suite de 12 figures in-8, par Stothard, *Londres, Harrison*, 1780, remontées ;

6o 7 figures in-8, par Cruikshank. *Londres*, 1836, remontées ;

7o 8 figures in-4 en travers, par Rowlandson, 1791 ;

8o La suite de 12 fugures in-18, par Choquet, épreuves AVANT LA LETTRE SUR CHINE ;

9o 8 DESSINS in-8, à la sépia, par Levasseur ;

10o La suite de 2 titres gravés avec fleurons par Rouarges frères et de 4 figures in-8, par Tony Johannot, *Paris, Furne*, 1836, épreuves des figures de Johannot en divers états : avec la lettre sur CHINE, 3 avec la lettre sur blanc. 3 AVANT LA LETTRE dont 2 sur PAPIER VÉLIN et sur 1 CHINE ; les titres sont en 2 états : sur blanc et sur CHINE ; le fleuron du titre du Tome II, TIRÉ A PART SUR CHINE ;

11o 14 pièces diverses : 1 portrait, in-8, par Hogarth gravé par Taylor, remonté ; 1 portrait, in-32, gravé par Goulu, épreuve AVANT LA LETTRE SUR CHINE ; 1 portrait, in-8, par Hopwood ; 2 titres avec vignettes et 1 figure d'Uwins pour une édition anglaise de 1819 ; 4 figures in-8, par Rooker gravées par Collyer ; 2 figures, in-8, de Smirke, *The Scandal, The Rivals*, épreuves AVANT LA LETTRE SUR CHINE plus une épreuve avec la lettre ; 1 lithographie in-8, de Devéria, *Sophie Western.*

Cet exemplaire est orné de 175 figures.

1324. — Tom Jones, traduit de l'anglais par de La Place. *S. l. n. d.* in-8, fig. demi-rel. mar. violet avec coins, tête dor. ébarbé.

Volume orné de : 1 portrait, in-8, par Hopwood ; 16 figures in-8, de Gravelot, gravées par Pasquier, Fessard, Lafosse, Aveline ; 5 figures in-8, de la suite de Borel, dont 4 AVANT LA LETTRE ; 3 figures de la suite de Johannot ; 5 figures in-8, de Moreau, épreuves AVANT LA LETTRE, plus 1 figure d'un état différent, AVANT LA LETTRE ; 2 figures de Choquet ; 3 figures diverses.

Ensemble 37 pièces.

1325. FLORIAN.. OEuvres complètes. *Paris,* 1806-1807, 24 vol. in-18, fig. par Quéverdo, Monnet, Le Barbier, Monsiau et Choquet, br.

Parmi ces figures au nombre de 95, se trouve la suite 24 figures de Lefebvre pour *Don Quichotte.*

1326. — Fables illustrées par J.-J. Grandville, suivies de Tobie et de Ruth et précédées d'une notice sur la vie et les ouvrages de Florian, par P.-J. Stahl. *Paris, Dubochet,* 1843, in-8, front. fig. demi-rel. chag. r. dos orné.

PREMIER TIRAGE.

1327. — Fables, préface par M. Anatole de Montaiglon, compositions inédites de Moreau, gravées par Martial. *Paris, P. Rouquette (impr. G. Motteroz),* in-16, fig. br.

Exemplaire sur PAPIER DU JAPON.

1328. FLORUS (L. Annæus). Cl. Salmasius addidit Lucium Ampelium, et cod. ms. nunquam antehac editum. *Lugd. Batav. apud Elzevirios, anno* 1638, in-12, titre gravé, mar. r. dos orné, fil. dent. int. tr. dor. *(Rel. anc.)*

Réimpression sous cette date.

1329. FOE (Daniel de). La Vie et les aventures de Robinson Crusoé. Traduction revue et corrigée sur la belle édition donnée par Stockdale en 1790, augmentée de la vie de l'auteur, qui n'avait pas encore paru. Édition ornée de 19 gravures par Delignon, d'après les dessins originaux de Stothard. *A Paris, chez H. Verdière, an VIII,* 3 vol. in-8, fig. et carte, demi-rel. mar. viol. dos orné, non rog. *(Thouvenin.)*

Bel exemplaire en GRAND PAPIER, figures avec la lettre et AVANT LA LETTRE.

1330. — Robinson Crusoé, traduction de Petrus Borel, enrichi de la vie de Daniel de Foe par Philarète Chasles; de notices sur le matelot Selkirk, sur Saint-Hyacinthe..... par Ferdinand Denis; et d'une dissertation religieuse par l'abbé La Bouderie, ornée de 250 gravures sur bois. *Paris, Fr. Borel,* 1836, 2 vol. in-8, portr. vign. demi-rel. chag. r. avec coins, dos orné, fil. tête dor. *(Darlaud frères.)*

1331. — Étranges Aventures de Robinson Crusoé. Traduction de l'édition princeps (1719) avec une étude sur l'auteur par Battier, frontispice et 7 planches dessinées et gravées par J. Fesquet. *Paris, J. Bonnassies,* 1877, pet. in-8, papier de Hollande, fig. br.

1332. — Vie et Aventures de Robinson Crusoé, traduction de Petrus Borel avec huit eaux-fortes par Mouilleron, portrait gravé par Flameng. *Paris, Librairie des bibliophiles,* 1878, 4 vol. in-16, fig. br.

1333. FOLENGO. Opus Merlini Cocaii poetæ mantuani macaronicorum. *Amstelodami, apud Abrahamum a Someren,* 1692, in-8, portr. fig. bas.

1334. Français peints par eux-mêmes (les). Encyclopédie morale du
dix-neuvième siècle. *Paris, L. Curmer*, 1840-1842, 8 vol. gr. in-8,
figures et vignettes par Charlet, Gavarni, Meissonier, Daubigny,
Jacque, H. Monnier, etc., les 3 premiers volumes en mar. bleu avec
fers spéciaux, tr. dor. Les 5 derniers en demi-rel. bas. verte.

Premier tirage.

1335. Freron et Colbert (duc d'Estouteville). Adonis. *A Londres, et se
trouve à Paris chez Musier*, 1775, in-8 de 54 pp. titre gr. fig. vig.
cul-de-lampe d'Eisen, demi-rel. mar. viol. avec coins, tête dor.
(*Bertrand.*)

Quelques mouillures.

1336. Galerie mythologique gravée en taille-douce par François Stoeber
avec les explications par Dʳ. J.-M. Jost. *Berlin, Carl J. Klemann*, 1845,
in-4, fig. demi-rel. chag. viol. plats toile, comp. à froid.

Ouvrage en trois langues (allemand, français et anglais) avec les 60 figures
de Russ, Loder, Joh. Ender.

1337. Galeries des héroïnes et des femmes célèbres. 8 vol.

Les Femmes de Balzac, précédées d'une notice par P. Lacroix, S. *d.* gr. in-8,
portr. br. — Sainte-Beuve. Galerie des femmes célèbres, tirée des causeries du
Lundi. *Paris, Garnier*, 1859, gr. in-8, demi-rel. — Galerie des femmes de George
Sand. *Paris, Aubert*, 1843, in-8, cart. — The Waverley Gallery of the principal
female characters in sir Walter Scott's romances. *London*, 1841, pet. in-4, mar.
r. — Shakspeare des dames. Galerie des trente principales héroïnes inspirées par
ses œuvres. *Paris, Dupont*, 1838, gr. in-8, chag. viol. — Shakspeare. The
heroines, comprising the principal female characters in the plays of the great
Poet. *London*, 1848, gr. in-8, mar. viol. — Gallerie de Gœthe. *Stuttgard, Bruck-
mann, s. d.* in-fol. 21 fig. en livraisons. — Galerie Charaktere aus Lessing's Wer-
ken. *Leipzig, Brockhaus*, 1868, in-4, fig. en 6 livraisons.

1338. Garnier (Robert). Les Tragédies. *Lyon, pour Paul Frellon, et
Abraham Cloquemin*, 1592, in-12, mar. vert, dos orné, fil. dent. int.
tr. dor. (*Niedrée.*)

1339. Gautier (Judith). Isoline avec douze eaux-fortes par Auguste
Constantin. *Paris, Charavay fr.* 1882, in-4, papier de Hollande,
filets rouges, fig. br. couverture.

1340. Gautier (Th.). Le Capitaine Fracasse, illustré de 60 dessins de
Gustave Doré. *Paris, Charpentier*, 1866, gr. in-8, fig. br. couverture
illustrée.

Première édition illustrée.
Exemplaire tiré sur beau papier vélin fort.

1341. — L'Eldorado ou Fortunio publié sur l'édition originale. *Paris,
Imprimé pour les Amis des livres par Motteroz*, 1880, in-8, eaux-fortes
de Milius, vignettes d'Avril, br. couverture.

Exemplaire de souscription numéroté sur grand papier vélin ; les figures hors
texte sont avant la lettre en deux états : sur papier de Hollande et sur papier
du Japon ; les vignettes, lettrines, etc. sont en 2 états : noir et bistre.

1342. GAUTIER (Théophile). Mademoiselle de Maupin. *Paris, Charpentier*, 1886, in-12, en feuilles dans un carton.

Exemplaire en GRAND PAPIER, composé de quatre exemplaires ordinaires, grandes marges, lavé et encollé; note bibliographique.

1343. — Mademoiselle de Maupin. Double amour. Réimpression textuelle de l'édition originale. Notice bibliographique par M. Ch. de Lovenjoul. *Paris, L. Conquet et G. Charpentier (Typ. G. Chamerot)*, 1883, 2 vol. in-8, portr. br.

Exemplaire numéroté sur PAPIER VÉLIN A LA CUVE.

1344. GELLIUS (Aulus). Noctes Atticæ editio nova et prioribus omnibus docti hominis cura multo castigatior. *Amstelodamo, apud Ludovicum Elzevirium*, 1651, in-12, titré gravé, mar. r. tr. dor. (*R. Petit.*)

1345. GENLIS Mme de). Mademoiselle de Clermont, nouvelle historique. *Paris, Maradan*, 1813, in-24, portr. fig. de Desenne, mar. r. à long grain, dos orné, dent. à froid, fil. dent. int. [gardes en tabis vert, tr. dor. (*Doll.*)

1346. GILBERT. Œuvres complètes, publiées pour la première fois avec les corrections de l'auteur et les variantes accompagnées de notes littéraires et historiques. *Paris, Dalibon*, 1823, gr. in-8, fig. demi-rel. chag. bleu, non rog.

Bel exemplaire en GRAND PAPIER VÉLIN orné de 1 portrait et de la suite des 54 figures gr. in-8, de Desenne, gravés par Leroux, Prévost, Touzé, Vallot et Burdet, épreuves en 2 états : AVANT LA LETTRE SUR CHINE et EAUX-FORTES.
On y a ajouté :
1° la suite de 1 portrait et de 3 figures in-8, de Desenne, gravés par Delvaux et Bein pour les *Œuvres. Paris, Ménard et Desenne*, 1825 (de la Bibliothèque française), épreuves AVANT LA LETTRE SUR CHINE.
2° 6 figures in-12 et in-8, par Picot, Isabey, Ducis et Desenne, gravées par Godefroy et Lorichon, épreuves AVANT LA LETTRE, plus 1 EAU-FORTE.
3° 3 figures in-8, de Moreau pour la *Mort d'Abel*, épreuves AVANT LA LETTRE.
4° 12 pièces diverses : 1 portrait in-8, de Louis XV, non signé, AVANT LA LETTRE ; 2 figures in-8, par Marillier et Bourdet gravées par Longueil et Mme Albitès pour l'*Empoisonnement de la Marquise de Ganges* ; 1 portrait d'après Greuze par Gaucher, AVANT LA LETTRE; 8 figures diverses AVANT LA LETTRE.
Ensemble 36 pièces.

1347. GLATIGNY (Albert). Joyeusetés galantes et autres. *Luxuriopolis, a l'enseigne du beau Triorchis*, 1864, pet. in-8, 2 figures sur chine de Félicien Rops, br.

Cette édition publiée à Bruxelles par Gay, contient, en dehors des *Joyeusetés galantes*, les deux ouvrages suivants du même auteur: Les Bons Contes du sire de la Glotte, suivis de la Chaste Suzanne, opéra comique en un acte, 1870. — La Sultane Rozréa, ballade traduite de Lord Byron par Exupère P... élève du petit séminaire de La Fère en Tardenois (Aisne). *Paris*, 1870.

1348. — Poésies. — Les vignes folles. Les Flèches d'or. Le Bois. — Vers les Saules, comédie. — Gilles et Pasquins. *Paris, Alph. Lemerre*, 1870-1872, 3 vol. in-12, cart.

1349. Goethe. Faust. Traduction revue et complète, précédée d'un
essai sur Goethe par M. Henri Blaze, édition illustrée par M. Tony
Johannot. *Paris, Dutertre et Michel Lévy fr.* 1847, gr. in-8, fig. —
— Werther, traduction par Pierre Leroux accompagnée d'une préface par George Sand. Dix eaux-fortes par Tony Johannot. *Paris,
J. Hetzel,* 1845, gr. in-8, fig. — Ens. 2 ouvrages en 1 vol. demi-
rel. chag. noir.

> Figures en premières épreuves, celles pour Werther sont sur CHINE AVANT LA
> LETTRE, les noms des artistes à la pointe.

1350. — Faust, eine Tragedie, mit Zeichnungen von Engelbert Sei-
bertz. *Stuttgart und Tübingen, Gotta,* 1854, 2 vol. in-fol. front. fig.
vign. culs-de-lampe, br.

1351. — Le Faust, traduit en vers français par Marc Monnier. *Paris,
Sandoz et Fischbacher,* 1875, in-8, br.

> Exemplaire numéroté sur PAPIER DE HOLLANDE.

1352. — Faust, traduction de J. Porchat, revue par B. Lévy. *Paris,
Hachette,* 1878, in-fol. fig. de Liezen Mayer, ornem. du texte, par R.
Seitz, cart. toile r. fers spéciaux.

1353. — Faust. Première partie. Préface et traduction de H. Blaze de
Bury. Onze eaux-fortes de Lalauze, gravures de Méaulle d'après
Vogel et Scott. *Paris, A. Quantin,* 1880, gr. in-8, fig. br.

> Exemplaire sur GRAND PAPIER VÉLIN, figures AVANT LA LETTRE.

1354. — Faust, tragédie, traduction d'Albert Stapfer avec une préface
par P. Stapfer, dessins de J.-P. Laurens gravés par Champollion.
Paris, Librairie des bibliophiles, 1885 ,in-8, portr. et fig. br.

1355. — Werther, traduit de l'allemand sur une nouvelle édition,
augmentée, par l'auteur, de douze lettres, et d'une partie historique
entièrement neuve par C.-L. Sevelinges. *A Paris, chez Demonville,*
1804, in-8, 3 figures de Moreau le jeune, mar. r. à long grain, dos
orné, dent. tr. dor. (*Rosa.*)

> Exemplaire en PAPIER VÉLIN, provenant de la bibliothèque de JULES JANIN. Les
> figures de Moreau sont AVANT LA LETTRE.

1356. — Werther. Traduit de l'allemand par M. L. de Sevelinges.
Paris, J.-G. Dentu, 1825, in-12, figures de Berthon gravées par Duplessis-Bertaux, chag. viol. non rog.

> Figures AVANT LA LETTRE, rare.

1357. — Les Souffrances du jeune Werther, traduites par le comte
Henri de La B...... (La Bedoyère). *Paris, Crapelet,* 1845, in-8, br.

> Exemplaire sur GRAND PAPIER VÉLIN.

1358. — Werther. Traduction nouvelle précédée de considérations sur
Werther, et en général sur la poésie de notre époque par Pierre Leroux, accompagnée d'une préface par George Sand. Dix eaux-fortes

par Tony Johannot. *Paris, J. Hetzel*, 1845, gr. in-8, fig. v. f. dos orné, fil. tr. dor.

1359. GOLDSMITH (Oliver), The Poemes. A new edition adorned with plates. *London, Du Roveray*, 1800, in-8, fig. cart. non rog.

Edition ornée de 5 figures in-8 de Wheatley et Hamilton, gravées par Neagle, Smith et Medland, épreuves AVANT LA LETTRE SUR PAPIER VÉLIN.

Bel exemplaire en GRAND PAPIER VÉLIN auquel on a ajouté : la suite de 1 titre gravé avec vignette et 5 vignettes de Richard Westall gravés par Finden, Heath, Mitan. *London, Sharpe*, 1816-1822; 1 titre gravé avec vignette et 1 figure in-12 par Uwins, gravés par Scott. *London, Walker and Edwards;* 2 figures in-8 par Catel gravées par Guttenberg; 1 figure in-12 de Hamilton gravée par Fittler, 1812; 1 figure in-8 par Moreau, gravée par Trière (la 3e figure du Ve chant de la *Mort d'Abel* de Gessner : *Ils marchaient à la lueur de l'astre nocturne*), épreuve AVANT LA LETTRE SUR CHINE VOLANT.

1360. — Le Vicaire de Wakefield, traduction nouvelle par Charles Nodier, avec une notice par le même sur la vie et les œuvres de Goldsmith. Vignettes par Tony Johannot. *Paris, publié par Hetzel*, 1844, gr. in-8, fig. demi-rel. mar. grenat avec coins, tête dor. ébarbé, couverture.

Belle édition ornée de 10 figures in-8 par Tony Johannot, gravées par Revel, épreuves en 2 états : avec la lettre et AVANT LA LETTRE.

Bel exemplaire entièrement monté sur onglets, auquel on a ajouté :

1° 72 vignettes gravées sur bois soigneusement montées comme chine, de l'*Édition Bourgueleret*, 1838.

2° La suite de 6 figures in-12 non signées de l'*édition de Renouard, an VIII* (1800), épreuves en 2 états : coupées aux cadres remontées et avec marges.

3° La suite de 12 jolies vignettes dans le genre de Westall, publiées à *Londres, par Rimell*, superbes épreuves AVANT LA LETTRE SUR CHINE.

4° La suite de 6 vignettes par Westall, gravées par Finden. *London, Sharpe*, 1829.

5° 16 figures diverses par Cruikshank, Jury, Stothard, Nap. Thomas, Heath, Lafitte, Marillier, etc., dont plusieurs AVANT LA LETTRE.

6° 4 portraits : in-8 par Wedgwood d'après Reynolds 1824 ; in-4 par Mlle Collin gravé par Rouargues, à compartiments représentant des scènes du Roman ; in-12 par Bull d'après Reynolds sur CHINE ; in-8 par Rogers, *London, Fisher*, 1834.

Ensemble 142 pièces.

1361. — Le Vicaire de Wakefield. *Paris, Bry aîné, s. d.* in-fol. à 2 col. demi-rel. v. f.

Édition publiée dans les *Veillées littéraires illustrées*, ornée de 10 figures sur bois, dans le texte. On a ajouté à cet exemplaire 2 portraits et 18 figures de Johannot, Andrew, etc.

1362. — Le Vicaire de Wakefield. Traduction nouvelle et complète, par B.-H. Gausseron. *Pais, A. Quantin, s. d.* (1885), in-8, papier vélin, aquarelles, br. couverture illustrée.

1363. GONCOURT (Ed. et J. de). Œuvres. 6 vol.

L'Amour au XVIIIe siècle. *Paris, E. Dentu*, 1875, in-12, papier de Hollande, br. — Sophie Arnould, d'après sa correspondance et ses mémoires inédits. *Paris, E. Dentu*, 1877, pet. in-4, portr. br. — Histoire de Marie-Antoinette. *Paris, G. Charpentier*, 1878, gr. in-8, fig. br. — La Lorette, avec un dessin de Gavarni. *Paris, G. Charpentier*, 1883, in-16, papier de Hollande, fig. br. — Rénée Mauperin. *Paris, G. Charpentier*, 1884, in-8, papier de Hollande, eaux-fortes, br. — La Saint-Huberty, d'après sa correspondance et ses papiers de famille. *Paris, E. Dentu*, in-12, front. br.

1364. Graffigny (Mme de). Lettres d'une Péruvienne, traduites du français — *110 —*
en italien, par M. Deodati. Édition ornée du portrait de l'auteur,
gravé par M. Gaucher, et de six gravures exécutées par les meilleurs
artistes, d'après les dessins de M. Le Barbier l'aîné. *A Paris, chez
l'éditeur de l'Impr. de Migneret,* 1797, in-8, texte et traduction, fig.
cart. non rog.

> Exemplaire en PAPIER VÉLIN, avec les figures AVANT LA LETTRE.

1365. Grandville. Les Métamorphoses du jour. *Paris, Gust. Havard,* — *13 —*
1854, gr. in-8, fig. en couleur, demi-rel. chag. r.

> 70 planches gravées sur bois et coloriées.

1366. Grays. Poetical works, english and latin, illustrated ; with in- — *1 — 50*
troductory stanzas by the Rev. John Moultrie and an original life of
Gray by the Rev. John. Mitford. *Eton,* 1852, in-8, fig. de W. Rad-
clyffe, cart. perc. non rog.

1367. Grécourt. OEuvres choisies précédées de considérations histo- — *21 —*
riques et critiques, sur le genre de poésie auquel elles appar-
tiennent. — OEuvres badines d'Alexis Piron. — OEuvres choisies
de Vadé. *Paris,* 1833-34. — Ens. 3 vol. in-8, fig. au trait, cart. non
rog.

1368. Gresset. OEuvres. *Paris, Renouard (de l'Impr. de P. Didot aîné),* — *170 —*
1811, 2 vol. in-8, portraits et figures de Moreau le jeune, demi-rel.
v. viol. non rog.

> Bel exemplaire en GRAND PAPIER VÉLIN, provenant de la bibliothèque d'ARMAND
> BERTIN ; figures AVANT LA LETTRE.
> A la suite du tome Ier se trouve le *Parrain magnifique.*

1369. — OEuvres. *Paris, E. Houdaille,* 1839, in-8, fig. de La Ville et — *3 — 50*
vign. demi-rel. chag. vert.

1370. Gualdo (Galeazzo). Histoire du ministère du cardinal Jules — *11 —*
Mazarin, premier ministre de la couronne de France. *A Amsterdam,
chez Henry et Théodore Boom,* 1671, 3 vol. in-12, frontispice gravé,
mar. viol. fil. tr. dor. *(Simier.)*

1371. Guarini. Il Pastor fido, tragicomedia pastorale. *In Amsterdamo,* — *20 —*
appresso Lodovico Elzevier, 1640, in-68, titre et fig. gr. mar. r.
comp. — Il Pastor fido, publicato de A. Buttura. *Parigi, Presso Le-*
fevre, 1822, in-24, portr. mar. brun, comp. tr. dor. *(Thouvenin.)* —
Ens. 2 vol.

1372. Guevare (Ant. de). L'Horloge des princes, avec le très renommé — *13 —*
livre de Marc-Aurèle, traduit en partie de castilan en françois, par
feu N. de Herberay, seigneur des Essars, et depuis reveu et corrigé
nouvellement outre les autres précédentes impressions. *Paris,*
Robert le Manguier, 1565, in-8, v. f. dos orné.

10 — 1373. GUIDUBALDO. Filli di Sciro, favola pastorale. *In Amsterdam, nella stamperia del s. d. Elsevier et in Parigi si vende appresso Thomaso Jolly*, 1678, in-24, frontispice et figures de Séb. Leclerc. mar. r. fil.

Exemplaire non rogné.

59 — 1374. GUIZOT. L'Histoire de France, depuis les temps les plus reculés jusqu'en 1789. Racontée à mes petits enfants. *Paris, L. Hachette*, 1870-1876, 5 vol. gr. in-8, figures d'après les dessins de A. de Neuville, Philippoteaux, etc. en livraisons (183 fascicules). — L'Histoire d'Angleterre, depuis les temps les plus reculés jusqu'à l'avènement de la Reine Victoria, recueillie par Mme de Witt, née Guizot. *Paris, Hachette*, 1876-1877, 2 vol. gr. in-8, fig. en livraisons. — Ens. 7 vol.

70 — 1375. HAMILTON. Memoires of count of Grammont, translated from the french, wiht notes and illustrations, second edition, revised. *London, Printed by T. Bensley*, 1809, 3 vol. in-8, portraits, mar. vert clair, comp. dorés et à froid sur les plats, doublé de tabis rose avec dent. tr. dor.

Bel exemplaire en PAPIER VÉLIN, orné de 40 portraits en couleur et provenant de la bibliothèque de M. le baron J. DE ROTHSCHILD, dont les armes sont frappées sur les plats de la reliure.

4 — 1376. — Mémoires du comte de Grammont. Histoire amoureuse de la Cour d'Angleterre sous Charles II, préface et notes par Benjamin Pifteau. *Paris, J. Bonnassies*, 1876, pet. in-8, papier de Hollande, frontispice et eaux-fortes de J. Chauvet, br.

19 — 1377. HOFFMANN. Contes fantastiques tirés des frères de Sérapion et des Contes nocturnes, traduction de Loève-Veimars avec une préface par G. Brunet, onze eaux-fortes par Ad. Lalauze. *Paris, Librairie des bibliophiles*, 1883, 2 vol. in-16, portr. fig. br.

29 — 1378. HORATIUS. Opera omnia, recensuit Filon. *Parisiis, apud A. Sautelet, Excudebat Didot natu minor*, 1828, in-64, mar. viol. fil. tr. dor.

Jolie édition en caractères microscopiques. Hauteur : 73 mill.
Exemplaire sur PAPIER DE CHINE.

22 — 1379. — Traduction en vers par le comte Siméon. *Paris, Librairie des bibliophiles*, 1873-1874, 2 vol. in-8, papier de Hollande, fig. et vignettes de Chauvet, br. couvertures.

8 — 1380. HOUSSAYE (Arsène). Voyage à ma fenêtre. *Victor Lecou, s. d.* gr. in-8, front. titre gravé, fig. vign. de Tony Johannot, Nanteuil, Veyrassat, Debacq, Diaz, etc., demi-rel. chag. viol. dos orné, tr. dor. — Les Grandes Dames, édition illustrée de vingt gravures sur acier par Flameng, La Guillermie, Morin, Bertall, Masson, etc. *Paris, E. Dentu*, s. d. gr. in-8, portraits tirés en bistre, br. couv. — Ens. 2 vol.

42 — 1381. HUART (Louis). Le Comic Almanach, keepsake comique pour 1843, orné de douze gravures à l'eau-forte sur acier par Trimolet, et

d'un grand nombre de dessins comiques, par Ch. Vernier. *Paris,
Aubert*, 1843, in-12, fig. cart. — Paris au bal, 60 vignettes par Cham
(de N...). *Paris, Aubert, s. d.* pet. in-8, br.

> Rare.

1382. Hugo (Victor). OEuvres. — Réunion de 31 vol. — ⌒ ﹨ -   *46 – "*

> Les Orientales, seconde édition. *Paris, Ch. Gosselin,* 1829, in-12, front. cart.
> Odes et Ballades, quatrième édition. *Paris, Ch. Gosselin,* 1829, 2 vol in-8,
> cart.
> Théâtre complet orné de gravures sur acier. *Paris,* 1846, gr. in-8, fig. chag.
> bleu.
> Han d'Islande ; Bug Jargal ; le Dernier Jour d'un condamné ; ʼClaude Gueux ;
> Notre-Dame de Paris. *Paris, Vᶜ A. Houssiaux,* 1869, 4 vol. in-8, fig. br.
> Notre-Dame de Paris. *Paris, Renduel,* 1836, 3 vol. in-8, fig. demi-rel. chag.
> vert (incomplet d'une figure).
> Les Misérables. *Paris, A. Lacroix,* 1862, 10 vol. in-8 , br.
> La Légende des Siècles. *Paris, Vᶜ Houssiaux,* 1875, 2 vol. in-8, br.
> Napoléon le Petit et les Châtiments. *Paris, Michel Lévy fr.,* 1875, 2 vol. in-8, br.
> L'Année terrible, illustrations de L. Flameng. *Paris, Michel Lévy fr.* 1873,
> in-8, br.
> Les Quatre Vents de l'Esprit. *Paris, Hetzel,* 1881, 2 vol. in-8, br.
> Le Pape. *Paris Quantin,* 1885, in-8, papier de Hollande, fig. br.
> Victor Hugo raconté par un témoin de sa vie. *Paris, A. Lacroix,* 1863, 2 vol. in-8, br.

1383. — Théâtre. — Réunion de 8 vol. — _ — — _   *30 – "*

> Hernani. *Paris, Barba,* 1830, in-8, lithogr. demi-rel. chag. r. — Hernani. *Paris,
> Duriez,* 1843, in-8, br. — Le Roi s'amuse. *Paris, Eug. Renduel,* 1832, in-8, front.
> cart. — Lucrèce Borgia. *Paris, Eug. Renduel,* 1833, in-8, br. — Marie Tudor.
> *Paris, Eug. Renduel,* 1833, in-8, br. — Marion de Lorme, *Paris, Eug. Renduel,*
> 1836, in-8, br. — Marion de Lorme, *Paris, Michel Lévy fr.,* 1873, in-8, br. — Ruy
> Blas. *Paris, Michel Lévy fr.,* 1872, in-8, br.

1384. — OEuvres illustrées. *Paris, J. Hetzel, s. d.* 7 vol. gr. in-8, fig. —   *43 – "*
en livraisons.

> Poésies. — Théâtre. — Bug Jargal. Han d'Islande. Notre-Dame de Paris. Le
> Dernier Jour d'un condamné, Claude Gueux. — Les Misérables. — Les Travail-
> leurs de la Mer. — Le Rhin. — L'Homme qui rit.

1385. — OEuvres. *Paris, Lemerre,* 1875-81, 18 vol. in-12, portr. br. -   *36 – "*

> Odes et Ballades, 2 vol. — Feuilles d'Automne. — Les Voix intérieures. Les
> Contemplations, 2 vol. — Légende des Siècles, 3 vol. — Chansons des rues et
> des bois. — L'Année terrible. — L'Art d'être grand-père. — Théâtre, 4 vol. —
> Notre-Dame de Paris, 2 vol.

1386. — Nouvelles éditions illustrées par J.-P. Laurens, G. Brion, de _ *16 – "*
Neuville, Em. Bayard, Lix, L. Morin, D. Vierge, A. Marie, H. Scott,
Vogel, etc. *Paris, Eug. Hugues, s. d.* (1877-1880) 10 vol. gr. in-8,
br. et en fascicules.

> Notre-Dame de Paris, 2 vol. — Les Misérables, 5 vol. en fascicules. — Quatre-
> vingt-treize, 1 vol. en fascicules. — L'Année terrible, 1 vol. — Histoire d'un
> crime, 1 vol.

1387. — La Légende des Siècles, nouvelle série, 2 vol. — Les Châti-   *25 – "*
ments. — Napoléon le Petit. — Histoire d'un crime, 2 vol. — *Paris,
Calmann Lévy,* 1875-1877, 6 vol. in-8, br.

> Exemplaires numérotés sur papier de Hollande.

1388. Hugo (Victor). La Légende des Siècles. Première série. *Paris, Hachette*, 1862, in-12, mar. bleu, dos orné, comp. dent. int. tr. dor. (*Petit, suc*^r. *de Simier.*)

Photographie de l'auteur ajoutée.

1389. — Notre-Dame de Paris. *Paris, Gosselin*, 1832, 4 vol. in-12, vignettes sur bois de Tony Johannot, demi-rel. v. br.

Édition rare. Elle porte sur le faux-titre la mention fictive de septième édition, mais c'est en réalité la seconde.

1390. — Notre-Dame de Paris. *Paris, Renduel*, 1836, in-8, front. fig. mar. citron, fil. or et à fr. tr. dor. (*Boutigny.*)

Première édition illustrée contenant les figures de Louis Boulanger, Alfred et Tony Johannot, Raffet, Roger et Rouargue.
Taches d'humidité.

1391. — Notre-Dame de Paris, édition illustrée d'après les dessins de MM. E. de Beaumont, L. Boulanger, Daubigny, T. Johannot, de Lemud, Meissonier, C. Roqueplan, de Rudder, Steinheil, gravés par les artistes les plus distingués. *Paris, Perrotin, Garnier*, 1844, gr. in-8, titre frontispice, fig. vign. fleurons, cart. toile verte. (*Cartonnage de l'éditeur.*)

1392. — Les Orientales. Les Feuilles d'automne. Édition elzevirienne, ornements par E. Froment. *Paris, J. Hetzel*, 1869, 2 vol. in-16, br.

Exemplaires sur papier de Chine, rare.

1393. Hurtrel (Mme Alice). Les Amours de Catherine de Bourbon sœur du roi et du comte de Soissons. *Paris, Georges Hurtrel (Impr. P. Mouillot)*, s. d. in-18, papier de Hollande, fig. de Lalauze, br. couverture et carton.

1394. Huysmans (J. K.). Croquis parisiens. Eaux-fortes de Forain et Raffaelli. *Paris, H. Vaton*, 1880, in-8, papier vergé, 10 fig. hors texte, br.

1395. Illustration (l'). *Paris, J.-J. Dubochet*, 1843 à 1861, 38 tomes en 19 vol. in-fol. fig. demi-rel. bas. bleue.

Collection complète jusqu'en 1861.

1396. Imbert. Les Bienfaits du sommeil ou les Quatre Rêves accomplis, poème en quatre chants orné de gravures par Moreau le jeune. *Paris, J. Lemonnyer*, 1883, pet. in-8, fig. br. couverture.

Exemplaire sur papier du Japon, figures en triple état.

1397. — Fables nouvelles. *Amsterdam, Paris, chez Delalain*, 1773, 2 parties en 1 vol. in-8, front. fig. vign. de Moreau, v. f. ant. dos orné, fil.

1398. Imitation (l') de Jésus-Christ mise en vers par M. Corneille, nouvelle édition augmentée des autres poésies spirituelles du mesme auteur. *Nancy, de l'imprimerie d'Abel Denys Cusson*, 1745, in-4, fig. de Fonbonne, v. ant. granit.

1399. Imitation de Jésus-Christ, traduction de M. l'abbé Dassance, illustrée par MM. Tony Johannot et Cavelier. *Paris, L. Curmer*, 1836, gr.
in-8, fig. chag. noir, fil. tr. dor.

> Premier tirage.

1400. — de Jésus Christ, traduction nouvelle avec des réflexions à la
fin de chaque chapitre par M. l'abbé F. de Lamennais, nouvelle
édition ornée de vignettes. *Paris, Garnier frères*, 1855, in-8, fig. br.

> Exemplaire numéroté sur papier de Hollande avec la suite sur chine des
> 4 figures de Johannot de l'édition de 1836.

1401. — de N.-S. Jésus-Christ, traduction nouvelle d'après un
manuscrit inédit de 1440 de M. l'abbé Delaunay. *Paris, Curmer*,
1864, 2 vol. pet. in-8, front. fig. br.

1402. — Les Quatre Livres de l'imitation de Jésus-Christ, traduction de
Michel de Marillac publiée par les soins de D. Jouaust. Préface par
M. E. Caro, dessins hors texte par Henri Lévy gravés à l'eau-forte
par Waltner, ornements par H. Giacomelli. *Paris, Librairie des bibliophiles*, 1875, in-8, papier de Hollande, fig. br.

1403. — de Jésus-Christ, traduction de Michel de Marillac, précédée
d'une préface par Louis Veuillot. *Paris, Glady fr. (Impr. Alcan
Lévy)*, 1876, in-8, fig. et portr. d'après P. Delaroche, Garnier, Chifflart, Delaunay, etc. br.

> Exemplaire sur papier de Hollande, épreuves avant la lettre.

1404. — de Jésus-Christ, traduction de Michel de Marillac. Compositions par J.-P. Laurens, gravées à l'eau-forte par Léopold Flameng.
Paris, A. Quantin, 1878, in-8, papier Turkey mill, fig. br.

1405. Inchbald (Mistress). Simple Histoire. *Paris, Louis*, 1793, 4 tomes
en 2 vol. in-12, fig. mar. vert, dos orné, comp. fil. tr. dor. (*Vogel.*)

1406. Janin (J.). Œuvres diverses publiées sous la direction de M. Albert de La Fizelière. *Paris, Librairie des bibliophiles*, 1876-1883, 17 vol.
in-12, br.

> L'Ane mort et la femme guillotinée. — Mélanges et variétés, 2 vol. — Contes
> et nouvelles, 2 vol. — Critique dramatique, 4 vol. — Correspondance. — Bar-
> nave, 2 vol. — Deburau. — Petits Romans, petits mélanges, petits contes,
> petite critique, 4 vol.
> Exemplaires numérotés sur papier de Hollande.

1407. — L'Ane mort, édition illustrée, par Tony Johannot. *Paris,
Ernest Bourdin*, 1842, in-8, portr. front. fig. vign. demi-rel. v. vert,
tr. marb.

> Premier tirage.
> Taches d'humidité.

1408. — Rachel et la Tragédie, ouvrage orné de dix photographies —

représentant Mlle Rachel dans ses principaux rôles. *Paris, Amyot*, 1859, gr. in-8, br.

<blockquote>
Exemplaire sur GRAND PAPIER VÉLIN, tiré in-4, et provenant de la bibliothèque de l'auteur.

Les figures manquent ; on a ajouté un exemplaire de la même édition avec les photographies.
</blockquote>

1409. JOUJOU (le) des demoiselles, avec de nouvelles gravures. *S. l. n. d.* in-8, titre gravé front. d'Eisen, vign. à mi-pages, dérel.

<blockquote>
Exemplaire incomplet de deux vignettes.
</blockquote>

1410. JOURNAL AMUSANT. *Paris*, 1856-1886, 26 vol. in-fol. fig. demi-rel. et cart.

<blockquote>
Années 1856 à 1859 ; janvier à avril 1860, 1864 à 1886.

Les années 1860, 1882 à 1886 sont en feuilles.
</blockquote>

1411. JOURNAL POUR RIRE. *Paris*, 1848-55, 6 vol. in-fol. fig. noires, demi-rel. bas. — Petit Journal pour rire. N° 1 à 671 ; nouvelle série n° 1 à 313 ; troisième série n° 1 à 561. *Paris, s. d.* 26 vol. in-8, fig. noires et coloriées, demi-rel. et cart. (200 numéros sont en feuilles). — Ens. 32 vol.

1412. JUVENALIS (J,). et A Persii Satiræ. *Lugduni, apud Antonium Gryphium*, 1567, in-16, car. ital. mar. viol. comp. à froid, tr. dor.

1413. LA BEDOLLIÈRE (Émile de). Les Industriels, métiers et professions de France, avec cent dessins par Henry Monnier. *Paris, Mme Vve Louis Janet*, 1842, in-8, fig. demi-rel. chag. viol.

1414. — Le Nouveau Paris. Histoire de ses 20 arrondissements, illustrations de Gustave Doré, cartes topographiques de Desbuissons. — Histoire des environs de Paris, du nouveau Paris, illustrations de Gustave Doré, cartes topographiques, par Ehrard. *Paris, G. Barba*, s. d. 2 vol. gr. in-8, fig. et cartes, demi-rel. chag. viol.

1415. LA BRUYÈRE. Les Caractères ou les mœurs de ce siècle, précédés des caractères de Théophraste, traduits du grec. Texte revu sur la neuvième édition originale de 1696 avec une notice et des notes, par Ch. Asselineau. *Paris, Alph. Lemerre*, 1871, 2 vol. in-8, portrait, br.

1416. LA CHAU (l'abbé de). Dissertation sur les attributs de Vénus. *Paris, imprimerie de Prault*, 1776, in-4, front. fig. cul-de-lampe, br.

1417. LACROIX (Fr.). Les Mystères de la Russie, Tableau moral de l'Empire Russe. *Paris, Pagnerre*, 1845, gr. in-8, fig. demi-rel. mar. citron avec coins.

<blockquote>
Exemplaire provenant de la bibliothèque de M. le comte de SAINT-MAURIS ; on y a ajouté 43 portraits.
</blockquote>

1418. LA FAYETTE (comtesse de). Mémoires de Hollande, histoire particulière en forme de roman. Quatrième édition revue par J.-P.-A.

Parison et publiée avec des notes par A. T. Barbier. *Paris, Techener*, 1856, in-16, portr. fac-similé, musique gravée, chag. La Vall. dent. int. tr. r. parsemées d'étoiles dor.

1419. LA FONTAINE. OEuvres complètes, précédées d'une notice par M. Auger de l'Académie française. *Paris, Delonchamps*, 1826, in-8 à 2 col. fig. demi-rel. chag. noir, dos orné, non rog.

> Jolie édition compacte sortie des presses de Jules Didot aîné, et ornée d'une vignette-portrait sur le titre et de 25 en-têtes avec encadrements gravés sur bois.
> On a ajouté à cet exemplaire : 1 portrait par Bertonnier d'après Rigaud ; la *Maison de la Fontaine* à Chateau-Thierry, par Guenepin gravée par Lemaître ; 1 fac-similé de l'écriture ; 58 figures in-18, dont 2 avec cadre, par Ransonnette pour les *Fables*, et 75 figures in-18, dont quelques-unes avec cadre, par Desenne, Dugourc, Aubry, Chasselat, Colin, gravées par Simonet, Delignon, Goulas, Pourvoyeur, Bosq, Courbé, Pigeot, Godefroy, Forsell, Delompré, Lemaître, Gautier, Adam, etc. pour les *Contes* (67), le *Théâtre* (3), les *Amours de Psyché* (5).

1420. — OEuvres complètes. Nouvelle édition, très soigneusement revue sur les textes originaux et précédée d'une étude sur la vie et les ouvrages de La Fontaine par Louis Moland, vignettes en taille-douce gravées par les meilleurs artistes d'après les dessins de Staal. *Paris, Garnier frères*, 1877, gr. in-8, à 2 col. portr. et fig. br.

> Un des 25 exemplaires sur GRAND PAPIER DE HOLLANDE avec les figures AVANT LA LETTRE.

1421. — OEuvres d'après les textes originaux suivies d'une notice sur sa vie et ses ouvrages, d'une étude bibliographique, de notes, de variantes et d'un glossaire par Alph. Pauly. *Paris, Alph. Lemerre*, 1879-1884, 6 vol. in-8, br.

> Fables, 2 vol. — Contes, 2 vol. — Théâtre et poésies, 2 vol.

1422. — Les Amours de Psyché et de Cupidon avec le poème d'Adonis, édition ornée de figures dessinées par Moreau le jeune et gravées sous sa direction. *A Paris, chez Saugrain et Didot*, an V, 1797, 2 vol. in-18, portr. fig. v. f. ant. fil. tr. dor. (*Derome.*)

> Bel exemplaire en PAPIER VÉLIN.

1423. — Les Amours de Psyché et de Cupidon, avec le poème d'Adonis, édition ornée de figures dessinées par Moreau le jeune, et gravées sous sa direction. *Paris, Saugrain*, 1797, 2 vol. in-18, fig. cart. non rog.

> Exemplaire en PAPIER VÉLIN.

1424. — Contes et Nouvelles en vers. *A Amsterdam (Paris, David)*, 1745, 2 vol. in-8, fig. v. ant. marb.

> Édition ornée de : 1 frontispice par Le Bas ; 2 fleurons de titres différents à chaque volume ; 1 en-tête *La Fontaine écrivant* ; et 69 vignettes à mi-pages, non signées (par Cochin, gravées par Chedel, Fessard et Ravenet).

1425. — Contes et Nouvelles en vers. *A Amsterdam*, 1762, 2 vol. in-8, fig. mar. r. (*Rel. anc.*)

> Édition dite des *Fermiers généraux*, ornée de : 1 portrait de La Fontaine gravé

par Ficquet d'après Rigault ; 1 portrait d'Eisen gravé par Ficquet d'après Vispré ; 1 portrait de Choffard en cul-de-lampe à la fin du tome II, gravé par lui-
même ; 2 fleurons de titre, 2 vignettes en-têtes de pages et 53 culs-de-lampe par
Choffard ; 79 figures par Eisen.

Le portrait de Choffard en cul-de-lampe est AVANT LES TAILLES autour du médaillon.

Exemplaire dérelié.

1426. LA FONTAINE. Contes et Nouvelles en vers. *A Paris,* (pour le
tome Ier) *chez Chalon, l'an 2e de la Liberté;* (pour le tome II) *chez Plassan et Chevalier,* 1792, 2 vol. in-8, fig. brochés, non rognés.

Réimpression de l'édition des *Fermiers généraux* de 1762, ornée de : 1 portrait
de La Fontaine par Ficquet d'après Rigault ; 1 portrait d'Eisen par Ficquet d'a-
près Vispré ; le portrait de Choffard en médaillon dans un cul-de-lampe à la fin
du tome II ; 2 en-têtes, 1 fleuron sur le titre du tome II et 54 culs-de-lampe par
Choffard; 83 figures par Eisen.
Exemplaire incomplet du f. 257-258 de la *Dissertation sur Joconde* (Tome Ier).

1427. — Contes et Nouvelles en vers. *Paris, F. Didot l'aîné, an III,*
1795, 2 vol. in-18, portr. mar. viol. à long grain, dos orné, fil.
dent. à froid, tr. dor. (*Thouvenin.*)

Exemplaire en grand GRAND PAPIER VÉLIN auquel on a ajouté la suite des figu-
res de Desenne gravées par Couché, Forssell, Bovinet, etc. en deux états : AVANT
LA LETTRE et avec la lettre ; et la suite des figures de Duplessis-Bertaux AVANT LA
LETTRE, dont 9 figures sont en double.

1428. — Contes et Nouvelles. Nouvelle édition ornée de vignettes.
Paris, A. Braulart, 1835, 2 tomes en 1 vol. in-8, portr. titre gravé,
fig. de Champion, E. André, Ducornet, demi-rel. chag. viol.

4 planches : pour *Joconde, le Muletier, Diable de Papefiguière,* et *les Lunettes,*
manquent.
On a ajouté les portraits de : Boccace, Arioste, Machiavel et 2 figures pour
les *Troqueurs* et le *Cas de conscience.*

1429. — Contes et Nouvelles. Édition illustrée par MM. Tony Johannot, Cam. Roqueplan, Devéria, C. Boulanger, etc. *Paris, Arm.
Aubré, s. d.* gr. in-8, fig. demi-rel. mar. citron avec coins, dos orné,
fil. tête dor.

1430. — Contes et Nouvelles en vers. *Lyon, N. Scheuring (Impr. Alf.
Louis Perrin et Marinet),* 1874-1875, 2 vol. in-8, portr. fig. et vignettes, br.

Exemplaire sur PAPIER DE HOLLANDE, tiré à petit nombre.

1431. — Fables choisies, mises en vers. *A Amsterdam, chez Daniel de
la Feuille,* 1693, 5 parties en 1 vol. pet. in-8, fig. à mi-pages de Van
de Vianen, vélin, tr. dor.

Édition rare. Elle a bien 12 livres, mais la division est autre que celle des
éditions ordinaires. La 5e partie contient des fables placées à tort sous le nom
de La Fontaine et que ne donnent pas les autres éditions. Les figures en très
bonnes épreuves ont été reproduites dans des éditions postérieures (notamment
en 1700, 1727, 1728), sous la signature Henri Causse et peuvent être consi-
dérées comme étant la première illustration des Fables de La Fontaine.

1432. La Fontaine. Fables avec de [nouvelles gravures (266) executées — *20 – "*
en relief. *A Paris, chez Ant.-Aug. Renouard* 1811, 2 vol. in-12,
demi-rel. mar. r. avec coins, tr. marb. (*Ve Niedrée.*)

Exemplaire en papier vélin, ces figures n'ont pas été rééditées.

1433. — Fables publiées par D. Jouaust avec une introduction par — *50 – "*
Saint-René Taillandier, ornées de douze dessins originaux de Bodmer, J. L. Brown, F. Daubigny, Detaille, Gérome, L. Leloir, Em.
Lévy, Henri Lévy, Millet, Ph. Rousseau, Alf. Stevens, J. Worms,
portrait gravé par Flameng. *Paris, Librairie des bibliophiles*, 1873,
2 vol. gr. in-8, fig. br. couvertures.

Édition dite : des *Douze peintres*.
Exemplaire numéroté sur grand papier vergé avec une double suite des
figures avant la lettre.

1434. — Fables, publiécs d'après les textes originaux avec la vie de — *2 – fo*
l'auteur par Perrault, son éloge par Chamfort, des notes, un glossaire, etc. *Paris, Charavay fr.* 1881, 2 vol. in-16, papier de Hollande, portrait, br. couvertures illustrées.

1435. — Fables. Édition illustrée de 75 planches à l'eau-forte par *34 – "*
A. Delierre. *Paris, A. Quantin,* 1883, 2 vol. in-8, en 13 fascicules.

Magnifique édition d'amateur, format grand in-8, tirée à petit nombre et imprimée sur papier à la cuve, fabriqué spécialement pour cet ouvrage.

1436. — Fables publiées par D. Jouaust, avec l'éloge de La Fontaine, *37 – "*
par Chamfort, dessins d'Émile Adan, 2 vol. — Contes, publiés par
D. Jouaust, avec une préface de Paul Lacroix, dessins d'Ed. de
Beaumont, 2 vol. *Paris, Librairie des bibliophiles*, 1885, 4 vol. in-16,
portr. fig. br.

1437. — Théâtre. *Paris, Stéréotypie de Herhan, Ant.-Aug. Renouard,* — *5 – "*
an XII (1804), in-12, v. f. dos orné, dent. tr. dor. (*Bozérian.*)

Exemplaire en papier vélin fort.

1438. La Harpe. Tangu et Felime, poëme en IV chants. *Paris, chez* — *37 – "*
Pissot, s. d. in-8, front. fig. de Marillier, broché. *M. Double 14 – r*

Rare dans cette condition.

1439. Lamartine. Œuvres poétiques, 6 vol. — Graziella. — Raphael. — *68 – "*
— Le Tailleur de pierres de Saint-Point. *Paris, Furne, Pagnerre,*
Hachette, 1875-82, 9 vol. pet. in-8, en-têtes, culs-de-lampe, br.

1440. — Histoire des Girondins. *Paris, Furne et Coquebert*, 1847, 8 vol. — *16 – "*
in-8, br.

Édition originale.

1441. La Mennais (de). Paroles d'un croyant, 1833. *Paris, Eugène Ren-* — *20 – "*
duel, 1834, in-8, portrait demi-rel. v. r.

Édition originale à laquelle on a joint une lettre autographe signée de l'auteur, 2 pages in-8. On a ajouté à cet exemplaire : Lettre encyclique (contre le

livre Paroles d'un croyant) de notre Saint-Père le pape Grégoire XVI à tous les patriarches... du 25 juin 1834 (texte latin et français). *Paris Ad. Leclere* 1834. — Considérations sur le système philosophique de M. de La Mennais par M. l'abbé Henri Lacordaire *Paris, Derivaux*, 1834. — Contre Paroles d'un croyant, 1834, par Elzéar Ortolan. *Paris Gouas. s. d.*

1442. LA MOTTE (de). Fables nouvelles avec un discours sur la fable. *Amsterdam, Wetstein,* 1727, 2 tomes en 1 vol. in-8, front. de Coypel, fig. vél. dos orné, dent. non rog.

Belles épreuves de figures.

1443. LARCHER. La Femme jugée par les grands écrivains des deux sexes. *Paris, Garnier, s. d.* gr. in-8, 21 fig. de Staal, gravées sur acier, en 40 livraisons.

1444. LAUZUN. Mémoires. Édition complète précédée d'une étude sur Lauzun et ses mémoires par Georges d'Heylli, eaux-fortes de Malval. *Paris, Ed. Rouveyre (Darantière impr. à Dijon),* 1880, pet. in-8, papier vergé, fig. br. couverture illustrée.

1445. LA VIGNE (David de). Spiegel om wel te Sterven aanwyzende met Beeltenissen van het Lyden onses Zaligmaakers Jesu Christi... *Amsterdam, Joannes Stichter,* 1694, in-4, fig. de Romain de Hooghe, vél.

C'est la manière de se bien préparer à la mort représentée en figures. Les estampes au nombre de 42 dont 39 numérotées sont ici en premières épreuves, elles ont été copiées pour l'ouvrage français publié par Chertablon en 1700.

Il n'y a pas d'autre texte que l'explication des figures, gravée sur 9 planches à la fin du volume.

1446. LEAR (Fanny). Le Roman d'une Américaine en Russie. *Bruxelles, A. Lacroix,* 1875, in-12, demi-rel. v. bleu, non rog.

Photographies de l'auteur ajoutées.

1447. LEGOUVÉ (G.). OEuvres complètes. *Paris, Janet,* 1826, 3 vol. gr. in-8, fig. demi-rel. chag. violet avec coins, dos orné, tête dor. ébarbé. (*Kœhler.*)

Belle édition ornée de 1 portrait, par Chasselat, gravé par Bertonnier et de 6 figures gr. in-8 par Desenne, épreuves AVANT LA LETTRE, plus 1 EAU-FORTE. Bel exemplaire en GRAND PAPIER VÉLIN auquel on a ajouté : 9 figures in-8 par Moreau, la plupart tirées des œuvres de Gessner, épreuves AVANT LA LETTRE; 3 figures gr. in-8 par Moreau et Le Barbier, épreuves AVANT LA LETTRE; 3 figures gr. in-8 par Devéria, épreuves AVANT LA LETTRE; 1 figure par Marillier; 1 figure par Eisen; 3 jolies figures gr. in-8 par Girodet, gravées par Roger, épreuves AVANT LA LETTRE; 1 figure par T. Johannot gravée par Lecomte, AVANT LA LETTRE, et 3 figures anglaises, etc.

1448. — Le Mérite des femmes, précédé d'une notice par M. Ernest Legouvé. *Paris, Laisné,* 1864, in-12, fig. de Staal, vign. culs-de-lampe, chag. bleu, dos orné, large dent. sur les plats, dent. int. gardes en moire r. tr. dor.

1449. LEGRAND D'AUSSY. Fabliaux ou Contes, fables et Romans des XII⁰ et XIII⁰ siècles, traduits ou extraits. Troisième Edition. *Paris Renouard,* 1829, 5 vol. in-8, fig. de Moreau, br.

1450. LEMERCIER DE NEUVILLE (L.). Théâtre des Pupazzi. *Lyon, N. Scheuring*, 1876, in-8, papier vergé teinté, vignettes gravées à l'eau-forte, br. couverture illustrée.

1451. LE NOBLE (Alex.). La Rapinéide ou l'atelier, poëme burlesco-comico-tragique en 7 chants. *Paris, Barraud*, 1870, pet. in-8 eaux-fortes, br.

> Exemplaire numeroté sur PAPIER VERGÉ; 7 figures hors texte et 47 vignettes.

1452. LÉONARD. Le Temple de Gnide, poème imité de Montesquieu. Nouvelle édition ornée de figures en taille-douce, et augmentée de l'Amour vengé. *Paris, Merigot*, 1776, front. fig. de Desrais. — MONVEL. Frédégonde et Brunehaut, roman historique. *Paris, Vve Duchesne*, 1775, front. de Bertaux. — Ens. 2 ouvrages en 1 vol. in-8, v. ant. marb.

1453. LE SAGE. Le Diable boiteux, illustré par Tony Johannot précédé d'une notice sur Le Sage, par M. Jules Janin. *Paris, Ernest Bourdin*, 1840, gr. in-8, demi-rel. v. br.

> PREMIER TIRAGE. Taches d'humidité.

1454. — Le Diable boiteux avec une préface par H. Reynald, gravures à l'eau-forte par Ad. Lalauze. *Paris, Librairie des bibliophiles*, 1880, 2 vol. pet. in-8, fig. br. couvertures.

> Exemplaire numéroté sur GRAND PAPIER DE HOLLANDE.

1455. — Histoire de Gil Blas de Santillane, vignettes par Jean Gigoux. *Paris, Paulin*, 1835, in-8, fig. v. olive, fil. tr. dor.

> PREMIER TIRAGE.

1456. — Histoire de Gil Blas de Santillane avec les principales remarques des divers annotateurs, précédée d'une notice par M. Sainte-Beuve. *Paris, Garnier*, 1864, 2 vol. in-8, br.
> Exemplaire sur PAPIER DE HOLLANDE.

1457. — Histoire de Gil Blas de Santillane, précédée d'une préface par M. Reynald. Treize eaux-fortes par R. de Los Rios. *Paris, Librairie des bibliophiles*, 1879, 4 vol. pet. in-8, fig. br. couvertures.

> Exemplaire numéroté sur GRAND PAPIER DE HOLLANDE.

1458. — Histoire de Gil Blas de Santillane, précédée d'une préface par H. Reynald, treize eaux-fortes par R. de Los Rios, 4 vol. — Le Diable boiteux, avec une préface par H. Reynald, gravures à l'eau-forte par Ad. Lalauze, 2 vol. *Paris, Librairie des bibliophiles*, 1879-80. — Ens. 6 vol. in-16, fig. br.

1459. — et PRÉVOST. Œuvres précédées des Éloges de Le Sage, par MM. Malitourne et Patin. *A Paris, chez Boúlland-Tardieu*, 1823, 53 vol. in-8, fig. demi-rel. v. br.

> Le Sage 16 vol. Prevost 37 vol.

2 - « 1460. LIVII (Titi) Patavini historiarum libri. *Venetiis, apud M. H. Fr. Baba*, 1659, in-12 à 2 col. titre gravé, cuir de Russie, dent à froid.

Raccommodages à plusieurs feuillets.

61 - « 1461. LONGUS. Les Amours pastorales de Daphnis et de Chloé, double traduction du grec en françois, de M. Amiot et d'un anonime, et ornées des estampes originales du fameux B. Audran, gravées aux dépens du feu duc d'Orléans. *Paris*, 1757, in-4, front. fig. cul-de-lampe, vign. texte encadré, v. f. ant. dos orné, fil. tr. dor.

6 - 1462. — Les Pastorales, ou Daphnis et Chloé, traduction de Jacques Amyot, revue par P.-L. Courier, introduction par M. Henri Houssaye, figures de Prudhon et vignettes d'Eisen. *Paris, Maury, s. d.* in-4, fig. br.

6 - « 1463. — Daphnis et Chloé, traduction d'Amyot, revue et complétée par P.-L. Courier. *Rouen, J. Lemonnyer*, 1878, in-8, papier vélin, fig. d'après Prudhon, Gérard, Eisen, br.

14 - 1464. LORENTZ. Polichinelle, ex-roi de marionnettes, devenu philosophe. *Paris, Villermy*, 1848, in-8, fig. cart.

Curieuses figures sur bois. Volume rare.

440 - « 1465. LOUVET DE COUVRAY. Les Amours du chevalier de Faublas. A *Paris, chez Amb. Tardieu*, 1825, 4 vol. in-8, portr. et fig. demi-rel. mar. bleu jans. avec coins, tête dor. non rog.

Exemplaire en PAPIER VÉLIN avec la suite des 8 figures de Colin, gravées par Tardieu et Adam en trois états : avec la lettre, AVANT LA LETTRE et EAUX-FORTES.
On y a ajouté :
1. La suite des 27 figures de Monnet, Monsiau, Marillier, Mlle Gérard, etc.
2. Une suite de 47 figures sur bois, épreuves sur CHINE VOLANT.
3. La suite des figures de Devéria en deux états : AVANT LA LETTRE et EAUX FORTES.
4. 4 figures in-18 de Tardieu, 3 figures de Chaillou, 8 figures de Huot, etc.
Bel exemplaire contenant environ 174 pièces y compris celles de l'édition, toutes montées sur onglets.

48 - « 1466. — Les Amours du chevalier de Faublas, avec une préface, par Hippolyte Fournier, dessins de Paul Avril, gravés à l'eau-forte par Monziès. *Paris, Librairie des bibliophiles*, 1884, 5 vol. pet. in-8, fig. br. couvertures.

Exemplaire numéroté sur GRAND PAPIER DE HOLLANDE.

5 - « 1467. LUCRETII Cari (Titi) De Rerum Natura, libri sex. *Lutetiæ Parisiorum, Coustelier*, 1744, in-12, front. fig. de Duflos, têtes de chapitres, mar. vert, dos orné, tr. dor. (*Rel. anc.*)

405 - « 1468. — Di Tito Lucrezio Caro della natura delle cose libri sei tradotti dal latino in italiano da Alessandro Marchetti. *In Amsterdamo*, 1754, 2 vol. in-8, papier de Hollande, figures et vignettes de Cochin, mar. vert, dos orné, large dent. tr. dor. (*Derome.*)

Bel exemplaire, reliure dite : *à l'oiseau.*

1469. LURINE (Louis) et Alph. BROT. Les Couvents illustrés par
MM. Tony Johannot, Baron, Français et Célestin Nanteuil. *Paris,
J. Mallet et Cie*, 1846, in-8. front. fig. vign. br. couverture.

1470. MAGASIN D'ÉDUCATION et de récréation, publié par Jean Macé,
P.-J. Stahl, J. Verne, etc. *Paris, J. Hetzel*, 1864-1884, 37 tomes
en 17 vol. gr. in-8, fig. demi-rel. bas. non uniforme et 4 vol. gr.
in-8, br. — Ens. 21 vol.

1471. MAGASIN PITTORESQUE, rédigé sous la direction de MM. Euryale
Cazeaux et Ed. Charton. *Paris*, 1833 à 1871, 37 vol. gr. in-8 à 2 col.
fig. demi-rel. bas. r.

> Collection complète jusqu'en 1871.
> Exemplaire du PREMIER TIRAGE.

1472. MAGNY (Olivier de). Les Odes, avec une introduction de M. P.
Blanchemain. *Lyon, N. Scheuring*, 1876, pet. in-8, papier vélin
teinté, br.

1473. MAISTRE (Xavier de). Voyage autour de ma chambre suivi de
l'expédition nocturne, préface par Jules Claretie, six eaux-fortes,
par Hédouin. *Paris, Librairie des bibliophiles*, 1877, in-16, portr.
fig. br.

1474. MALFILATRE. Narcisse dans l'isle de Vénus, poëme en IV chants,
titre gravé d'Eisen et fig. de Saint-Aubin. — Le Jugement de Paris,
poëme en IV chants par Imbert, titre gravé et fig. de Moreau. *Paris,
chez Chaignieau*, 1797. — Ens. 2 ouvrages en 1 vol. in-12, v. ol. dos
orné, fil. tr. dor. (*Hering et Muller.*)

1475. — Narcisse dans l'isle de Venus, poëme. *Paris Imprimerie de
H. Perronneau, s. d.* in-12, front. titre gravé, fig. de Chasselat, cart.
non rog.

> Exemplaire avec la suite des six figures en deux états : AVANT LA LETTRE, et
> EAUX-FORTES.

1476. MALHERBE. Poésies rangées par ordre chronologique, avec la vie
de l'auteur, et de courtes notes. *Paris, Barbou,* 1764, in-8, portr. v.
f. dos orné, fil. tr. dor.

1477. MANNE (de) et C. MENETRIER. Galerie historique de la Comédie
française depuis le commencement du siècle jusqu'à l'année 1853,
ornée de portraits gravés à l'eau-forte par M. Fugère. *Lyon,
N. Scheuring*, 1876, in-8, papier vergé teinté, portr. br.

1478. — Galerie historique des acteurs français, mimes et paradistes
qui se sont rendus célèbres dans les annales des scènes secon-
daires depuis 1760 jusqu'à nos jours. Ornée de portraits gravés à
l'eau-forte par J.-M. Fugère. *Lyon, N. Scheuring*, 1877, in-8, papier
vergé teinté, portr. br.

1479. MARGUERITE DE NAVARRE. Heptaméron français. Les Nouvelles de Marguerite, reine de Navarre. *Berne, chez la Nouvelle Société typographique*, 1780-1781, 3 vol. in-8, papier de Hollande, front. figures vignettes et culs-de-lampe par Freudenberg et Dunker, v. éc. dent. tr. dor.

Bonnes épreuves du PREMIER TIRAGE.

1480. — Contes et Nouvelles, mis en beau langage accommodé au goût de ce temps, et enrichis de figures en taille-douce. *Amsterdam, chez George Gallet*, 1700, 2 vol. in-8, front. fig. v. f. ant. dos orné.

Exemplaire aux armes du Duc de RICHELIEU.

1481. — Les Sept Journées de la reine de Navarre, suivies de la huitième (édition de Claude Gruget, 1559), notice et notes par Paul Lacroix, planches à l'eau-forte par Flameng. *Paris, Librairie des bibliophiles*, 1872, 8 vol. in-16, portr. fig. br.

1482. — L'Heptameron, avec une introduction, un index et des notes par Félix Frank, orné d'un portrait de la reine et de douze dessins de Sahib, gravés sur bois par A. Prunaire. *Paris. Isid. Liseux*, 1879, 3 vol. in-18, br.

1483. — L'Heptaméron. Publié sur les manuscrits par les soins et avec les notes de MM. Le Roux de Lincy et Anatole de Montaiglon. *Paris, Aug. Eudes*, 1880, 4 tomes en 8 vol. in-8, fig. br.

Exemplaire remonté sur GRAND PAPIER VAN GELDER, avec la suite des figures hors texte de Freudenberg et des vignettes de Dunker, en trois états : noires, bistres et sanguinés.

1484. — Les Marguerites de la Marguerite des princesses, texte de l'édition de 1547, publié avec introduction, notes et glossaire par Félix Frank et accompagné de la reproduction des gravures sur bois de l'original. *Paris, Librairie des bibliophiles*. 1873, 4 vol. in-16, portr. vign. br.

1485. MARMONTEL. La Neuvaine de Cythère avec notice par M. Ch. Monselet, illustrée du portrait de l'auteur et de neuf vignettes dessinées par Fesquet. *Paris, A. Barraud*, 1879. in-8, portr. fig. br.

Exemplaire sur GRAND PAPIER VERGÉ raisin.

1486. MAROT (Clément). OEuvres. Édition Georges Guiffrey. *Paris, Morgand et Fatout (impr. J. Claye)*, s. d. 2 vol. in-8, papier de Hollande, vignettes gravées sur bois, br.

Tomes II et III seuls parus.

1487. MARTIAL de Paris dit d'Auvergne. Aresta amorum LI. Accuratissimis Benedicti Curtij Symphoriani commentarijs ad utriusq... *Apud Seb. Gryphium, Lugduni*, 1546, in-8, mar. vert, dent. int. tr. dor.

Edition estimée.

1488. MARTIAL de Paris. Aresta Amorum |LII accuratissimis ad utriùs — *A -* ·
que juris rationem forensiumque actionum usum quam acutissime
accomodata. *Parisiis, apud Joannem Ruellium,* 1566, in-16, mar.
bleu, dos orné, fil. tr. dor. (*Koehler.*)

Le 53me arret (des Femmes à l'encontre de leurs maris) se trouve à la fin du
volume.

1489. MECHEL. Le Triomphe de la mort gravé d'après les dessins ori- — *6 -* ·
ginaux de Holbein par Chretien de Mechel, graveur à Bâle, 1780.
Paris, Baillieu, s. d. in-8, fig. br.

Réimpression de l'édition de 1780 avec les explications en français.
Exemplaire sur GRAND PAPIER VERGÉ.

1490. MEIBOMIUS (J. H.). De la Flagellation dans la médecine et dans les — *14 -* ·
plaisirs de l'amour. *Paris, Mercier,* 1800, front. — Lucine affranchie
des lois du concours, et le plaisir sans peine (trad. de l'anglais
d'Abr. Johnson de John Hill) par Mercier de Compiègne. *Paris,
Favre, an VII,* front. — Venus la populaire, ou apologie des maisons
de joie (attribué à Mandeville, traduit de l'anglais par Mercier).
Paris, Mercier. s. d. — La Cacomonade ou histoire politique et philosophique du mal de Naples, par Simon Nicolas Henri Linguet.
Cologne, 1766, *Paris,* 1797, front. — Ens. 4 ouvrages en 1 vol. in-12,
demi-rel. mar. r. avec coins, tête dor. (*Duru.*)

1491. MENAGII (Æg.) Poëmata. Quarta editio auctior et emendatior. — *5 -* ·
Amstelodami, Ex officina Elzeviriana, 1663, in-12, mar. r. dent. int.
tr. dor. (*Petit, Sr de Simier.*)

Hauteur : 126 mill.

1492. MENDÈS (Catulle). Monstres parisiens. *Paris, chez tous les libraires* — *11 -* ·
(*Typ. A. Lahure*), 1883, 10 vol. in-18, papier de Hollande, car. elze-
viriens, eaux-fortes, br. couvertures illustrées. — Pour lire au bain,
avec cent cinquante-quatre dessins de Fernand Besnier. *Paris, E.
Dentu,* 1884, pet. in-8, fig. br. — Ens. 11 vol.

1493. MERCIER DE COMPIÈGNE. Éloge du sein des femmes. Quatrième — *4 -* ·
édition, revue, annotée et considérablement augmentée. *Paris, A.
Barraud,* 1873, in-8, vignettes, br.

Exemplaire numéroté sur PAPIER VÉLIN.

1494. MEURSIUS. Les Dialogues de Luisa Sigea, ou Satire sotadique — *24* ·
de Nicolas Chorier, prétendue écrite en espagnol par Luisa Sigea,
et traduite en latin par Jean Meursius. *Paris, Liseux,* 1881, 4 vol.
in-16, br.

1495. — Elegantiæ latini sermonis seu Aloisia Sigea Toletana de arca- — *13 -* ·
nis Amoris et Veneris adjunctis fragmentis quibusdam erotici. *Lugd.
Batavorum (Paris, Barbou),* 1774, 2 parties en 1 vol. in-8, front.
titre gravé, v. f. dos orné, fil. tr. dor.

1496. MILLE ET UN JOURS (les). Contes persans, turcs et chinois traduits par Petis de La Croix, Cordonne, Caylus, etc. augmentés de nouveaux contes traduits de l'arabe par M. Sainte-Croix Ajpot. *Paris, Pourrat, s. d.* in-8, vignettes, titre en couleur, br. couverture illustrée.

1497. MILLE ET UNE NUITS (les). Contes arabes traduits en français par Galland. Nouvelle édition revue accompagnée de notes, augmentée de plusieurs contes traduits pour la première fois et publiés par M. Ed. Gauttier. *Paris, J.-A.-S. Collin de Plancy,* 1822-1823, 7 vol. in-8, fig. demi-rel. mar. gris avec coins, tête dor. non rog.

Bel exemplaire en GRAND PAPIER, avec la suite des 21 figures de Chasselat en trois états : avec la lettre, AVANT LA LETTRE sur blanc et AVANT LA LETTRE sur CHINE.

On y a ajouté :

1. Seize figures de Marillier tirées du *Cabinet des Feés.*
2. Vingt figures de Devéria in-12, en trois états : avec la lettre, AVANT LA LETTRE sur blanc et sur CHINE.
3. Seize figures de Courtin, épreuves sur CHINE AVANT LA LETTRE.
4. Vingt figures de Devéria publiées pour les Mille et un jours, épreuves en deux états : EAUX-FORTES et AVANT LA LETTRE sur CHINE; une des figures porte la signature autographe de Devéria; une partie de cette suite est placée à la fin du dernier volume comme ne trouvant pas place dans l'ouvrage.
5. Sept figures de Potier en trois états : EAUX-FORTES, AVANT LA LETTRE sur blanc et sur CHINE.
6. Trente-deux figures sur bois et sur acier de l'édition Pourrat.
7. Vingt figures in-8 de Gavarni et Wattier publiées par Morizot.
8. Vingt-cinq figures gr. in-8 de Smirke dont neuf sont AVANT LA LETTRE.
9. Quatorze figures publiées par *Chapman, Cook,* etc.
10. Quinze figures de Corbould et de Stothard.
11. Vingt figures de Westall, épreuves sur chine AVANT LA LETTRE.
12. Trente figures sur bois de l'édition anglaise de Williams.
13. Vingt-deux gravures ou pièces détachées et DIX-NEUF DESSINS ORIGINAUX divers.

Ensemble environ 400 pièces montées sur onglets.

1498. — Contes arabes traduits par Galland. Edition illustrée. *Paris, Ern. Bourdin, s. d.* 3 vol. gr. in-8, fig. demi-rel. chag. vert.

Taches d'humidité.

1499. — Les Mille et une Nuits réimprimées sur l'édition originale avec une préface de Jules Janin, vingt et une eaux-fortes par Ad. Lalauze. *Paris, Librairie des bibliophiles,* 1881, 10 vol. in-16, fig. br.

1500. — Le même ouvrage, même édition, 10 vol. pet. in-8, fig. br.

Exemplaire numéroté sur GRAND PAPIER DE HOLLANDE.

1501. MILLEVOYE. Œuvres. Edition publiée avec des pièces nouvelles et des variantes par P. L. Jacob (Paul Lacroix), 7 eaux-fortes par Ad. Lalauze. *Paris, A. Quantin,* 1880, 3 vol. pet. in-8, papier vergé, fig. br.

1502. — L'Amour maternel, poème. *A Paris, chez Lefuel et Delaunay,* in-16, fig. mar. r. à long grain, dent. tr. dor.

Exemplaire en PAPIER VÉLIN.

1503. Milton (John). The poetical works from the text of D. Newton. To which are prefixed the life of the author. *London, Printed for C. Cooke* (1796), 2 tomes en 1 vol. in-12, fig. mar. r. à long grain, fil. tr. dor. (*Bozérian.*)

Premier tirage des figures de Cooke.

1504. — Paradise lost, a poem in twelve books. *London, Richter*, 1794, in-4, portr. fig. de Richter, v. ant. rac.

Reliure fatiguée. Taches d'humidité.

1505. — Paradise Lost, a poem. — Les Nuits d'Young, in-8, mar. olive, dent. tr. dor.

Recueil des 24 figures de Stothard et de Westall pour les *Œuvres de Milton*, London, John Sharpe, 1816, et des 10 figures de Westall, pour les *Nuits d'Young*, London, John Sharpe.
Premières épreuves de ces figures.

1506. Mirabeau. Erotika Biblion, édition revue et corrigée sur l'édition originale de 1783 et sur l'édition de l'an IX, avec les notes de l'édition de 1833, etc. *Bruxelles, Gay et Doucé*, 1881, pet. in-8, front. demi-rel. chag. La Vall.

Frontispice de Chauvet en double état; portrait de l'auteur ajouté.

1507. Molière. Œuvres. Nouvelle édition avec de très belles figures en taille-douce. *A Amsterdam et à Leipzig chez Arkstée et Merkus*, 1750, 4 vol. pet. in-12, portrait et 33 figures par Punt d'après Boucher, demi-rel. mar. r. avec coins, dos orné, tête dor. ébarbé.

1508. — Théâtre, orné de vignettes gravées à l'eau-forte d'après les compositions de différents artistes par Frédéric Hillemacher. *Lyon, N. Scheuring*, 1864-1870, 8 vol. in-8, papier vergé teinté, fig. br.

1509. — Théâtre complet, publié par D. Jouaust. Préface par M. D. Nisard, dessins de Louis Leloir gravés à l'eau-forte par Flameng. *Paris, Librairie des bibliophiles*, 1876-1883, 8 vol. in-8, fig. br.

1510. — Psyché, tragédie-ballet, orné de six planches hors texte et six culs-de-lampe gravés à l'eau-forte par Champollion et publié sous la direction de M. Em. Bocher. *Paris, Librairie des bibliophiles*, 1880, in-4, papier de Hollande, fig. br. couverture illustrée.

Tiré à 200 exemplaires, numérotés.

1511. — Le Tartufe, comédie en cinq actes et en vers. *Paris, Bauduoin fr.* (*Impr. Jules Didot aîné*), 1827, in-64, cuir de Russie, comp. tr. dor. (*Ledoux.*)

1512. Monde illustré (le). *Paris*, 1857-1865, 8 vol. in-fol. fig. demi-rel. bas.

Collection complète jusqu'en 1865.

1513. MONNIER (Ant.). Eaux-fortes et Rêves creux. Sonnets excentriques et poëmes étranges. — Eve et ses incarnations. Sonnets et eaux-fortes avec préface, par Tony Révillon. *Paris. L. Willem, 1873-1878, 2 vol. in-8, fig. br.*

1514. — Le Haschisch. contes en prose, sonnets et poëmes fantaisistes, illustrés de 30 eaux-fortes. *Paris. L. Willem, 1877, in-4, fig. br. couverture illustrée.*

Exemplaire numéroté sur PAPIER VÉLIN, avec les figures AVANT LA LETTRE.

1515. MONNIER (Henry). Les Bas-Fonds de la société. *Sur l'imprimé à Paris chez J. Claye, Amsterdam 1866, in-12, br.*

Incomplet du frontispice.

1516. — Les Bas-Fonds de la société avec 8 dessins à la plume de F. R. (Félicien Rops). *S. l. n. d. in-24, papier de Hollande, fig. à la sanguine, br.*

Edition minuscule tirée à 64 exemplaires.

1517. MONTESQUIEU. Œuvres avec les remarques des divers commentateurs et des notes inédites. Seule édition complète dirigée par M. Collin de Plancy. *Paris. Louis Duprat-Duverger, 1823, in-8, portrait, texte à 2 col. demi rel. v. rose, non rog. (Thouvenin.)*

Portrait AVANT LA LETTRE.

1518. — Le Temple de Gnide, non corrigé et augmenté. *Londres, s. d. (Paris Huart, 1742), in-8, front. vign. v. ant. marb. fil. tr. dor.*

On a ajouté un portrait de l'auteur gravé par Prévost.
Edition recherchée.
Exemplaire du marquis de BIÈVRE.

1519. — Le Temple de Gnide, mis en vers par M. Colardeau. *A Paris, chez Le Jay, s. d. 1773, in-8, titre gravé avec le portrait de Corneille en médaillon et figure de Monnet, v. f. ant. fil. tr. dor.*

Bel exemplaire avec les figures en 2 états : avec la lettre et AVANT LA LETTRE.

1520. — Le Temple de Gnide, suivi d'Arsace et d'Isménie. *Paris, de l'Imprimerie de P. Didot l'aîné, l'an IV, 1796, in-12, fig. de Regnault, mar. r. à long grain, dent. tr. dor.*

Exemplaire sur PAPIER VÉLIN.

1521. — Le Temple de Gnide suivi de Cephise et l'Amour, avec figures dessinées par Ch. Eisen gravées par Noël Le Mire, reproduites par Gillot et imprimées par Motteroz, texte original avec préface par le Bibliophile Jacob (P. Lacroix). *Paris, L. Willem, 1879-1880, in-8, fig. br. couverture.*

Exemplaire numéroté sur PAPIER VERGÉ DE HOLLANDE.

1522. — Le Temple de Gnide suivi d'Arsace et Isménie, nouvelle édition avec figures d'Eisen et de Le Barbier gravées par Le Mire. Préface par O. Uzanne. *Rouen, Lemonnyer,* 1881, gr. in-8, papier de Hollande, fig. br.

1523. MONTIFAUD (Marc de). Les Nouvelles drolatiques, 10 vol. — Entre Messe et Vêpres ou les Matinées au faubourg Saint-Germain, 7 vol. — Les Joyeuses Nouvelles, 10 vol. — Les Courtisanes de l'antiquité, 6 vol. (fascicules 1 à 6). — L'Abbesse du Paraclet, histoire galante d'Héloïse et d'Abailard, 3 vol. — Les Folles Journées, 5 vol. *Paris,* 1880-81, ens. 41 vol. in-18, eaux-fortes, br.

1524. MOORE (Thomas). Les Amours des anges et les Mélodies irlandaises, traduction de l'anglais par Mme Louise Sn. Belloc. *Paris, chez Chasseriau,* 1823, in-8, portr. v. bleu, dos orné, fil. tr. dor. (*Ledoux.*)

On a ajouté à cet exemplaire un frontispice et quatre figures de Westall de l'édition de *Londres, Longman,* 1823.

1525. — Lalla Rookh, an oriental romance. *London, Longman,* 1842, in-8, figures de Corbould, cart. fers spéciaux sur les plats.

PREMIER TIRAGE.

1526. MOREL (Vindé). Zelomir. *Paris, Imprimerie de P. Didot, Bleuet,* 1801, in-12, fig. de Lefebvre, demi-rel. mar. br. avec coins.

1527. MULLER (Eug.). La Mionette, 28 compositions de O. Cortazzo gravées à l'eau-forte par Abot et Clapès. *Paris, L. Conquet, impr. A. Lahure,* 1885, in-12, papier vélin teinté, fig. br. couverture.

1528. MUSÉE. Héro et Léandre, poème traduit en vers français suivi de notes par Paul Ristelhuber. *Strasbourg, Vve Berger Levrault,* 1859, gr. in-8, de XI-25 pp. br.

Exemplaire sur PAPIER CHAMOIS tiré à petit nombre.

1529. MUSÉE DE LA RÉVOLUTION. Histoire chronologique de la Révolution Française. Collection de sujets dessinés par Raffet et gravés sur acier par Frilley. *Paris, Perrotin,* 1834, in-8, demi-rel. chag. viol. fil. tête dor.

Recueil de 43 figures sur acier et de 14 figures sur bois de Raffet en PREMIER TIRAGE.

1530. MUSÉE DES FAMILLES. Lectures du soir. *Paris,* 1833 à 1862, 29 tomes en 19 vol. in-4, fig. demi-rel. chag. viol.

Collection complète jusqu'à 1862.
Exemplaire du PREMIER TIRAGE.

1531. MUSSET (Alfr. de). Œuvres complètes, avec lettres inédites, variantes, index, notice, etc. ornée de 28 dessins de M. Bida et d'un portrait. *Paris, Charpentier,* 1865, 10 vol. gr. in-8, port. et fig. br.

Exemplaire de souscription, sur GRAND PAPIER DE HOLLANDE, avec les cartons et les figures AVANT LA LETTRE.

1532. — Œuvres. *Paris, Lemerre,* 1876-77, 11 vol. in-12, port. br. et 4 cartons contenant les eaux-fortes de H. Pille.

61- 1533. Musset (Alfred de). OEuvres complètes, figures de Massé, Champollion, Eug. Abot, etc. *Paris, G. Charpentier*, 1884, 11 vol. in-8, y compris la Biographie, br.

Exemplaire sur papier de Hollande, avec les figures avant la lettre.

22- 1534. Nadaud (Gust.). Contes et récits, scènes en vers, ornés de six eaux-fortes. *Paris, Librairie des bibliophiles*, 1877, pet. in-8, papier de Hollande, fig. br. couverture. — Chansons populaires. Chansons de salon. Chansons légères. *Paris, Libr. des bibliophiles*, 1879, 3 vol. in-16, fig. br. — Ens. 4 vol.

8- 1535. Neel. Voyage de Paris à Saint-Cloud par mer, et retour de Saint-Cloud à Paris par terre (par Lottin l'aîné). *Paris, Duchesne*, 1762, 2 parties en 1 vol. in-12, carte, mar. brun jans. dent. int. tr. dor.

On a ajouté : Apologie de la cour plénière, par M. l'abbé Velin. *S. l. n. d.* 15 pp.

11- 1536. — Voyage de Paris à Saint-Cloud, par mer, et retour de Saint-Cloud à Paris par terre, avec une préface et des notes, par E. Legrand, aquarelles de Jeanniot, gravées par Gillot. *Paris, A. Lahure*, 1884, in-8, fig. br. couverture illustrée.

Exemplaire sur grand papier vélin.

10- 1537. Nodier (Ch.). Contes. Eaux-fortes de Tony Johannot. *Paris, J. Hetzel*, 1846, gr. in-8, fig. demi-rel. v. bleu.

Figures avant la lettre sur chine.

20- 1538. — Histoire du roi de Bohême et de ses sept châteaux. *Paris, Delangle frères*, 1830, in-8, vig. de Tony Johannot, demi-rel. v. f. dos orné, tête dor. ébarbé.

Édition originale et premier tirage des vignettes de Tony Johannot, gravées sur bois, par Porret. On trouve à la page 44, les portraits en médaillon d'Eug. Delacroix et lord Byron ; page 276 le portrait de M. Johannot, père des deux peintres Alfred et Tony, et plus loin, page 303, un portrait de Nodier causant avec un jeune homme en toilette de bal (Roger de Beauvoir, selon les uns, Jules Janinau dire de quelques autres).
Taches d'humidité.
Un exemplaire en demi-rel. bas-relié.

11-4 1539. Nogaret (Félix). Le Fond du sac ou recueil de contes en vers, et en prose et de pièces fugitives. *Paris, Leclere*, 1866, pet. in-8, figures et vignettes, br.

Exemplaire sur papier dé Hollande.

5-6 1540. — Le Fond du sac, recueil de contes en vers. *Rouen, chez J. Lemonnyer*, 1879, 2 vol. in-16, vignettes d'après Duplessis-Bertaux, br.

17- 1541. Nouveau Decameron (le). *Paris, E. Dentu*, 1884, 6 vol. petit in-8, papier vélin, portr. et fig. sur Japon, br. couvertures illustrées.

Contes de MMl Th. de Banville, François Coppée, Guy de Maupassant, Léon Cladel, Catulle Mendès, Alph. Daudet, Paul Arène, Edm. de Goncourt, Ch. Monselet, Aur. Scholl, Em. Zola, etc.

1542. Nouvelle Bibliothèque classique, comprenant les chefs-d'œuvre — *44 - .*
des écrivains français du xvᵉ au xviiiᵉ siècle. *Paris, Librairie des bibliophiles*, 1875-81, 23 vol. in-16, fleurons, culs-de-lampe, br.

> Œuvres de Regnier. — Montesquieu. Grandeur et décadence des Romains. —
> — Œuvres de Boileau, 2 vol. — Hamilton. Mémoires de Grammont. — Théâtre
> de Regnard, 2 vol. — Œuvres de Courier, 3 vol. — Satyre Ménippée. —
> — Œuvres poétiques de Malherbe. — Théâtre de Corneille, 5 vol. — Théâtre
> de Racine, 3 vol. — Maximes de La Rochefoucauld. — Caractères de La Bruyère,
> 2 vol.

1543. Office de la semaine sainte en latin et en français, à l'usage — *9º - .*
de Rome et de Paris. *A Paris, chez la Vᵛᵉ Mazières*, 1746, in-8, mar.
r. comp. dorés, fil. tr. dor. (*Rel. anc.*)

> Aux armes de la Dauphine.

1544. Olivier (J.). Alphabet de l'imperfection et malice des femmes, — *16 - .*
40 eaux-fortes dessinées par Gilbert, gravées par Cattelain, 22 culs-
de-lampe de Choffard. *Paris, Barraud (typ. Motteroz)*, 1876, in-8,
fig. br.

1545. Ovide. Epistole eroiche di P. Ovidio Nasone tradotte da Remigio — *1 - 50*
Fiorentino. *In Parigi, appresso Durand*, 1762. — Nouvelle traduction
des heroïdes d'Ovide. *Paris, chez Durand*, 1763, in-8, portr. titres
gravés, vign. et culs-de-lampe, v. ant. marb.

> 30 figures de Zocchi aux 2 traductions italienne et française.

1546. — Les Métamorphoses, traduction nouvelle avec le texte latin, — *2,450 - .*
suivie d'une analyse, par M. G.-T. Villenave ; ornée de gravures,
d'après les dessins de MM. Le Barbier, Monsiau et Moreau. *Paris,
de l'imprimerie de P. Didot l'aîné*, 1806-1807, 4 vol. in-8, fig. demi-rel.
mar. bleu avec coins, tête dor. ébarbé.

> Bel exemplaire en GRAND PAPIER contenant la suite des 144 figures de Monsiau,
> Le Barbier et Moreau, en épreuves AVANT LA LETTRE encadrées, sauf 3 figures
> qui sont avant la lettre et 1 qui est découpée et remontée.
> On a ajouté :
> 1º La suite de 1 frontispice, 4 fleurons de titres, 30 vignettes et 1 cul-de-lampe,
> par Choffard, et de 140 figures in-8, par Boucher, Eisen, Gravelot, Leprince,
> Monnet, Moreau, etc., de l'*édition de l'abbé Bonnier*, 1767-1771, épreuves AVANT
> LA LETTRE, plus 1 figure en double sur CHINE.
> 2º 3 EAUX-FORTES de la suite précédente.
> 3º 1 portrait ovale par Tardieu et 1 figure de Borel gravée par Patas, épreuve
> AVANT LA LETTRE.
> Les 4 volumes sont ornés de 323 figures.

1547. Ossian. The poems, translated by James Macpherson. *London, — 1 - 50
Published by J. Walker*, 1819, in-18, front. et titre gravé, mar. fauve,
fil. tr. dor.

1548. Paradin (Claude). Devises heroïques. *A Lion, par Ian de Tournes, — 16 - .
et Guil. Cazeau*, 1557, in-8, fig. sur bois, mar. r. fil. à fr. dent. int.
tr. dor.

> Édition originale.
> Mouillures.

1549. Paris qui s'en va. 25 eaux-fortes par Léopold Flameng, texte par — *20 - .*

Alfred Delvau, Th. Gautier, etc. *Paris, Taride, s. d.* in-fol. fig. en feuilles dans un carton.

Exemplaire incomplet de la planche et du texte de la *Rue de la Vieille lanterne*. On a ajouté la planche de la *Morgue*.

1550. PARNES (R. de) et G. d'HEYLLI. La Régence, portefeuille d'un roué; anecdotes secrètes du règne de Louis XV. Gazette anecdotique du règne de Louis XVI, portefeuille d'un talon rouge; le Directoire, portefeuille d'un incroyable. *Paris, Ed. Rouveyre,* 1880-1882, 4 vol. in-8, papier vergé, fig. br. couvertures illustrées.

1551. PASCAL (B.). Les Provinciales (texte de 1656-57). Publiées avec notes et variantes et précédées d'une préface par S. de Sacy. *Paris, Librairie des bibliophiles,* 1877, in-8, br.

1552. PATERCULUS (M. Velleius). Cum notis Gerardi Vossii. *Amstelodami, Ex officina Elzeviriana,* 1664, in-12, front. gr. mar. r. à long grain, fil. tr. dor.

1553. PERRAULT. Contes, précédés d'une notice sur l'auteur par le bibliophile Jacob (Paul Lacroix), et suivis d'une dissertation sur les contes de fées par le baron Walckenaer. *Paris, Magnin-Blanchard, s. d.* gr. in-8, texte gravé, figures de Pauquet, Marvy, Jeanron, etc., br. couverture.

1554. — Contes du temps passé... précédés d'une lettre sur les contes des fées par M. le marquis de Varennes, et illustrés par MM. Pauquet, Marvy, Jeanron, Jacque et Beauce, texte gravé par M. Blanchard. *Paris, Bertin,* 1854, gr. in-8, fig. demi-rel. bas. bleue.

1555. — Contes des fées. Édition illustrée par Henry Emy. *Paris, Delarue, s. d.* pet. in-4, vignettes et pages encadrées, br.

1556. — Les Contes des fées, en prose et en vers. Nouvelle édition revue et corrigée sur les éditions originales, et précédée d'une critique par Ch. Giraud. *Paris, Impr. impériale,* 1864, in-8, portr. fig. et vign. br.

PREMIÈRE ÉDITION et PREMIER TIRAGE des figures.

1557. — Les Contes des fées en prose et en vers. Deuxième édition revue et corrigée sur les éditions originales, et précédée d'une lettre critique par Ch. Giraud. *Lyon, Impr. L. Perrin,* 1865, in-8, portrait, fig. et vign. gr. demi-rel. mar. vert clair avec coins, dos orné, fil. tête dor. non rog. (*Raparlier.*)

Cette édition reproduit celle de 1864, *Paris, Imprimerie impériale.*

1558. — Les Contes, précédés d'une préface, par P. L. Jacob (Paul Lacroix), et suivis de la dissertation sur les contes de fées par le baron Walckenaer, douze eaux-fortes par Lalauze. *Paris, Librairie des bibliophiles,* 1876, 2 vol. in-16, portr. fig. br.

1559. **Petite Bibliotuèque** Charpentier. *Paris, Charpentier,* 1876-77, — *18 --*
8 vol. in-32, portr. fig. br.

> Daudet. Contes choisis. Musset, Premières poésies; Poésies nouvelles; La Confession d'un enfant du siècle; Comédies et proverbes, 3 vol; Nouvelles et Contes.

1560. **Petite Bibliothèque.** Charpentier. *Paris, Charpentier,* 1876-85, — *139 -*
39 vol. in-32, portr. fig. br.

> About, Tolla. — André Chénier, Poésies. — Alph. Daudet, Contes choisis. — Fabre, l'Abbé Tigrane; Julien Savignac. — Camille Flammarion, La Pluralité des mondes habités. — Th. Gautier, Mademoiselle de Maupin, 2 vol; Fortunio; Les Jeunès-France; Mademoiselle Daphné; Émaux et Camées. — Gœthe, Werther. — Goncourt, Renée Mauperin; Madame Gervaisais. — Horace, Odes. — Guy de Maupassant, Contes et Nouvelles. — Hector Malot, Une bonne affaire. — Prosper Mérimée, Colomba. — Michelet, La Montagne. — Paul de Musset, Lui et Elle. — Prévost, Histoire de Manon Lescaut. — Saint-Germain, Pour une épingle. — Sandeau, le docteur Herbeau; Mademoiselle de la Seiglière; La Chasse au roman. — Silvio Pellico, Mes Prisons. — Theuriet, Raymonde. — Alfred de Vigny, Cinq-Mars, 2 vol.; Servitude et Grandeur militaires; Théâtre, 2 vol.; Poésies; Stello; Journal d'un poète. — Zola, Contes à Ninon: Nouveaux Contes; Thérèse Raquin.
> Exemplaires sur papier de Hollande.

1561. **Petite Bibliothèque de luxe** des romans célèbres. *Paris, Quantin,* — *25 -*
1875-85, 10 vol. in-8, portr. fac-similés, texte encadré d'un filet
rouge, br.

1562. **Petite Bibliothèque dramatique,** publiée avec notices et notes — *9 - 50*
par Georges d'Hcylli. *Paris, Librairie générale, Rouveyre,* 1876-81,
4 vol. pet. in-12, portr. front. br.

> Théâtre de Sedaine. — Théâtre de Marivaux. — Théâtre des Boulevards, 2 vol.

1563. **Petite Bibliothèque littéraire.** Auteurs anciens. *Paris, Lemerre,* — *118 -*
1872-84, 34 vol. in-12, front. portr. fig. br. et 7 cartons de figures.

> Arioste, Roland furieux, 4 vol. — Bernardin de Saint-Pierre, Paul et Virginie. — Bocace, le Décaméron, 5 vol. — Boileau-Despréaux. Œuvres, 2 vol. gravures de Monziès et Courtry. — Corneille, Théâtre, 4 vol. 35 eaux-fortes de Gravelct. — L'Heptaméron des Nouvelles de Marguerite d'Angoulesme, 3 vol. 18 eaux-fortes d'après Freudenberg, et 1 frontispice ajouté. — Horace, Œuvres, 2 vol. — Lesage, Théâtre; Gil Blas, 4 vol. eaux-fortes de H. Pille; le Diable Boîteux, 2 vol. eaux-fortes de H. Pille. — Longus, Les Amours pastorales. — Scarron, Roman comique, 2 vol., 12 eaux-fortes de H. Pille. — Voltaire, Romans, 3 vol., 21 eaux-fortes d'après Monnet et Marillier.

1564. **Petite Bibliothèque littéraire,** auteurs contemporains. *Paris,* — *119 -*
Lemerre, 1873-1886, 46 vol. in-12, portr. br. et 7 cartons de figures.

> Anthologie des poètes français. — Anthologie des prosateurs français. — Barbey d'Aurevillly, L'Ensorcelée, 7 eaux-fortes de Buhot; Une Vieille Maîtresse, 2 vol., 11 eaux-fortes; Le Chevalier des Touches, 6 eaux-fortes; Les Diaboliques, 10 eaux-fortes. — Théodore de Banville, les Stalactites; Odes funambulesques: Comédies. — Aug. Brizeux, Marie; Telen Arvor; Les Bretons; Histoires poétiques, 2 vol. — Chateaubriand, Atala. — André de Chénier, Œuvres, 3 vol. — Daudet, Lettres de mon Moulin; Le Petit Chose; Contes du Lundi; Fromont jeune et Risler aîné; Les Femmes d'artiste; Tartarin de Tarascon. — Flaubert, Madame Bovary, 2 vol., 7 eaux-fortes; Salammbo, 2 vol., 8 eaux-fortes; Tentation de Saint-Antoine; Théâtre. — Lamartine, Œuvres, 3 vol. — Laprade, Poèmes évangéliques. — Œuvres de Xavier de Maistre, 8 eaux-fortes. — Paul de Musset, Originaux du XVIIᵉ siècle, 2 vol. — Sainte-Beuve, Poésies, 2 vol. — Sully Prudhomme, Poésies. — Alfred de Vigny, Cinq-Mars, 2 vol.: Servitude et Grandeur militaires; Stello; Journal d'un poète; Théâtre.

109 1565. **Petite Collection** antique. Chefs-d'œuvre de l'antiquité grecque et latine. *Paris, Quantin*, 1878-85, 12 vol. in-32, en-têtes gravés, encadrements de couleur, br.

25 1566. **Petits Chefs-d'œuvre** (les). *Paris, Librairie des bibliophiles*, 27 vol. in-16, br.

> Voyage autour de ma chambre, par X. de Maistre. — Le Sage. Turcaret. — Gresset. Vert-Vert. — Hamilton. Contes, 4 vol. — Voyage de Chapelle et de Bachaumont. — Gentil Bernard. L'Art d'aimer. — Gresset. Le Méchant. — Montesquieu. Le Temple de Gnide. — Diderot. Le Neveu de Rameau. — B. de Saint-Pierre. La Chaumière indienne. — Lettres portugaises. — J. de Berchoux. La Gastronomie. — Piron. La Métromanie. — Cazotte. Le Diable amoureux. — Fievée. La Dot de Suzette. — Lettres de Mlle Aïssé. — Mme de Duras. Ourika. Edouard, 2 vol. — Benjamin Constant. Adolphe. — Beaumarchais. — Clavijo. — Hégésippe Moreau. Contes. Chansons, 2 vol. — Œuvres choisies de Gilbert. — Mémoires d'un jeune Espagnol, de Florian.

63 1567. **Petits Conteurs** du xviiie siècle, publiés avec notices bio-bibliographiques par Octave Uzanne. *Paris, Quantin*, 1878-82, 10 vol. in-8, portr. fac-similés, en-têtes et culs-de-lampe, br.

> Chevalier de Boufflers. — Crébillon. — Moncrif. — De La Morlière. — Pinot Duclos. — Cazotte. — Restif de La Bretonne. — Besenval. — Fromaget. — Godard d'Aucour.

> On a joint à ces volumes les eaux-fortes, plus celles pour Voisenon et Caylus. Ces suites sont en deux états sur japon : avec la lettre et avant la lettre à la sanguine. La suite pour Crébillon est en outre sur hollande avec la lettre.

39 1568. **Petits Poètes** du xviiie siècle, publiés avec notices bio-bibliographiques sous la direction de Octave Uzanne. *Paris, Quantin*, 1879-86, 11 vol. in-8, portr. fac-similé, en-têtes et culs-de-lampe, br.

> Vadé. — Piron. — Chevalier de Bertin. — Desforges-Maillard. — Lattaignant. — Gilbert. — Gresset. — Gentil-Bernard. — Malfilâtre. — Bonnard. — Boufflers.

60 1569. **Petitot.** Les Emaux du Musée impérial du Louvre, portraits de personnages historiques et de femmes célèbres du siècle de Louis XIV gravés par L. Ceroni. *Paris, Blaisot*, 1862, in-4, 50 portr. avec texte, en 50 livraisons.

120 1570. — Le même ouvrage. *Paris, Blaisot*, 1862, in-4, 50 portr. avec texte en 50 livraisons.

> Épreuve avant la lettre sur chine.

4 1571. **Petrarca.** Rime. *Londra, G. Pickering*, 1822, in-64, portrait, mar. bleu, fil. tr. dor.

40 1572. **Pezay** (le marquis de). Zélis au bain, poème en quatre chants. *Genève, s. d.* in-8, front. titre gravé, fig. d'Eisen, demi-rel. v. bleu.

> Exemplaire en grand papier avec les figures avant la lettre.

5 1573. **Phèdre.** Phaedri Aug. Liberti Fabularum Æsopiarum libri V. Notis illustravit in usum serenissimi Principio Nassavii David Hoogstra

tanus. *Amstelodami, ex typographia Francisci Halmæ*, 1701, in-4, fig.
v. brun, comp. à froid, tr. dor.

> Belle édition ornée de : 1 frontispice par Gœrée, gravé par Boutats, 1 fleuron
> sur le titre non signé, 1 portrait in-fol. plié de Jean Guillaume de Naussau par
> Vaillant, gravé par Van Gunst, 5 en-têtes de pages, 31 culs-de-lampe, 9 lettres
> ornées et 18 planches in-4, contenant chacune 6 médaillons, dessinés et gravés
> par Van Vianen.

1574. — Fabulæ, L. Annæi Senecæ ac Publii Syri sententiæ. *Aureliæ,*
Sump. Couret de Villeneuve, 1773, in-24, papier de Hollande, mar. r.
fil. tr. dor. (*Bradel.*)

1575. Piedagnel (Alex.). Avril, Frontispice de Giacomelli, gravé à l'eau-
forte par Lalauze. *Paris, Isid. Liseux*, 1877, in-12, papier de Hollande,
front. br.

1576. Plaquettes humoristiques. *Paris, L. Vanier*, 1882, 7 br. in-8,
papier vélin, fig. couvertures illustrées.

> L'Autruche par Iveling Rambaud. — Le Chat du bord, histoire maritime, texte
> et dessins par P. Leonnec. — 1882, Comic salon par M. de Sta. — La Pêche à
> la ligne, texte de Léo de Marck illustré par Baric. — Le Petit Faust, chœur des
> soldats illustré par M. de Sta. — La Chanson du colonel, illustrée par M. de Sta.
> — Nos militaires par M. de Sta.

1577. Pleïade (la). Fabliaux, nouvelles et légendes. *Paris, L. Curmer*,
1842, in-8, front. et fig. demi-rel. chag. r. non rog.

> Cette publication, ornée de nombreuses et jolies vignettes la plupart sur chine,
> d'après Penguilly, Jacque, Daubigny, Pauquet, Trimolet, Jeanron, etc. com-
> prend : Burger, Lénore. — Hoffmann, le Conseiller Krespel. — Ch. Dickens, le
> Baron de Grogzwig. — Mathias Emmich, Geneviève de Brabant. — Homère, le
> Combat des rats et des grenouilles. — M. Blaze, Rosemonde. — Sāvitrī, épisode
> du Mahabharata. — Gavarni, Mme Acker. — Marie de France, Loi des deux
> amants et Loi du Bixlaveret. — Ludwig Tieck, la Réconciliation.
> Chaque conte a un titre et une pagination séparés; les traductions ont été faites
> par MM. le comte de La Bédollière, Trianon et Pauthier.
> Quelques taches d'humidité.

1578. Plinii Caecilii secundi epistolarum libri X. *Londini, Ritchie*,
1790, in-8, mar. r. dos orné, comp. tr. dor. (*Rel. anc.*)

1579. Poë (Edgar). Histoires extraordinaires et Nouvelles histoires
extraordinaires traduites par Charles Baudelaire. Edition illustrée de
gravures hors texte. *Paris, A Quantin*, 2 vol. gr. in-8, papier vélin,
fig. br. couvertures illustrées.

1580. Poëtes de ruelles au xviie siècle, publiés par Octave Uzanne. *Paris,*
Librairie des bibliophiles, 1875-78, 4 vol. in-8, portr. eaux-fortes, br.

> Poésies de Benserade. — La Guirlande de Julie. — Poésies de François Sara
> sin. — Poésies de M. de Montreuil.

1581. Pogge (Florentin). Les Facéties. Traduites en français, avec le
texte en regard. *Paris, Isid. Liseux*, 1878, 2 vol. in-18, br.

1582. — Facéties. Traduction française de Guillaume Tardif, du Puy
en Velay, Lecteur du roi Charles VIII, avec une préface et des tables

de concordance par M. Anatole de Montaiglon. *Paris, L. Willem,* 1878, in-8, papier vergé, br.

4 — 1583. Pope (Alexandre). The Works, in one volume, complete, with notes by Dr. Warbuton and illustrations on steel by eminent artists from designs by Weigal, Heath, and others. *London, Ch. Daly, s. d.* in-12, fig. chag. r. dos orné, comp. dent. tr. d'or.

7 — 1584. Portefeuille d'Anacréon. Il est joli comme un cœur, ou le Portefeuille d'Anacréon, Etrennes aux Grâces. *Paris, chez Janet, s. d.* in-48, titre gravé, 12 fig. bas. verte.

155 — 1585. Prévost. Histoire de Manon Lescaut et du Chevalier Des Grieux. *Paris, Werdet et Lequien,* 1827, in-8, fig. demi-rel. mar. violet avec coins, tête dor. ébarbé.

Bel exemplaire en GRAND PAPIER VÉLIN, orné d'un fleuron de titre par Desenne gravé par Pelée, et 1 figure par le même, gravé par Levasseur épreuve en 3 états : avec la lettre, AVANT LA LETTRE SUR PAPIER VÉLIN et AVANT LA LETTRE SUR CHINE.

On y a ajouté :

1º La suite de 8 figures in-8, de Pasquier et Gravelot, de l'édition d'*Amsterdam*, 1753, épreuves remontées.

2º La suite de 8 figures in-18, de Lefebvre, gravée par Coiny, pour l'édition de *Paris, Didot*, 1797, épreuves sur PAPIER VÉLIN IN-8, sauf la dernière figure qui est montée.

3º La suite de 4 figures in-32, par Desenne, dont 2 fleurons de titres, pour l'édition de *Werdet*, épreuves en 3 états : avec la lettre sur CHINE, AVANT LA LETTRE SUR CHINE et EAUX-FORTES sur CHINE.

4º La suite de 12 eaux-fortes in-12, par Chauvet, dont 1 portrait et 1 frontispice, épreuves AVANT LA LETTRE en 2 états : sur PAPIER DE HOLLANDE et sur CHINE VOLANT.

5º La suite de 6 eaux-fortes in-8, par Hédouin, dont 1 portrait, épreuves AVANT LA LETTRE en 2 états : sur PAPIER WHATMAN et sur CHINE VOLANT.

6º La suite de 1 portrait et 2 eaux-fortes in-8, de Lalauze, AVANT LA LETTRE.

7º La suite de 11 eaux-fortes in-8, de Flameng, dont 1 portrait, épreuves AVANT LA LETTRE en 2 états : sur PAPIER DE HOLLANDE et sur CHINE VOLANT (*édition Glady*).

8º 6 pièces diverses : 1 portrait in-8, par Schmidt gravé par Ficquet, remonté ; 1 portrait in-8, par Cochin gravé par Will en 1746, remmargé ; 1 portrait petit ovale, par Schmidt, gravé par Ficquet (moderne) ; 2 figures in-8, de Marillier, dont 1 AVANT LA LETTRE ; 1 figure in-8, de Bisson pour le *Collier*, remontée.

En tout de 99 figures.

2 — 1586. — Histoire de Manon Lescaut et du chevalier des Grieux. *Paris, Werdet et Lequien*, 1827, in-8, titre avec vignette et figure de Desenne demi-rel. mar. viol. avec coins, dos orné, non rog. (*Simier.*)

Taches d'humidité.

9 — 1587. — Histoire de Manon Lescaut et du chevalier des Grieux, édition illustrée par Tony Johannot précédée d'une notice historique sur l'auteur par Jules Janin. *Paris, Ern. Bourdin, s. d.* (1839), gr. in-8, fig. demi-rel. mar. r. avec coins, couverture.

Exemplaire du PREMIER TIRAGE contenant les 18 figures hors texte AVANT LA LETTRE SUR CHINE ; et les 12 figures du second tirage ajoutées.

3 — 1588. — Histoire de Manon Lescaut et du chevalier des Grieux par l'abbé Prévost. Édition illustrée par Tony Johannot précédée d'une

notice historique sur l'auteur par Jules Janin. *Paris, Ern. Bourdin,* *s. d.* in-8, fig. br. couverture illustrée.

1589. PRÉVOST (l'abbé). Histoire du chevalier des Grieux et de Manon Lescaut. *Paris, Alph. Lemerre,* 1870, in-12, portrait, frontispice, demi-rel. mar. r. avec coins, dos orné, fil. tr. dor. *(Cuzin.)*

> Exemplaire numéroté sur PAPIER WHATMAN auquel on a ajouté la suite de 8 figures in-18 de Desenne gravées par Leroux et Pigeot, en deux états : EAUX-FORTES et AVANT LA LETTRE.

1590. — Histoire de Manon Lescaut et du chevalier des Grieux, précédée d'une étude par Arsène Houssaye. Six eaux-fortes par Hédouin. *Paris, Librairie des bibliophiles,* 1874, 2 vol. pet. in-8, fig. br. couvertures.

> Exemplaire numéroté sur GRAND PAPIER DE HOLLANDE.

1591. — Histoire de Manon Lescaut et du chevalier des Grieux, précédée d'une préface par Alexandre Dumas fils. *Paris, Glady fr.* 1875, in-8, papier Turkey-Mill, figures de Léopold Flameng, br.

1592. — Le même ouvrage, même édition, in-8, fig. de Léopold Flameng, br.

> Exemplaire sur PAPIER VAN GELDER ZONEN, avec les figures AVANT LA LETTRE.

1593. — Histoire de Manon Lescaut, avec une notice par M. Anatole France. *Paris, Alph. Lemerre (Impr. Ch. Unsinger),* 1878, pet. in-8, papier de Hollande, filets rouges, fig. de L. Monziès, d'après Gravelot et Pasquier, br.

1594. — Histoire de Manon Lescaut et du chevalier des Grieux, préface de Guy de Maupassant, illustrations de Maurice Leloir: *Paris, H. Launette (Impr. G. Chamerot),* 1885, in-4, pap. vélin, fig. br. couverture illustrée.

1595. — Histoire du chevalier Des Grieux et de Manon Lescaut. *Paris, Delarue, s. d.* in-12, fig. demi-rel. mar. r. avec coins, tête dor. non rog.

> Exemplaire sur PAPIER VERGÉ auquel on a ajouté les figures suivantes : portrait de l'auteur par Schmidt, gravé par Ficquet; la suite des 7 figures de Pasquier et Gravelot, tirage ancien; la suite des 8 figures de Lefebvre, gravée par Coiny, épreuves AVANT LA LETTRE SUR CHINE; 5 figures de la même suite avec ou AVANT LA LETTRE (de l'*édition Didot* 1797); la suite in-18 de Desenne, EAUX-FORTES et AVANT LA LETTRE; 4 figures de Desenne, gravées par Leroux et Pigeot.

1596. PUBLICATIONS illustrées par Staal. *Paris, Garnier,* 1854-1884, 10 vol. gr. in-8, br.

> Beaumarchais. — Boileau-Despréaux. — André Chénier. — Œuvres de Mme de La Fayette. — Contes de La Fontaine. — Œuvres de Molière. — Œuvres de Xavier de Maistre. — Muller. Les Femmes d'après les auteurs français. — Œuvres de J. Racine. — Saintine. Picciola.

16 — 1597. PUBLICATIONS illustrées. *Paris, La Place Sanchez*, 1863-76, 5 vol. gr. in-8 à col. fig. noires et col. br.

Beaumarchais. Œuvres complètes. — Boileau. Œuvres complètes. — Fénelon. Aventures de Télémaque. — Le Sage, Histoire de Gil Blas de Santillane. — Racine, Œuvres.

150 — 1598. — illustrées par V. Foulquier. *Tours, Mame*, 1862-80, 13 vol. in-8, eaux-fortes, par Foulquier, br. et cart.

Boileau. Œuvres poétiques. — Bossuet. Discours sur l'histoire universelle; Oraisons funèbres. — Corneille. Théâtre choisi (papier vergé). — Fénelon. Aventures de Télémaque (papier vergé.) — La Bruyère. Les Caractères. — La Fontaine. Fables (papier vergé). — Massillon. Petit Carême. — Molière. Théâtre choisi, 2 vol. (papier vergé). — Racine. Théâtre (papier vergé). — Mme de Sévigné. Lettres choisies (papier vergé).

16 — 1599. — illustrées de *Ed. Rouveyre et G. Blond, Paris*, 1882-1883, 6 vol. in-8, fig. br.

Le marquis de Pezay. Zélis au Bain. — Tableau de la Volupté. — L'Amour romantique. — L'Art de la femme (12 fascicules, tout ce qui a paru). — Carnet d'un Mondain. Gazette Parisienne, 2 vol.

175 — 1600. QUERLON (Meunier de). Les Grâces. *Paris, chez Laurent Prault*, 1769, in-8, front. de Boucher, titre gravé et fig. de Moreau le jeune, mar. citr. dos orné, fil. tr. dor. (*Rel. anc.*)

Bel exemplaire du PREMIER TIRAGE.

19 — 1601. RABELAIS. Œuvres précédées d'une notice historique sur la vie et les ouvrages de Rabelais, par P. Lacroix. Illustrations de Gustave Doré. *Paris, J. Bry aîné*, 1854, gr. in-8, fig. demi-rel. chag. vert.

16 — 1602. — Œuvres avec notice et glossaire, par P. Jannet. Illustrations de A. Robida. *Paris, Libr. illustrée*, s. d. 2 vol. in-4, fig. br.

15 — 1603. — Œuvres. Précédées de sa biographie et d'une dissertation sur la prononciation du français au xvie siècle, et accompagnées de notes explicatives du texte, etc. par M. A. L. Sardou. *San Remo, chez J. Gay et fils*, 1874-1876, 3 vol. in-12, portrait, br.

31 — 1604. — Les Cinq Livres publiés avec des variantes et un glossaire par P. Chéron et ornés de onze eaux-fortes par H. Boilvin. *Paris, Librairie des bibliophiles*, 1876, 5 vol. in-16, portr. fig. br.

41 — 1605. RACINE (J.). Théâtre orné de vignettes gravées à l'eau-forte sur les dessins d'Ernest Hillemacher, par Frédéric Hillemacher. *Paris, Librairie des bibliophiles*, 1873, 4 vol. in-8, papier de Hollande, fig. br.

24 — 1606. RECUEIL de pièces choisies rassemblées par les soins du Cosmopolite. *Bruxelles*, 1865, 1 tome en 2 vol. pet. in-8, papier de Hollande, br.

Tiré à petit nombre.

4607. Recueil de pièces rares et facétieuses anciennes et modernes en vers et en prose remises en lumière pour l'esbattement des Pantagruélistes avec le concours d'un bibliophile. *Paris A. Barraud*, 1873, 4 vol. pet. in-8, papier de Hollande, front. et vign. gr. br. — *35 —*

1608. — des meilleurs contes en vers par La Fontaine (tomes I et II); par Voltaire, Vergier, Sénecé, Perrault, Moncrif, Ducerceau, (Tome III et IV). *Londres (Paris, Cazin)*, 1778, 4 vol. in-18, fig. v. ant. fil. tr. dor. — *120 —*

Recueil dit des *Petits Conteurs*, orné de 1 portrait de La Fontaine et de 116 charmantes vignettes en-têtes de page.

Bel exemplaire, mais dont les tomes I et II, sont en veau marbré et les tomes III et IV en veau fauve; les 4 volumes sont de même taille.

1609. — historique contenant diverses pièces curieuses de ce temps. *A Cologne, chez Christophe van Dyck*, 1666, pet. in-12, mar. r. dent. int. tr. dor. (*Capé*.) — *10 —*

Ce recueil se compose des huit pièces suivantes : 1. Projet pour l'entreprise d'Alger. 2. Relation des voyages faits à Thunis par le sieur de Bricard. 3. Relation contenant diverses particularitez de l'expédition de Gigery de l'année 1664. 4. Relation de la campagne d'Hongrie en 1664. 5. Discours abrégé des asseurez moyens d'anéantir la monarchie des princes ottomans. 6. Relation de tout ce qui s'est passé au voyage de Naples, par M. de Guise. 7. Discours historique et politique sur les causes de la guerre de Hongrie. 8. Discours politique sur le traité de paix fait entre Léopold I Empereur des romains et Mahomet dernier empereur des Turcs.

1610. Regnard. OEuvres complètes avec une notice et de nombreuses notes critiques, historiques et littéraires de feu M. Beuchot, nouvelle édition ornée de 13 gravures d'après les dessins de Desenne. *Paris, Ad. Delahays*, 1854, 2 vol. in-8, fig. br. — *4 —*

1611. Reimpression de recueils piquants. *Bruxelles, H. Kistemaeckers*, 1882-1883, 5 vol. in-8, br. — *19 —*

Etrennes aux Joyeux. Les Muses du foyer de l'Opéra. — Godard d'Ancourt. Thémidore ou mon histoire et celle de ma Maitresse. — Lampsaque. Les Bons contes. Trois cents Leçons. — La comtesse de Choiseul-Meuse. Entre Chien et Loup. — P. Corneille-Blessebois. OEuvres satyriques.

1612. Réunion d'ouvrages divers en prose et en vers. — Ens. 12 vol. — *22 —*

Les Pleurs, poésies nouvelles, par Madame Desbordes-Valmore. *Paris*, 1834, in-8, v. viol. comp. tr. dor. — Poesies de Madame Amable Tastu. *Paris, Denain*, 1833, in-12, v. rose, tr. dor. — Les Ternaires, par A. Brizeux. *Paris, P. Masgana*, 1841, in-12, demi-rel. mar. r. — Alb. Millaud. Fantaisies de Jeunesse. 1866, in-8, br. — Poisle Desgranges. Les sonnets impossibles avec douze eaux-fortes. — Roman à l'eau-forte en douze chapitres inédits, 1873-1874, 2 vol. in-8, br. — Soulary (J.). La Chasse aux Mouches d'or. *Lyon, Scheuring*, 1876, in-8, br. — Vicomte Henri de Bornier. Poésies complètes. *Paris, E. Dentu*, 1881, in-12, br. — Ch. Monselet. Poésies complètes. *Paris, E. Dentu*, 1880, in-12, br. papier de Hollande. — Ducros (Em.). Une Cigale au Salon. *Paris, Baschet*, 1882-1884, 3 vol. in-8, fig. br.

1613. Reveil. Musée de peinture et de sculpture ou Recueil des principaux tableaux, statues et bas-reliefs des collections publiques et particulières de l'Europe, dessiné et gravé à l'eau-forte avec des — *130 —*

notices descriptives, critiques et historiques, par Duchesne aîné. *Paris, Audot*, 1829-1834, 16 vol. fig. — Le Musée de Versailles. *Paris, Audot*, 1837, fig. — L'Empereur Napoléon. Tableaux et récits. *Paris, Audot*, 1837, fig. — Les Loges du Vatican. *Paris, Audot*, 1833, fig. — Ens. 19 vol. in-12, cart.

30-- 1614. RICHARDSON. Clarisse Harlowe, traduction nouvelle par Letourneur. Sur l'édition originale avec figures. *A Paris, chez Lemarchand*, 1802, 14 vol. in-12, fig. demi-rel. mar. viol. non rog.

> Exemplaire en PAPIER VÉLIN avec les figures de Huot AVANT LA LETTRE.

21- 1615. RICHEPIN (J.). La Chanson des Gueux, Les Caresses, Le Pavé. *Paris, Maurice Dreyfous*, 1881-1883, 3 vol. in-12, papier vélin teinté, portrait, br.

> On a ajouté à la *Chanson des gueux* les pièces supprimées publiées à Bruxelles.

16- 1616. ROBIDA (A.). Le Vingtième Siècle. *Paris, G. Desaux, s. d.* gr. in-8, fig. br. — La Grande Mascarade parisienne. 500 dessins noirs et coloriés. *Paris, Librairie illustrée, s. d.* gr. in-8, br. (*Un des 100 exemplaires tirés sur papier vélin fort*). — Ens. 2 vol.

23- 1617. ROMANS MODERNES ILLUSTRÉS. Réunion de 8 vol. gr. in-8.

> Edm. About. Le Roman d'un brave homme, illustré par Adr. Marie. *Paris, Hachette*, 1882, gr. in-8, en livraisons. — Eug. Sue. Le Juif-Errant, *Paris, J. Rouff, s. d.* 2 vol. gr. in-8, fig. en livraisons. — Alph. Daudet, Fromont jeune et Risler aîné, illustrations par Edm. Morin. *Paris, G. Charpentier*, 1880, in-8, fig. demi-rel. bas. verte. — Cinq-Mars, par Alfr. de Vigny. *Paris, Calm. Lévy*, 1877, in-8, fig. demi-rel. bas. verte. — La Dame aux Camélias, préface de J. Janin *Paris, Libr. illustrée*, 1876, gr. in-8, fig. en feuilles. — Jules Claretie. Le Prince Zilah, illustrations de L. Tinayre. *Paris, Libr. illustrée*, gr. in-8, fig. br. — Daudet (Alph.). Sapho, illustrations de L. Montégut. *Paris, Libr. illustrée, s. d.* gr. in-8, fig. br.

35- 1618. — ILLUSTRÉES. *Paris, Monnier*, 1884-86, 12 vol. in-8, fig. br. couvertures illustrées.

> Guy de Saint-Môr. Péchés mortels. — Guy de Maupassant. Clair de lune. — Histoires débraillées. — Pommes d'Éve. — Ed. Montagne. La Feuille à l'envers. — Gayda. Ce Brigand d'amour. — Dubut de Laforest. Contes à la paresseuse. — Marquis de Valognes (Josephin Péladan). Femmes honnêtes. — Catulle Mendès. Lila et Colette. — Camille Lemonnier. Les Concubins. — Ange Benigne. A demimot. — Louis Ulbach. Amants et maris.

18- 1619. — ILLUSTRÉS. *Paris, Dentu*, 1880-1885, 9 vol. in-12, br.

> P. Véron. La Mascarade de l'histoire; Paris vicieux. — Nouvelles à l'eau-forte par la société Les Têtes de Bois. — Aug. Saulière. Histoire et leçons conjugales.

21- 1620. — ET CONTES divers. Réunion de 10 vol.

> Ch. Louandre. Chefs-d'œuvre des Conteurs français avant La Fontaine. *Paris, Charpentier*, 1873, in-12, br. papier de Hollande. — Dassoucy. Aventures burlesques. *Paris, Garnier*, 1876, in-12, br. papier de Hollande. — Cyrano de Bergerac. Voyages fantastiques, 1875, in-12, br. — Tabarin. Œuvres. *Paris, Delahays*, 1858, in-12, demi-rel. — Le Tableau des piperies des femmes mondaines. *Paris, Léon Willem*, 1879, in-8, br. — De Cailhava. Les Contes de l'abbé de Colibri. *Paris, Th. Belin*, 1881, pet. in-8, br. — Les Chroniques du Palais-Royal. *Paris, Th. Belin, s. d.* in-8, br. — P. de Saint-Victor. La Comtesse du Barry, 1878, in-12, br. — Mme Alph. Daudet. L'Enfance d'une Parisienne, in-18, br. — Mme Edm. Adam. La Chanson des nouveaux époux, 1883, in-18, br.

1621. ROMANS, CONTES, etc. *Paris, Is. Liseux*, 1875-1881, 10 vol. in-16, br. —

J. Du Bellay. Jeux rustiques. — Vivant Denon. Point de lendemain. — J. du Bellay. Les regrets. — Grimarest. La Vie de Molière. — Voisenon. Contes. — Crébillon fils. La Nuit et le moment. — Th. de Bèze. Juvenilia. — Boulmier. Villanelles. — Crébillon fils. Le Hasard du coin du feu. — Giovanni Fiorentino. Nouvelles choisies.

1622. ROMANTIQUES en *éditions originales*. — Réunion de 19 vol. in-8, avec frontispice.

1. Arlincourt. Les Écorcheurs. *Paris, Eug. Renduel*, 1833, 2 vol. in-8, demi-rel. mar. r.
2. Pétrus Borel. Champavert. *Paris, Eug. Renduel*, 1833, in-8, cart.
3. Ph. Chasles. Caractères et Paysages. *Paris, Mame Delaunay*, 1833, in-8, br.
4. Desbordes-Valmore (Mme). L'Atelier d'un peintre. *Paris, Charpentier*, 1833, 2 vol. in-8, br.
5. Drouineau. Les Ombrages. *Paris, Ch. Gosselin*, 1833, in-8, demi-rel. v. f. (*Belz-Niedée.*)
6. Guiraud. (Alex.). Cesaire, révélation. *Paris, A. Levavasseur*, 1830, 2 vol. in-8 demi-rel. chag. br.
7. Merimée (Pr.). 1572, Chronique du règne de Charles IX. *Paris, H. Fournier*, 1832, in-8 demi-rel. mar. bleu.
8. Artigue (J.). Le Balcon de l'Opéra. *Paris, Eug. Renduel*, 1833, in-8, br.
9. Roland. Le Bourreau du Roi. *Paris, Roux*, 1834, in-8, cart.
10. Royer (Alph.) et Aug. Barbier. Les Mauvais Garçons. *Paris, Eug. Renduel*, 1830, 2 vol. in-8, demi-rel. v. viol.
11. Salle (Eusèbe de). Ali le renard. *Paris, Ch. Gosselin*, 1832, 2 vol. in-8, demi-rel. mar. r. (*Behrends.*)
12. Sainte-Beuve. Volupté. *Paris, Eug. Renduel*, 1834, 2 vol. in-8, cart.
13. Saintine (X.-B.). Le Mutilé. *Paris, Ambr. Dupont*, 1832, in-8, demi-rel. v. vert.

1623. — La plupart en *éditions originales*, ornés de frontispices. Réunion de 19 vol. in-8.

1. E. Roger de Beauvoir. L'Ecolier de Cluny. *Paris, H. Fournier*, 1832, in-8, v. rose. (Exemplaire de Jules Janin avec envoi de l'auteur.)
2. Petrus Borel. Mme Putiphar. *Paris, L. Willem*, 1877, 2 vol. in-8 br. (Exemplaire sur papier de Hollande.)
3. Burat-Gurgy. Le Lit de camp. *Paris, Souverain*, 1833, in-8, cart.
4. Ad. Choquet et G. Guénot. Le Corridor du puits de l'ermite. *Paris, Ambr. Dupont*, 1833, in-8 br.
5. Contes Bruns par une tête à l'envers. *Paris, Urb. Canel*, 1832, in-8, cart.
6. Em. Cabanon. Un roman pour les cuisinières. *Paris, E. Renduel*, 1834, in-8, br. (fortes mouillures).
7. G. Drouineau. Le Manuscrit vert. *Paris, Ch. Gosselin*, 1832, 2 vol. in-8, cart.
8. Eymery. Le Vendéen. *Paris, Moutardier*, 1832, 2 vol. in-8, cart.
9. Paul Foucher. Saynétes. *Paris, Mme Ch. Bechet*, 1832, in-8, cart. (Exemplaire d'Asselineau, avec une lettre autogr. de l'auteur).
10. H. Fournier et Aug. Arnould. Struensée. Histoire Danoise. *Paris, Ambr. Dupont*, 1834, 2 vol. in-8, demi-rel. v. r.
11. Th. Gauthier. La Comédie de la Mort. *Paris, Desessart*, 1838, in-8, br.
12. Mme Em. de Girardin. Le Lorgnon. *Paris, Alph. Levavasseur*, 1832, in-8, cart.
13. L. Huart. Quand on a vingt ans. *Paris, Abel Ledoux*, 1834, in-8, cart.
14. Alph. Karr. Sous les Tilleuls. *Paris, Ch. Gosselin*, 1832, 2 vol. in-8, demi-rel. v. vert.

1624. — Réunion de 14 vol. —

1. Sous les Tilleuls par Alph. Karr. *Paris, Ch. Gosselin*, 1832, 2 vol. in-8, br. (incomplet de la vignette du tome Ier).
2. Am. Kermel. Une âme en peine. *Paris, Alph. Levavasseur*, 1834, in-8, cart.

3. Alph. Royer et Aug. Barbier. Les Mauvais Garçons. *Paris, Eug. Renduel,* 1830, 2 vol. in-8, demi-rel. mar. or.

4. Alph. Royer. Vénezia la bella. *Paris,* 1838, 2 vol. br.

5. Paul de Musset. La Table de nuit. *Paris, Eug. Renduel,* 1832, in-8, demi-rel. bas.

6. J. Janin. L'Ane mort et la femme guillotinée. *Paris, Baudouin,* 1829, 2 tomes en 1 vol. in-12 demi-rel. bas. — L'Ane mort et la femme guillottinée. *Paris, Ambr. Dupont,* 1838, in-8, br.

7. J. Janin. La Confession. *Paris, Alex. Mesnier,* 1830, 2 tomes en 1 vol. in-12, demi-rel. mar. bleu.

8. Merville. Paul Briolat. *Paris, B. Renau,* 1831, in-8, demi-rel. bas.

9. J. Mery. Le Bonnet vert. *Paris, Boulland,* 1830, in-8, cart.

10. X.-B. Saintine. Le Mutilé. *Paris; Ambr. Dupont,* 1837. in-8, br.

1625. — Réunion de 14 vol.

1. Ed. d'Anglemont. Le Duc d'Enghien. *Paris, Mame Delaunay,* 1832, in-8, br

2. Barthélemy et Mery. Œuvres. *Paris, Furne,* 1838, 2 vol. in-8, fig. br.

3. A. de Beauchesne. Souvenirs poétiques. *Paris, N. Delangle,* 1830, in-8, br.

4. Delanoue. Le Barbier de Louis XI. *Paris, Mme Ch. Bechet,* 1832, in-8, demi-rel. bas.

5. Desmares. Les Métamorphoses du jour. *Paris, Delaunay,* 1831, 2 vol. in-8, demi-rel. chag. violet.

6. Lamartine. Méditations. *Paris, J. Boquet,* 1836, 2 vol. in-8, br.

7. Lamartine. Harmonies poétiques et religieuses. *Paris, Ch. Gosselin,* 1830, 2 vol. in-8, demi-rel. v. vert.

8. Chronique de France, par Mme Amable Tastu. *Paris, Delangle fr,* 1825, in-8, br.

9. Le comte Alfred de Vigny. Poèmes. *Paris, Delloye et Ch. Gosselin,* 1838-1839, 2 vol. in-8, br. et en demi-rel. bas.

1626. ROUSSEAU (J.-J.). Œuvres complètes. *Paris, A. Sautelet, Verdière, A. Dupont et Roret* 1826, fort vol. in-8, texte à 2 col. demi-rel. v. bleu avec coins, fil. tr. marb.

Édition compacte.

1627. — Les Confessions, avec une préface par Marc Monnier, treize eaux-fortes par Ed. Hédouin. *Paris, Librairie des bibliophiles,* 1881, 4 vol. in-16, portr. fig. br.

1628. — Le même ouvrage, même édition, 4 vol. pet. in-8, fig. br. couvertures.

Exemplaire numéroté sur GRAND PAPIER DE HOLLANDE.

1629. ROYER (Alph.). Histoire de l'Opéra, avec 12 eaux-fortes. *Paris, Bachelin de Florenne,* 1875, pet. in-8, papier vélin fort, portr. br. — L'Opéra. Eaux-fortes et quatrains par un abonné. *Paris, Libr. des bibliophiles,* 1876, in-12, papier vergé, portr. br. — Boisse (Ern.). Les abonnés de l'Opéra 1783-1786. *Paris, A. Quantin,* 1881, in-8, front. et portr. br. — Ens. 3 vol.

1630. SAHIB. La Frégate l'Incomprise, voyage autour du monde. *Paris, Vanier,* 1876, in-4, vign. br.

1631. SAINT-GELAIS (Mellin). Œuvres poétiques. *Lyon, par Antoine de Harsy,* 1574, in-8, car. ital. portr. mar. r. à long grain, dos orné, dent. tr. dor. (*Bozerian.*)

ÉDITION ORIGINALE.

1632. SAINT-LAMBERT. Les Saisons, poème. *A Amsterdam*, 1775, gr. in-8, papier de Hollande, figures de Moreau et vignettes de Choffard, demi-rel. chag. bleu, non rog.

> Ce poème est suivi de trois contes : L'Abenaki ; Sarah Th… ; Ziméo ; de poésies fugitives et de fables orientales.

1633. SAINT-PIERRE (Bern. de). La Chaumière indienne. *Paris, Janet*, 1825, in-12, front. v. rose, dent. et milieux à froid, fil. tr. dor.

1634. — Paul et Virginie. *A Paris, de l'imprimerie de Monsieur*, 1789, in-12, fig. mar. r. dos orné, fil. doublé de tabis, tr. dor. (*Bozerian*.)

> Bel exemplaire en PAPIER VÉLIN D'ESSONNE de l'ÉDITION ORIGINALE, illustrée de quatre jolies figures par Moreau et J. Vernet, épreuves AVANT LA LETTRE.

1635. — Paul et Virginie suivi de la Chaumière indienne. *Paris, Louis Janet, s. d.* fig. de Desenne, titre gravé, demi-rel. chag. citron, non rog.

> Épreuves AVANT LA LETTRE SUR CHINE.

1636. — Paul et Virginie. *Paris, L. Curmer, 25, rue Sainte-Anne*, 1838, gr. in-8, portraits, fig. hors texte, sur chine, la légende sur papier de soie, et vignettes dans le texte, demi-rel. mar. viol. avec coins tête dor. non rog.

> Bel exemplaire du PREMIER TIRAGE. Le portrait de l'auteur est sur CHINE avec la sphère, le portrait de la jeune Brahmine est en deux états : avec et sans l'étoile.

1637. — Paul et Virginie, suivi de la Chaumière indienne. Édition miniature. *Paris, Masson fils*, 1839, pet. in-12, fig. dérelié, ébarbé.

> Jolie édition. Portrait de B. de Saint-Pierre, AVANT LA LETTRE SUR CHINE, faux-titre en couleur et double dédicace gravée; 12 figures in-16, sur CHINE AVANT LA LETTRE et du PREMIER TIRAGE, remontées.
> Cet exemplaire est renfermé dans les deux plats du cartonnage original, illustré.

1638. — Paul et Virginie, dessins par de la Charlevie. *Paris, Alph. Lemerre*, 1868, in-4, papier vélin, pages encadrées, figures dans et hors texte, cart. perc. r.

1639. — Paul et Virginie, précédé d'une préface par Jules Janin. *A Paris, chez Jouaust*, 1869, gr. in-8, papier vergé, fig. demi-rel. mar. violet avec coins, tête dor. ébarbé.

> Belle édition ornée de 4 eaux-fortes par Foulquier, épreuves en 2 états : avec la lettre et AVANT LA LETTRE.
> On a ajouté à cet exemplaire :
> 1º La suite de 5 vignettes à l'eau-forte par Émile Lévy (*Collection-Bijou* de Jouaust) épreuves tirées à part, in-8, en 2 états : sur PAPIER DE HOLLANDE et sur CHINE VOLANT.
> 2º La suite de 1 portrait et de 5 eaux-fortes in-8, par La Guillermie, *publiés par Jouaust*, épreuves AVANT LA LETTRE sur papier teinté.
> 3º La suite de 1 portrait et de 6 eaux-fortes in-8, par Hédouin, épreuves AVANT LA LETTRE SUR PAPIER VÉLIN, pour l'*Édition Lemerre*.
> 4º La suite de 2 vignettes et 6 eaux-fortes in-8, par Lalauze, épreuves en 2 états : avec la lettre sur papier vergé et AVANT LA LETTRE SUR CHINE VOLANT.
> 5º La suite de 3 eaux-fortes in-8, par Regamey, dont 1 portrait, épreuves AVANT LA LETTRE.
> Bel exemplaire contenant en tout 50 eaux-fortes.

1640. SAINT-PIERRE (B. de). Paul et Virginie, précédé d'une préface par Jules Janin. *A Paris, chez Jouaust,* 1869, in-8, papier vergé, fig. demi-rel. mar. violet avec coins, tête dor. ébarbé.

> Bel exemplaire, mais sans les figures de l'édition, auquel on a ajouté :
> 1° La suite des 8 figures gr. in-8, par Lafitte, Moreau, Girodet-Trioson, Prudhon, Vernet, Bovinet, gravées par Roger, Dambrun, Delignon, Longueil, Isabey. *Paris, Méquignon-Marvis,* 1818, épreuves AVANT LA LETTRE SUR GRAND PAPIER VÉLIN.
> 2° La suite de 1 fleuron de titre (*Berceau de Paul et Virginie*) et de 4 figures gr. in-8, non signées (par Desenne). *Paris, Méquignon, Marvis,* 1822, épreuves AVANT LA LETTRE SUR CHINE.
> 3° 1 joli portrait par Girodet-Trioson gravé par Wedgwood en 1829, 4 figures in-8, et 7 fleurons des suites de Corbould, gravées par George Corbould, Engleheart, Wedgwood etc., pour l'*Édition de Lequien* etc., épreuves AVANT LA LETTRE SUR CHINE.
> 4° 1 titre gravé avec une vignette ovale par Neagle et 5 figures in-8, par Liagce gravées par Rhodes. *London, Werner and Hood,* épreuves SUR CHINE.
> 5° 4 jolis DESSINS in-8, signés par Tony Johannot.
> 6° 8 figures in-18, de Desenne, dont 7 AVANT LA LETTRE et 1 avec la lettre.
> 7° 3 portraits in-8 : en pied par Desenne gravé par Lefèvre, AVANT LA LETTRE ; par Lafitte gravé par Pelée (à la sphère) ; lithographié d'après Girodet par Bouillet.
> 8° 8 pièces diverses : 2 figures ovales en couleur ; 1 jolie carte en couleur ; 3 figures in-18, non signées, AVANT LA LETTRE ; 1 figure in-18, par R. Corbould, gravée par G. Corbould (*Le corps de Virginie retrouvé*) ; 1 figure in-18, de Moreau gravée par Devillers AVANT LA LETTRE, remontée.
> Ensemble 54 pièces.

1641. — Paul et Virginie avec une introduction, par Alexandre Piedagnel. Orné de 6 figures hors texte et deux vignettes dessinées et gravées à l'eau-forte, par Ad. Lalauze. *Paris, Isid. Liseux,* 1879, in-12, papier de Hollande, texte encadré de filets rouge et vert, fig. br.

1642. SAINTINE (X.-B.). Picciola, édition illustrée de 125 vignettes gravées sur bois, par Porret, d'après les dessins de Mme L. Huet, et de MM. Tony Johannot, C. Nanteuil, Français, J. Gagniet. *Paris, Marchant,* 1843, in-8, fig. vign. demi-rel. chag. bleu, dos orné, tr. dor.

> PREMIER TIRAGE.

1643. SALLUSTII (C. Crispi) quæ exstant ex doctor. virorum emendatione. *Amstelaedami, apud J. Wetstenium,* 1747, titre gravé. — Cornelii Nepotis Vitæ excellentium imperatorum. *Amstelaedami, apud J. Wetstenium,* 1745, titre gravé. — Ens. 2 ouvrages en 1 vol. in-12, mar. r. fil. tr. dor. (*Rel. anc.*)

1644. SAMBUCI Emblemata, et aliquot nummi antiqui operis Joan. Sambuci Tirnaviensis Pannonii. *Antuerpiæ, ex officina Chr. Plantini,* 1566, in-8, portrait et fig. sur bois à mi-page, v. granit.

1645. SAND (G.). Romans, 7 vol.

> 1. Indiana. 4e édition. *Paris, Ch. Gosselin,* 1833, 2 vol. in-8, mar. r. (*Amand.*) (Envoi autogr. de l'auteur.)
> 2. Rose et Blanche. *Paris, H. Dupuy,* 1833, 2 vol. in-8, demi-rel. v. br.
> 3. Valentine. 3e édition. *Paris, Ch. Gosselin,* 1833, 2 vol. in-8, demi-rel. v.
> 4. Les Sept Cordes de la lyre. *Paris, Félix Bonnaire,* 1840, in-8, br.

1646. SANDEAU (J.). La Roche aux mouettes, dessins par E. Bayard
et Férat. *Paris, J. Hetzel, s. d.* in-8, fig. demi-rel. mar. bleu avec
coins, tête dor. ébarbé.

1647. SARCEY (F.). Comédiens et comédiennes. La Comédie-Française,
portraits d'artistes, gravés à l'eau-forte, par L. Gaucherel. *Paris,
Librairie des bibliophiles,* 1876-1884, 32 livraisons in-8, portr. —
Acteurs et actrices du temps passé, Première série. La Comédie-
Française, notice par Ch. Gueullette, portraits gravés par Lalauze.
Paris, Librairie des bibliophiles, 1881, 14 livraisons in-8, portr.

1648. SATYRE MENIPPÉE, de la vertu du catholicon de Rome, et de la
sainte Ligue du Sacré-Cœur. *En vente à l'enseigne de l'Ordre moral,*
1877, in-8, papier vergé, br.

1649. SCARRON. Le Roman comique. Édition ornée de figures dessinées
par Le Barbier et gravées sous sa direction. *De l'imprimerie de Didot
'eune à Paris, chez Janet et Hubert, l'an quatrième,* 3 tomes en 1 vol.
in-8, fig. demi-rel. mar. grenat, tr. marb.

1650. — Le Roman comique, publié par les soins de D. Jouaust, avec
une préface par Paul Bourget, eaux-fortes par Léopold Flameng.
Paris, Librairie des bibliophiles, 1880, 3 vol. in-16, portr. fig. br.

1651. SCHOLL (Aurélien). Denise, historiette bourgeoise. Nouvelle édition. *Paris, M. Dreyfous,* 1878, in-32 de 48 pp. papier de Hollande,
frontispice sur chine, br. — Denise. Aquarelles de Grivaz, gravées
par Arents. *Paris, Edm. Rouveyre et G. Blond,* 1884, in-8, fig. br. —
Ens. 2 vol.

1652. SCOTT (Walter). Œuvres, *Paris, Furne, Jouvet et Cie; Garnier fr. s. d.* 30 vol. in-8 et 1 vol. in-fol. formant album, demi-rel.
mar. citron avec coins, tête dor. ébarbé.

> Superbe exemplaire orné d'environ 2,035 figures des meilleures suites fran-
> çaises et anglaises.
> Les 30 volumes renferment :
> 1° 81 vignettes de titres dessinées et gravées à l'eau-forte par Alfred et Tony
> Johannot, pour l'*édition Gosselin,* épreuves AVANT LA LETTRE TIRÉES A PART SUR
> CHINE.
> 2° Suite de 88 figures in-8, par Desenne, Lami, Alfred et Tony Johannot
> (*Edition Gosselin*), épreuves sur CHINE, plus 3 doubles.
> 3° 63 figures de la même suite, épreuves AVANT LA LETTRE, plus 2 doubles,
> 4° 80 figures de la même suite, épreuves à l'état d'EAUX-FORTES, dont 1 en
> 2 états.
> 5° 30 cartes gravées par Tardieu, pour l'*édition Gosselin,* épreuves sur CHINE.
> 6° 23 titres gravés avec vignettes par Markl et Boulay. *Paris, Pourrat, s. d.*
> 7° 17 titres du même éditeur, avec la vignette sur CHINE.
> 8° 102 figures des suites de Raffet, Markl, David, Rouargue, Outhwaite,
> *publiées par Pourrat,* plusieurs épreuves AVANT LA LETTRE et 20 cartes avec
> vignettes.
> 9° 27 titres gravés avec vignettes, par Rouargue. *Paris, Furne, Gosselin et
> Perrotin,* 1835.
> 10° 30 titres gravés avec vignettes par Rouargue et Larbalestier. *Paris,
> Furne et Gosselin,* 1839.

11° Suite de 33 figures in-8, par Alfred et Tony Johannot, *publiée par Furne*, épreuves sur CHINE.

12° La même suite, épreuves AVANT LA LETTRE.

13° La même suite, épreuves à l'état d'EAUX-FORTES.

14° 58 figures in-8 et vignettes par Westall, gravées par Cook, Heath, Pye, Engleheart, pour les éditions de *London, John Sharpe*, 1809-1819, *Hurst and Robinson*, 1820-1821, etc.

15° 24 figures des suites précédentes, sur CHINE.

16° 13 figures du même artiste, épreuves AVANT LA LETTRE SUR CHINE.

17° 169 figures des suites de Allan, Richter, Leslie, Whrigt, Stothard, Corbould, Slous, Meadows, Cook, pour les éditions publiées à *Edingburgh, Constable*, 1820; *London, Hurst and Robinson*, 1823; *London, Moon, Boys and, Graves*; *London, Longman*; *London, Jeannings, Chaplin and Giraldon*; *London Simpkin and Marshall*, etc.

18° 43 figures des suites précédentes épreuves AVANT LA LETTRE.

19° 100 vignettes et figures in-8, pour l'édition publiée à *Edingburgh, Cadell*; *London, Moon, Boys and Graves*, 1829-1834, épreuves sur CHINE, dont plusieurs en 2 états.

20° 35 figures gr. in-8 de George Cruikshank. *London, Fisher*, 1839.

21° 70 figures et vues gr. in-8, publiées à *Edingburgh, Adam and Charles Black*, 1852.

22° 24 lithographies in-4, par Nicholson. *London, Engelman, Graf et Coindet*, 1830, épreuves sur CHINE.

23° 16 lithographies in-4, d'après Devéria, Lami, Vernet, Bonington, par Villain, Delpech, Motte, Frey.

24° 42 figures in-8, gravées à l'eau-forte par Charles Jacque, tirées de l'*Album cosmopolite* et des *Artistes contemporains*.

25° 37 portraits, gr. in 8, des personnages des romans. *Paris, Rittner, Goupil et Marchant*.

26° 133 figures et vues in-4, publiées à *London, Fischer*, 1836-1842, provenant de divers tirages, plusieurs épreuves sont AVANT LA LETTRE SUR CHINE.

27° 144 figures, vues et portraits in-8 et in-4, de Stothard, Corbould, Robson, Turner, etc. pour les éditions de *London, Longman; London, Tilt; London, Chapman; London, Whittaker*, 1831-1834.

28° 30 portraits de personnages gr. in-8, *London, Rogerson*, 1848-1850.

29° 79 portraits de personnages in-8. la plupart par Cooper.

30° 37 portraits de personnages *publiés par Furne*.

31° 103 vues in-4, par Pernot, Schrœder, Skelton, Nyon, Le Petit, 5 épreuves sont AVANT LA LETTRE.

32° 11 vues in-4, *publiées par Furne*, épreuves en divers états (AVANT LA LETTRE SUR CHINE, AVANT LA LETTRE SUR BLANC, EAUX-FORTES), ensemble 25 pièces.

33° 24 figures diverses : 15 figures gravées sur bois par Laville, Markl, Thompson, etc.; 9 vignettes par Collignon.

34° 35 portraits in-8, de Walter Scott : par Fittler; par Thompson. *London*, 1821; par West d'après le buste de Chantrain; par Finden; par Sievier; par Holl d'après Gordon. *London, Fisher*, 1837; par Robinson d'après Gordon. *London, Fisher*, 1836; par Horsburgh d'après Gordon. *Edinburgh, Cadell, Moon, Boys-and Graves, London*, 1832; par Blanchard d'après Gordon. *Paris, Baudry*, 1833; par Wils gravé par Ardivilliers. *Paris, Pourrat*; par Hopwood. *Paris, Furne*; en médaillon par Stothard d'après Chantrey; in-4, par Ryall d'après Knight; par Wivell. *London, Lauford*, 1824; lithographié par Gigoux, tirée de l'*Artiste*; par Hopwood d'après Leslie; par Dauforth d'après Leslie; par Cooper. *London, Crawford*; par Goodall d'après Allan, etc., 9 de ces pièces sont AVANT LA LETTRE et 1 à l'état d'EAU-FORTE.

Dans l'Album in-folio :

1° 1 superbe portrait in-folio de Walter Scott, gravé par Walcker d'après Ræburn; 1 portrait en médaillon par Stothard, d'après le buste de Chantrey.

2° 22 figures in-fol. par Leslie, gravées par Heath, Mitchell, Portbury, Romney, Rolls, dont 20 sont AVANT LA LETTRE SUR CHINE et 2 avec la lettre sur CHINE.

3° 1 titre gravé avec vignette et 6 figures in-8 par Westall, gravées par Heath pour *Guy Mannering. London, Hurst and Robinson*, 1821, épreuves en 2 états : avec la lettre et AVANT LA LETTRE.

4° 1 titre avec vignettes et 6 figures in-8 par Stothard, gravées par Heath pour les *Tales of my Landlord. London, Rodwell and Martin*, 1820, épreuves avec la lettre en 2 états : sur GRAND PAPIER et sur CHINE.

5° 1 titre avec vignette et 6 figures in-8 par Westall gravées par Heath pour *The Monastery. London, Hurst and Robinson*, 1821, épreuves en 2 états : avec la lettre sur CHINE et AVANT LA LETTRE SUR CHINE, plus 1 figure double de ce dernier état.

6° 1 titre avec vignette et 4 figures in-8 de Corbould, Cooper, Romney, Howard, gravées par Heath, Romney et Rolls pour *The Abbot. London, Hurst and Robinson*, 1824, épreuves en 2 états : avec la lettre sur GRAND PAPIER et AVANT LA LETTRE SUR CHINE.

7° 4 figures in-4 de Westall gravées par Heath, pour *The Lay of the last Minstrel. London, John Sharpe*, 1809, épreuves sur CHINE.

8° 1 titre avec vignette et 6 figures in-4, par Westall, gravées par Pye, Heath, Engleheart, pour *Lord of the Isles. London, Longman, Hurst*, 1815, épreuves sur GRAND PAPIER.

9° 1 titre avec vignette et 6 figures in-4, par Stothard gravés par Pye, Heath, pour *Rokeby. London, Longman*, 1813, épreuves sur CHINE.

10° 2 figures in-8 par Stothard, gravées par Warren et Romney pour *Ivanhoe. London, Hurst and Robinson*, 1824, épreuves en 2 états : avec la lettre et AVANT LA LETTRE SUR CHINE.

11° 27 figures in-8 par Westall, Whrigt, Brockedon, Howard, Corbould, Cooper, Richter, gravées par Heath, Rolls, Bacon, Backer, Mitchell, Romney, Godyear, épreuves AVANT LA LETTRE.

La plupart des figures contenues dans l'Album sont de superbes épreuves TIRÉES A PART IN-FOLIO.

1653. SEDAINE. La Tentation de saint Antoine, ornée de figures et de musique. *A Londres*, 1781, in-8, 9 figures. — Le Pot-Pourri de Loth, orné de figures et de musique. *A Londres*, 1781, in-8, 9 figures. — Ens. 2 ouvrages en 1 vol. demi-rel. mar. citron, fil. tête dor.

Les figures sont AVANT LA LETTRE.

1654. SHAKSPEARE. Plays. *London, Published by E. Harding*, 1798-1799, 20 vol. in-12, fig. br.

Suite de 74 figures de Stothard, Gardiner Thurston, Corbould, Singleton, Rivers. Mouillures.

1655. — Plays accurately printed from the text of the corrected copies, left by the late G. Steevens, and Ed. Malone, with a glossary. *London, printed for Thomas Tegg*, 1827, in-8 à 2 col. portr. front. v. f. dent. à froid, fil. tr. dor.

Piqûres d'humidité au frontispice.

1656. — The Dramatic Works, gr. in-8, demi-rel. mar. grenat avec coins. (*Bibolet.*)

Recueil de 50 figures de Thurston pour les Œuvres. *Londres, Thomas Tegg*, 1812.

1657. — Illustrations of Shakspeare comprised in two hundred and thirty vignettes engravings by Thompson, from designs by Thurston adapted to all editions. *London, printed for Sherwood, Gilbert and Piper*, 1826, in-8, fig. demi-rel. chag. vert avec coins.

1658. SOULIÉ (Fr.). Le Lion amoureux. Nouvelle édition illustrée de 19 vignettes dessinées par Sahib et gravées au burin sur acier par Nargeot avec une notice historique et littéraire par Ludovic Halevy. *Paris, L. Conquet (typ. G. Chamerot)*, in-18, papier fin de Hollande, fig. br.

4 - , 1659. STAEL (Mme la baronne de). Corinne ou l'Italie. *Paris, Victor Lecou*, 1853, gr. in-8, fig. de K. Girardet, Barrias, vign. demi-rel. chag. r. tête dor.

76 - , 1660. STENDHAL (de). La Chartreuse de Parme. Réimpression textuelle de l'édition originale, illustrée de 32 eaux-fortes par V. Foulquier, préface de Francisque Sarcey. *Paris, L. Conquet (impr. A. Lahure)*, 1883, 2 vol. in-8, fig. br.

Exemplaire numéroté sur PAPIER VÉLIN à la cuve.

76 - , 1661. — Le Rouge et le noir. Réimpression textuelle de l'édition originale illustrée de 80 eaux-fortes par H. Dubouchet, préface de L. Chapron. *Paris, L. Conquet (impr. A. Lahure)*, 1884, 3 vol. in-8, fig. br.

Exemplaire numéroté sur PAPIER VÉLIN à la cuve.

6 - , 1662. STERNE. Voyage sentimental, traduction nouvelle précédée d'un essai sur la vie et les ouvrages de Sterne par M. J. Janin. Édition illustrée par MM. Tony Johannot et Jacque. *Paris, Ern. Bourdin, s. d.* gr. in-8, fig. hors texte sur chine et vign. chag. noir, comp. à froid, tr. dor.

PREMIER TIRAGE.

16 - , 1663. — Voyage sentimental en France, traduction nouvelle, par Alfred Hédouin, six eaux-fortes par Edmond Hédouin. *Paris, Librairie des bibliophiles*, in-16, portr. fig. br.

35 - , 1664. — Voyage sentimental en France et en Italie, traduction nouvelle par Alf. Hédouin. Six eaux-fortes par Edm. Hédouin. *Paris, Librairie des bibliophiles*, 1875, in-8, portr. et fig. br. couverture.

Exemplaire numéroté sur PAPIER DE HOLLANDE.

36 - , 1665. — Voyage sentimental en France et en Italie, traduction de Emile Blémont, illustrations de Maurice Leloir, comprenant 220 dessins dans le texte et 12 grandes compositions hors texte. *Paris, H. Launette (impr. Ch. Motteroz)*, 1884, in-4, papier vélin, fig. br. couverture illustrée.

4 - fo 1666. STOWE (Harriet Beecher). Uncle Tom's cabin ; or, Life among the lowly. *London, Sampson Low*, 1853, in-8, portr. vign. chag. r. dos orné, comp. milieux dor. tr. dor.

33 - , 1667. STRAPAROLE (J.-F.). Les Facétieuses Nuits traduites par J. Louveau et P. de Larivey publiées avec une préface et des notes par G. Brunet. Quatorze dessins de J. Garnier gravés à l'eau-forte par Champollion. *Paris, Librairie des bibliophiles*, 1882, 4 vol. pet. in-8, fig. br. couvertures.

Exemplaire numéroté sur GRAND PAPIER DE HOLLANDE.

21 - , 1668. SUE (Eug.). Le Juif Errant. Édition illustrée par Gavarni. *Paris, Paulin*, 1845, 4 vol. in-8, fig. demi-rel. v. r.

On a ajouté à cet exemplaire la suite des figures de *l'édition de Chapman ;* rare.

1669. Sue (Eug.). Mathilde. Mémoires d'une jeune femme. *Paris, Ch. Gosselin,* 1844-1845, 2 vol. gr. in-8, fig. de Gavarni, Tony Johannot, etc. demi-rel. chag. r.

Premier tirage.

1670. — Les Mystères de Paris. *Paris, Ch. Gosselin,* 1843-1844, 4 tomes en 2 vol. gr. in-8, fig. de Daumier, E. de Beaumont Daubigny, C. Nanteuil, Staal, Trimolet etc. demi-rel. chag. viol.

Premier tirage.

1671. — The Mysteries of Paris. *London, Chapman and Hall,* s. d. 3 parties en 1 vol. in-8, fig. cart.

Rare.

1672. — Romantiques en *éditions originales,* 6 vol.

Plik et Plok. *Paris, Eug. Renduel,* 1831, in-8, demi-rel. v. — Atar-Gul. *Paris, Ch. Vimont,* 1831, in-8, fig. de Monnier, demi-rel. mar. r. avec coins, fil. dos orné, tr. supér. dor. (*Amand.*) — La Salamandre, roman maritime. *Paris, Eug. Renduel,* 1832, 2 vol. in-8, br. (taches d'humidité). — La Coucaratcha. *Paris, Urb. Canel,* 1832, 2 vol. in-8, vign. sur chine, cart. (Billet autogr. signé de l'auteur, Exemplaire de Ch. Asselineau.)

1673. Swift. Les Quatre Voyages du capitaine Lemuel Gulliver, traduction de l'abbé Desfontaines, revue, complétée et précédée d'une notice par H. Regnault, gravures à l'eau-forte par Lalauze. *Paris, Librairie des bibliophiles,* 1875, 4 vol. in-16, portr. fig. br.

1674. — Le même ouvrage, même édition, 4 vol. pet. in-8, fig. br. couvertures.

Exemplaire numéroté sur grand papier de hollande.

1675. — Voyages de Gulliver, traduction nouvelle et complétée par B.-H. Gausseron. *Paris, A. Quantin,* s. d. (1884), in-8, pap. vélin, fig. en couleur, br. couverture illustrée.

1676. Tacitus (C. Corn.). Opera. Recensuit J.-H. Lallemand. *Parisiis, apud Desaint et Saillant, Typis J. Barbou,* 1760, 3 vol. in-12, frontispices et vignettes d'Eisen, mar. r. dent. tr. dor. (*Bradel.*)

1677. Tasso (T.). Aminta, favola boscareccia. *In Parigi, appresso Prault,* 1745, in-12, titre et vign. gravés, mar r. fil. tr. dor. (*Rel. anc.*)

1678. — L'Aminte, drame pastoral, traduction nouvelle par Emm. Chambert, avec une eau-forte d'Ad. Lalauze. *Paris, impr. D. Jouaust,* 1879, in-8, fig. br. couverture.

1679. Tassoni (Alessandroni). La Secchia Rapita poema eroicomico. *In Parigi, appresso Lorenzo Praulte Pietro Durant,* 2 vol. in-8, titre gr. fig. de Gravelot, en-têtes de chapitres, culs-de-lampe, br.

1680. Tastu (Mme Amable). Poésies. *Paris, Amb. Dupont, J. Tastu imprimeur,* 1826, in-8, front. et vignettes, v. olive, fil. tr. dor. (*Ledoux.*)

Édition originale imprimée avec un grand luxe.

1681. TERENTIUS. Comoediæ sex ex recensione Heinsiana. *Amstelodami, Typis Ludovici Elzevirii*, 1651, in-12, titre gravé, mar. r. fil. tr. dor,

1682. TESTAMENTUM NOVUM, per D. Erasmum Roterodamum novissime recognitum, etc. *Excudebat Fran. Gryphius*, 1552, in-16, fig. en bois, v. f. fil. tr. dor. (*Ducastin.*)

Curieuses figures au nombre de 100. Les éditions du Nouveau Testament d'Erasme sont rares.

1683. THÉATRE lyonnais de Guignol, publié pour la première fois, IIᵉ série. *Lyon, N. Scheuring*, 1870, in-8, vign. br.

1684. THÉOCRITE. Idylles traduites en français par J.-B. Gail. Nouvelle édition ornée de figures gravées d'après les dessins de Barbier et Boichot. *Paris, de l'imprimerie de Baudelot et Eberhart, an IV*, 1808, tomes en 1 vol. in-4, texte grec avec trad. latine et française, fig. v. ant. éc. dos orné, dent. sur les plats.

Le tome III contient des Observations littéraires et critiques sur ce poète.

1685. THEOPHILE. Les Œuvres, divisées en trois parties, reveuës et corrigées. *Paris, Nicolas Pepingué*, 1662, in-12, v. f. dos orné, fil. dent. int. tr. dor. (*Simier.*)

1686. — Le Parnasse satyrique du sieur Théophile avec le recueil des plus excellens vers satyriques de ce temps. Nouvelle édition complète, revue et corrigée avec glossaire. Notices biographiques. *Gand et Paris*, 1861, 2 vol. pet. in-8, papier vergé, br.

1687. THEURIET (André). Les Œillets de Kerlaz. Édition originale illustrée de quatre eaux-fortes de Rudaux, de huit en-têtes et culs-de-lampe de Giacomelli gravés par E. de Mare. *Paris, L. Conquet*, 1885, in-18, papier fin de Hollande, fig. br.

1688. TIN-TUN-LING. La Petite Pantoufle. Traduction de M. Ch. Aubert avec six eaux-fortes originales reproduites par Fr. Chevalier. Édition franco-chinoise. *Paris, Librairie de l'art, s. d.* (1875), in-8, fig. broché à la chinoise, couverture percaline jonquille.

1689. THOMASSIN. Misterii della sacratissima passione morte e resurrettione di N. S. Giesu Cristo, intagliati da Filippo Thomassino Francese. *S. l.* 1594, pet. in-4, fig. demi-rel. v. f. dos orné, fil. (*Petit, Sʳ de Simier.*)

Titre et 20 planches gravés signés *Io. Strad. invenit.*
Rare.

1690. THOMSON (James). The Seasons embellished with engravings from the designs of Rich. Westall R. A. *London, Sharpe*, 1821, in-12, front. fig. v. r. dos orné, dent. tr. dor.

1691. Topffer. Albums. 8 vol. in-8 obl. fig. reliés. — — — — — — *52 -,*

Les Amours de M. Vieux-Bois. — Impressions de voyage de M. Boniface — Histoire de M. de Vertpré. — M. Melasse. — Histoire d'Albert. — M. Pencil — Autour de la table. — Le docteur Festus.

1692. Tressan. Histoire de Gérard de Nevers et de la belle Euriant sa — *11 -* mie. *Paris, de l'imprimerie de Didot jeune*, 1792, in-12, fig. de Moreau, mar. vert, dos orné, dent. tr. dor. (*Rel. anc. fatiguée.*)

1693. Uchard (Mario). Mon oncle Barbassoú orné de 40 compositions — *17 -* gravées à l'eau forte par P. Avril. *Paris, J. Lemonnyer (Impr. Pillet et Dumoulin)*, 1884, gr. in-8, fil. br.

Exemplaire numéroté sur papier vélin teinté.

1694. Uzanne (Octave). Ouvrages divers. *Paris*, 1879-81, 4 vol. In-8, — *21 -* front. vign. br.

Le Bric-à-Brac de l'amour. — Le Calendrier de Vénus. — Anecdotes sur la comtesse Du Barry. — La Gazette de Cythère.

1695. — Son Altesse la Femme, illustrations de Henri Gervex, J.-A. Gon- *28 -* zalès, L. Kratké, Albert Lynch, Adrien Moreau et Félicien Rops. *Paris, A. Quantin*, 1885, gr. in-8, papier vélin teinté, fig. hors texte en couleur, br. couverture illustrée.

1696. — Les Ornements de la femme, l'Éventail, l'Ombrelle, le Gant. — *93 -* le Manchon. Illustrations de Paul Avril. *Paris, A. Quantin*, 1882-1883, 2 vol. in-8, aquarelles, br. couvertures illustrées.

1697. Vadé. La Pipe cassée, poëme épitragipoissardiheroïcomique. — *5- f°* *Paris, Leclere*, 1866, in-8 vign. noires et bistre, culs-de-lampe, br.

1698. — La Pipe cassée, poème épitragipoissardiheroicomique. *Paris*, — *2 -* *Belin*, s. d. in-8, vign. culs-de-lampe, br.

1699. Vie Parisienne (la), rédigée par Marcellin. *Paris*, 1863 à mai — *110 -* 1886, 20 vol. in-4, fig. demi-rel. v. bleu, rel. non uniforme, les 3 dernières années en livraisons.

Collection complète jusqu'à cette dernière date; plusieurs volumes non rognés avec les couvertures.

1700. Vigny (comte Alfred de). La Maréchale d'Ancre, drame. *Paris*, — *4 - f°* *Ch. Gosselin*, 1831, in-8, front. demi-cart. perc. brune. *Édition originale.* — Chatterton, drame, deuxième édition. *Paris, Hipp. Souverain*, 1835, in-8, front. d'Ed. May, demi-rel. bas. — Ens. 2 vol.

1700 *bis*. Vincent (Ch.). Chansons, mois et toasts, précédés d'un histo- — *5 -* rique du caveau, par E. Dentu. Portraits et vignettes à l'eau-forte, par Le Nain. *Paris, E. Dentu*, 1882, pet. in-8, portr. br.

Exemplaire numéroté sur papier de Hollande.

1701. Virgilius. Opera c doct. virorum castigatione accessit animad- — *25 -* versionum liber cum indice locupletissimo. *Lugd. Batavorum. apud*

Abraham Elsevirium, 1622, in-12, titre gravé, mar. r. dent. int. tr. dor.

Volume rare. Hauteur : 131 mill.

1702. VIRGILE. Les Œuvres traduites en françois, le texte vis-à-vis la traduction, ornées de figures en taille-douce avec des remarques par M. l'abbé Des Fontaines. *Paris, Quillau,* 1743, 4 vol. in-8, fig. de Cochin, v. ant. marb. dos orné, fil. tr. dor.

1703. — L'Eneide fidellement traduite en vers heroiques avec le latin a costé et les remarques a chaque livre... par M. P. Perrin. *Paris, E. Loyson,* 1664, 2 vol. in-12, fig. en taille-douce, v. f. fil. dent. int. tr. dor.

Figures par Abr. Bosse.

1704. — Les Georgiques, traduites en vers françois par M. l'abbé de De Lille. *A Paris, chez Claude Bleuet,* 1783, in-4, fig. mar. r. dos orné, fil. tr. dor. (*Rel. anc.*)

Exemplaire avec le portrait de De Lille à la tablette et les 4 figures d'Eisen AVANT LA LETTRE et avec cadre.

1705. VOLNEY. Œuvres complètes précédées d'une notice sur la vie et les écrits de l'auteur. *Paris, Firmin Didot,* 1837, gr. in-8 à 2 col. port. v. viol. dos orné, fil. tr. dor. (*Koehler.*)

On a ajouté à la fin du volume, 8 cartes et 3 gravures.

1706. VOLTAIRE. Œuvres complètes, avec des remarques et des notes historiques, scientifiques, et littéraires par MM. Arago, Auguis, etc. *Paris, Dalibon,* 1824-1825, 4 vol. in-8, en feuilles.

La Henriade. La Pucelle. Romans, 2 vol.
Tomes XIII, XIV, LVI et LVII.
Exemplaire sur GRAND PAPIER VÉLIN.

1707. — Contes en vers et satires. *Paris, L. De Bure,* 1822, in-24, mar. olive, fil. tr. dor.

On a ajouté à cet exemplaire la suite des dix figures de Duplessis-Bertaux des *Petits Conteurs,* tirage moderne.

1708. — La Henriade. Nouvelle édition. *Paris, chez la Vve Duchesne (Imprimerie Barbou)* (1769-1770), 2 vol. in-8, front. fig. et vignettes d'Eisen, v. ant. éc. fil. tr. dor. (différences dans la reliure).

Le second volume n'a pas de gravures; il contient les variantes, les notes, l'Essai sur la poésie épique et diverses pièces poétiques de l'auteur.

1709. — La Henriade, poème épique en dix chants. *Paris, de l'impr. de Firmin Didot,* 1819, in-4, portrait et frontispice, cart. non rog.

Exemplaire en GRAND PAPIER, le portrait et le frontispice de Gérard et Percier gravés par Henriquel sont AVANT LA LETTRE, plus l'EAU-FORTE du fontispice.

1710. — La Pucelle d'Orléans, poème héroï-comique en dix-huit chants. Nouvelle édition sans faute et sans lacune, augmentée d'une épître du père Grisbourdon à M. de Voltaire et d'un jugement sur le poème de la Pucelle à M*** avec une épigramme sur le même poème. *A Londres*, 1780, in-18, fig. v. ant. éc. dos orné, fil. tr. dor.

Édition ornée de : 1 frontispice *Voltaire assis et Jeanne d'Arc debout;* 1 portrait de Jeanne d'Arc en médaillon avec bas-relief le *Bûcher;* 18 jolies figures non signées, *d'un genre tout particulier.*
Réimpression de l'*édition Cazin* de 1777.

1711. **Voltaire**. La Pucelle d'Orléans, poème en vingt-un chants, avec des notes. *Londres (Cazin)*, 1780, 2 vol. in-18, frontispice et fig. de Duplessis-Bertaux, v. gris, fil. tr. mar.

Édition devenue rare.

1712. — La Pucelle d'Orléans, poème en vingt et un chants. *Rouen, J. Lemonnyer*, 1880, 2 vol. in-16, figures d'après Duplessis-Bertaux, br.

Réimpression de l'édition Cazin.

1713. — Romans, Eaux-fortes de Laguillermie. *Paris, Librairie des bibliophiles*, 1878, 5 vol. in-16, portr. fig. br.

1714. **Voyages imaginaires**, songes, visions et romans cabalistiques orné de figures. *A Amsterdam et se trouve à Paris*, 1787-1789, 36 vol. in-8, fig. de Marillier. —Histoire des naufrages, ou Recueil des relations les plus intéressantes des naufrages, etc., par M. D... (J. L. H. S. de Perthes). *A Paris, chez Cuchet, an III*, 3 vol. — Ens. 39 vol. in-8, bas.

1715. **Zacharie**. Les Quatre Parties du jour, poème traduit de l'allemand (par Muller). *Paris, Nyon l'aîné*, 1781, in-8, front. fig. vign. et culs-de-lampe d'Eisen, v. rac.

1716. **Zola** (E.). Romans illustrés. *Paris, Marpon et Flammarion*, 6 vol. — gr. in-8, fig. 3 en demi-rel. v. viol. les 3 autres en livraisons.

L'Assommoir. — Nana. — Le Ventre de Paris. — Thérèse Raquin. — Pot-Bouille. — Germinal.

1717. — L'Assommoir et Nana. Éditions illustrées par André Gill, Bertall, G. Bellenger, Bigot, Clairin, etc. *Paris, s. d.* (1882), 2 vol. gr. in-8, fig. br. couvertures illustrées.

Exemplaires numérotés sur papier de Hollande.

1718. — Nouveaux Contes à Ninon, frontispice et 30 compositions dessinés et gravés à l'eau-forte, par Ed. Rudaux. *Paris, L, Conquet*, 2 vol. pet. in-8, papier vélin du Marais, fig. br.

1719. Sous ce numéro il sera vendu en lots environ 2,000 volumes d'excellents ouvrages de littérature et d'histoire.

ORDRE DES VACATIONS

PREMIÈRE VACATION. — *Mercredi 4 mai 1887.*

A 2 heures :

Numéros.

Gravures.	1 à 139
Livres illustrés.	1199 à 1293
—	1150 à 1198

A 8 heures du soir :

Gravures.	140 à 337

DEUXIÈME VACATION. — *Jeudi 5 mai.*

A 2 heures :

Gravures.	338 à 474
Livres illustrés.	1324 à 1437
—	1294 à 1323

A 8 heures du soir :

Gravures.	475 à 673

TROISIÈME VACATION. — *Vendredi 6 mai.*

A 2 heures :

Gravures.	674 à 811
Livres illustrés.	1498 à 1579
—	1438 à 1497

A 8 heures du soir :

Gravures et Portraits.	812 à 1011

QUATRIÈME VACATION. — *Samedi 7 mai.*

A 2 heures :

Portraits.	1012 à 1149
Livres illustrés.	1653 à 1718
—	1580 à 1652

A 8 heures du soir :

LIVRES EN LOTS.

Paris. — Typ. G. Chamerot, 19, rue des Saints-Pères. — 20978.

Vve ADOLPHE LABITTE

LIBRAIRE DE LA BIBLIOTHÈQUE NATIONALE

4, rue de Lille, Paris

EN VENTE :

HISTOIRE DE LA CHASSE
EN FRANCE
DEPUIS LES TEMPS LES PLUS RECULÉS JUSQU'A LA RÉVOLUTION

PAR

Le Baron DUNOYER DE NOIRMONT

TOME I. — *Chroniques de la chasse.*
TOME II. — *Droit de chasse, Gibier, Chiens, Vénerie.*
TOME III. — *Louveterie, Fauconnerie, Chasse à tir, Chasses diverses.*

3 vol. in-8°, brochés . . . . . 30 fr.
Sur papier vergé, tirés à 20 exemplaires (*presque épuisés*) . . . . . 45 fr.

Cet ouvrage contient dans ses pièces justificatives plusieurs documents inédits, entre autres des extraits assez étendus des registres de Louis XV, qui ont péri dans l'incendie de la bibliothèque du Louvre en 1871.

MANUEL
DE
L'AMATEUR D'ILLUSTRATIONS
GRAVURES ET PORTRAITS
POUR L'ORNEMENT DES LIVRES FRANÇAIS ET ÉTRANGERS

Par J. SIEURIN

Un volume in-8, beau papier teinté, broché . . . . . 12 fr.
Grand papier de Hollande . . . . . 24 fr.

Cet ouvrage est un excellent guide pour les amateurs de livres à vignettes, indispensable pour l'illustration des livres français et étrangers. Il renferme sur les différents états des suites de curieux détails que M. SIEURIN seul connaissait; il peut être illustré de planches détachées.

Les exemplaires en grand papier sont presque épuisés.

L'ŒUVRE DE MOREAU LE JEUNE
CATALOGUE RAISONNÉ ET DESCRIPTIF
AVEC NOTES ICONOGRAPHIQUES ET BIBLIOGRAPHIQUES

Par J. F. MAHÉRAULT

Précédé d'une Notice biographique par EMILE DE NAJAC

Un volume in-8, portrait, broché . . . . . 30 fr.
Exemplaire en papier Whatman . . . . . 50 fr.

Paris. — Typographie G. Chamerot, 19, rue des Saints-Pères. — 20978